Thomas Kapp
DENKBUCH Erfolg

Band 1

Thomas Kapp

DENKBUCH
Erfolg

Eine Neuorientierung in
42 Kategorien

Band 1: Die Basis

Mentoren-Verlag

Der Verlag weist ausdrücklich darauf hin, dass im Text enthaltene externe Links vom Verlag nur bis zum Zeitpunkt der Buchveröffentlichung eingesehen werden konnten. Auf spätere Veränderungen hat der Verlag keinerlei Einfluss. Eine Haftung des Verlags ist daher ausgeschlossen.

Bibliografische Information der Deutschen Nationalbibliothek
Die Deutsche Nationalbibliothek verzeichnet diese Publikation in der Deutschen Nationalbibliografie; detaillierte bibliografische Daten sind im Internet über http://dnb.d-nb.de abrufbar.

1. Auflage
© 2023 Mentoren-Media-Verlag,
Königsberger Str. 16, 55218 Ingelheim am Rhein

Lektorat: Sarah Küper, Mainz
Korrektorat: Deniz S. Özdemir, Mainz
Umschlaggestaltung: Nadine Nagel, Mainz
Satz und Layout: Sarah Küper, Mainz
Druck und Bindung: MCP, Marki, Polen

ISBN: 978-3-98641-093-3

www.mentoren-verlag.de

Inhaltsverzeichnis

Statt eines Vorworts: Warum dieses Buch?

»The key to being a good mentor is to help people to become more of who they already are – not to make them more like you.« (Suze Orman)

Dieses Buch ist anders

Gibt es nicht bereits genügend Literatur und Ratgeber zum Thema *Erfolg*? Diese Frage stellt sich Ihnen vielleicht, wenn Sie dieses Buch erstmals in die Hand nehmen. Ich habe starke Zweifel, ob es je gelingen kann, alle Fragen zum menschlichen Erfolg zu beantworten. Deshalb ist dieses Buch anders.

Das *DENKBUCH Erfolg* mit seinen 42 Kategorien möchte für Sie als Leserin und Leser etwas mehr Übersicht und Struktur in dieses nicht ganz einfache Thema *Erfolg* bringen. Dies gilt umso mehr in einer Zeit, die nicht nur von einer zunehmenden Orientierungslosigkeit in unserem tagtäglichen Leben, sondern auch im Großen (Klimawandel, Pandemien, Digitalisierung, geopolitische Konflikte wirtschaftlicher und militärischer Art etc.) geprägt ist.

Beim Schlendern durch Buchhandlungen, Lesen von Büchern, Besuchen von Seminaren und Recherchen im Internet ist mir noch etwas anderes aufgefallen – zum Thema *Erfolg* gibt es sehr viele Ratgeber mit oft fast starren, standardisierten Regeln: »Mach dies – mach das – mach jenes auf keinen Fall – und du wirst erfolgreich sein!« Offenbar ist die Nachfrage nach solchen Regeln groß. Trotz der zunehmenden Individualisierungstendenzen unserer modernen Welt sind wir häufig zu imitierenden Selbstoptimierern geworden: Fitness per Apple-Watch-Messung, Berufserfolg nach strengem Karrierefahrplan, computergesteuerter Ernährungsplan, durchgetaktetes Zeitmanagement, permanente Terminerinnerung per Smartphone und der Traumpartner per Algorithmus auf einer Dating-Plattform. Erfolg strebt jeder Mensch an und scheint diesen dann zu erlangen, wenn er nur das Richtige tut und sich an die Regeln hält, die auf dem Markt von Karriereberatern, Trainern und Autoren definiert und angeboten werden. Im Rahmen eines Selbstoptimierungswahns streben wir tausend Dinge an – nicht, weil wir danach verlangen, sondern weil andere Menschen sie für richtig halten. Obwohl wir im Zeitalter des (fast schrankenlosen) Individualismus leben, richten wir uns immer mehr nach einem *standardisierten* Bild von Erfolg aus und opfern unsere Einzigartigkeit auf dem Altar der Imitation und des Plagiats.

Verstehen Sie mich bitte nicht falsch: Viele dieser Ratgeber, Bücher und Erfolgstrainer sind eine wertvolle Quelle vielfältiger Informationen. Dennoch haben nicht wenige von ihnen in der Konsequenz der Orientierungslosigkeit und der Standardisierung mit *drei* Phänomenen zu kämpfen:

1. Allgemeinverbindliche Wahrheiten über die »Geheimnisse« des Erfolgs sind rar, häufig werden sehr widersprüchliche Ansichten vertreten.
2. Bei jedem Menschen ist der Effekt dieser »Geheimnisse« unterschiedlich, sodass der eine mit einer Empfehlung reüssiert und der andere damit strauchelt.
3. Diese »Geheimnisse« fokussieren sich auf bestimmte Aspekte des Erfolgs und halten diese für den einzigen Schlüssel zum Erfolg, wodurch viele andere Aspekte und ihr Bezug zueinander vernachlässigt werden.

Orientierungslosigkeit und Standardisierung waren auch mein Antrieb für eine kritische Auseinandersetzung mit dem Thema *Erfolg*. Viele Jahre hat mich diese fehlende Orientierung beunruhigt. Ich habe gelesen und studiert – und drehte mich doch im Kreis. Vieles passte nicht so recht zusammen, viele Widersprüche standen im Raum und anderes war schlicht verwirrend. Es wurde jedoch immer klarer: Es gibt keinen »Quick-Fix of Success« und kein »Kochbuch des Erfolgs«. Deshalb entschied ich mich dafür, meinen eigenen Weg zu suchen und zu finden. Ich wählte einen anderen persönlichen Ansatz mit einer Systematik, in welcher die Kategorien konsequent aufeinander aufbauen. Ich befasse mich nicht mit 1.000 Einzeltipps, sondern bringe auf einer Metaebene mehr Klarheit und Struktur in die Elemente, die für den Erfolg von Bedeutung sein können. Diese Systematik ist nicht an meine Präferenzen gebunden, sondern kann für *alle* eine allgemeine Basis der *Orientierung* sein. Diese 42 Kategorien geben auch Ihnen eine Chance, dem Karussell der Orientierungslosigkeit und dem Diktat der Standardisierung zu entgehen – eine Chance, Ihren eigenen Weg zu finden, damit Sie am Ende wie Frank Sinatra singen können: *»I did it my way.«*

Meine Kategorien sind keine Regeln oder Prinzipien. Eine *Regel* oder ein *Prinzip* ist entweder ein Imperativ: »Mach dies«, oder eine Wenn-Dann-Funktion: »Wenn A, dann B«. Eine *Kategorie* hingegen ist nur der Versuch, ein bestimmtes Phänomen begrifflich zu fassen, um den Geist zu öffnen und zum Nachdenken zu animieren. Es ist offen, was es zu fassen gibt – und was der oder die Einzelne damit macht.

Die 42 Kategorien des Erfolgs sollen …

- Ihnen einen festen *Orientierungsrahmen* geben, der Ihnen wie ein Kompass die Richtung anzeigt,
- Ihnen helfen, Ihr *individuelles Potenzial* zu entdecken und zu entwickeln,
- Ihnen einige *Werkzeuge* (aber keine fertigen Lösungen) präsentieren, die für Ihren persönlichen Erfolg von Bedeutung sein könnten,
- Sie auf eine Reise zu Ihrem Erfolg mitnehmen, wie in einem Zug: Sie steigen ein und bewegen sich (durch die Lektüre der Kapitel) von Bahnhof zu Bahnhof voran. Sie werden zwar immer noch das eine oder andere verpassen – aber nicht den Anschluss!

Mit dieser »Zugreise« wird Ihnen eine lästige Entscheidung abgenommen: »Wo muss ich einsteigen und wo aussteigen?«

Orientierung

Bei der Beschäftigung mit dem Thema *Erfolg* bin ich nicht selten in eine gewisse Orientierungslosigkeit geraten: »Wo anfangen, wo aufhören?« und »Was ist wichtig und was nicht?«. Es hat mich beim Thema *Erfolg* immer irritiert, dass es entweder nur ganz wenige (also z. B. drei, fünf oder sieben) »Gesetze des Erfolgs« gegeben hat und alles andere irrelevant gewesen ist. Oder dass ich mich mit Hunderten von verschiedensten Ratschlägen, Tipps oder Anekdoten anderer Menschen konfrontiert sah. Entweder gab es zu wenig oder zu viel. Die Wahl war zwischen Dürre oder Überflutung. Außerdem vermisste ich häufig eine Struktur, wie die »Gesetze des Erfolgs« miteinander zusammenhingen und sich gegenseitig bedingten.

Mit diesem Buch möchte ich Sie auf einen anderen Weg mitnehmen: Dieses Buch soll Sie als Leserin oder Leser mit einem strukturierten Rahmen ausstatten, damit Sie über bestimmte Themen tiefer nachdenken und zu Ihrer eigenen, ganz persönlichen Erkenntnis kommen können. Dieser Rahmen soll kein gedankliches Korsett sein, aber eine geordnete Grundlage für Ihre Überlegungen. Auf dieser Basis eröffnet sich Ihnen die Möglichkeit, Ihre ganz persönlichen, für Sie relevanten Prinzipien oder Regeln zu finden und sie anschließend in eine für Sie passende persönliche Struktur zu bringen. Die 42 Kategorien werden verhindern, dass Sie in ein undurchdringliches Chaos hineinrutschen, weil Sie immer die Übersicht behalten, unabhängig davon, wo Sie sich gerade befinden.

Individualität

Ich halte die Individualität des Menschen für ein hohes Gut. Sie unterscheidet ihn von einer Maschine und einem Computer. Sie ist die Basis für persönliche Verantwortung wie auch für die individuelle Potenzialentwicklung – und damit die Basis für persönlichen Erfolg. Erfolg ist immer individuell (auch wenn oft nur gemeinsam mit anderen erreichbar). Wenn er dies nicht wäre, so wäre er eine reine Replikation. Dieses Buch soll ermutigen, die Individualität des Menschen ins Zentrum der

Betrachtung zu stellen und sie zur Grundlage des eigenen Erfolgswegs zu machen.

Die Individualität von Menschen führt zu ihrer Unterschiedlich- und Einzigartigkeit, die in unserer Gesellschaft zwar verbal oft hochgehalten, jedoch in vielen Lebenssituationen (Schule, Arbeitswelt, Politik, Militär, Strafvollzug) eher bekämpft wird. Unsere Alltagswelt lebt vielfach nach starren Regeln. Ohne einheitliche Regeln gibt es Unordnung – und Unordnung ist eben schwerer zu verwalten. Was wir häufig nicht unterscheiden, ist die destruktive und die konstruktive Unordnung: Zerstörung und Kreativität. Und wir bedenken vielfach nicht, dass diese beiden Pole häufig zusammenhängen, da die Erschaffung des Neuen die Zerstörung des Alten erfordert. Wenn wir jedoch Neues erschaffen wollen, werden wir ohne Individualität nicht auskommen.

Wie verhindern wir nun, dass wir in der völligen Unordnung, dem Chaos, enden? Die 42 Kategorien geben uns eine Struktur, unsere Individualität und Kreativität zu entfalten. Sie sind quasi eine Tanzfläche, um die eigene Individualität zu leben und zu entwickeln sowie eine Balance zwischen Stabilität und Bewegung zu finden – also den Tanz unseres Lebens zu tanzen.

Für wen eignet sich dieses Buch?

Dieses Buch ist für alle gedacht, die sich eingehender mit dem Thema *Erfolg* beschäftigen möchten: Der Anfänger, der sich noch nie mit dem Erfolg befasst hat, der Middle-Ager, der sich schon intensiver mit diesem Thema auseinandergesetzt, aber noch keine endgültige Orientierung gefunden hat, und zu guter Letzt auch alle, die sich jenseits der Alltagshektik eher kontemplativ und philosophisch mit Themen wie *Erfolg*, *Glück* und *Lebenssinn* beschäftigen möchten. Es ist für alle, die darüber *nachdenken* wollen, ihr Leben zu verbessern und ihren persönlichen Entwicklungsprozess voranzubringen – und zwar nicht als Egoist, sondern als Teil einer größeren harmonischen Ordnung.

Dieses Buch ist jedoch nicht für alle geeignet: Wenn Sie mit Ihrem heutigen Leben vollauf zufrieden sind, dann sollten Sie dieses Buch nicht lesen! Es könnte Sie beunruhigen. Sie sollten Ihre Zeit auch nicht mit diesem Buch vergeuden, wenn Sie »schnell reich werden möchten«, »in drei Monaten Chef sein wollen« oder einen sonstigen Quick-Fix suchen. In diesem Fall sind Sie besser mit den einschlägigen Ratgebern auf dem Markt bedient. Diesem Buch liegt nämlich eine ganzheitliche und langfristige Betrachtung der Dinge Ihres Lebens zugrunde. Ganzheitlichkeit und Langfristigkeit haben mehr den Lebenserfolg insgesamt im Auge. Erfolg im Leben ist ein Lebenswerk. Es ist häufig ein langer Weg und immer eine Entdeckungsreise.

Dieses Buch ist kein Lexikon, sondern eher eine Sammlung von Reißnägeln – klein und manchmal provokativ. Die 42 Kategorien dieses Denkbuchs sollen Sie in die Lage versetzen, sich dem durchaus sperrigen Thema *Erfolg* etwas geordnet zu nähern und für sich selbst einen greifbaren Überblick zu erhalten.

In diesem Buch greife ich immer wieder auf meine privaten Erfahrungen sowie beruflichen Erfahrungen als Anwalt und Coach zurück. Zusätzlich beziehe ich viele Erkenntnisse aus Büchern, Aufsätzen, Internetartikeln, Blogs, Besuchen zahlreicher einschlägiger Veranstaltungen und Fortbildungen sowie aus dem Austausch mit vielen Menschen, von denen ich – im Guten wie im Schlechten – viel lernen konnte, mit ein. Es passt in kein klassisches Genre: Es besteht aus erzählerischen, philosophischen, wissenschaftlichen, fantastischen, anekdotenhaften, dramatischen, heldenhaften, tragischen, komischen, analysierenden und synthetischen Elementen – es reicht von Philosophie bis zu praktischen (Denk-)Anregungen für die Bewältigung des Alltags, von teilnehmender Empathie bis zu rationaler Strategie und Planung, von Spiritualität bis zur Quantenphysik und von alten Geschichten der Weltreligionen bis zu jüngsten Erkenntnissen der Neurowissenschaften. Es bringt die ganz großen und die ganz kleinen Dinge zusammen. Es ist kein Lehrbuch, kein Lesebuch, kein Ratgeber, keine Checkliste, keine Anekdotensammlung – es ist eben ein »Denkbuch«: Sie müssen die Dinge selbst zu Ende denken! Es ist daher nicht so sehr geeignet für Menschen, die Georg Christoph Lichtenberg im Auge hatte: »*Es gibt Menschen, die bloß lesen, damit sie nicht zu denken brauchen.*«

Dieses Buch soll vielmehr den Blick öffnen, als den Geist verengen. Ich möchte Sie ermutigen, die angebliche Absolutheit von Wahrheiten herauszufordern und die fließenden Übergänge und Verbindungen zwischen den Kategorien zu erkennen, besser zu verstehen oder auch infrage zu stellen. Dieses Buch soll Sie auf dieser ganz persönlichen Reise zu Ihrem Erfolg im Leben unterstützen, indem es Sie zum *eigenständigen* Nachdenken, zur *kritischen* Prüfung und zur *persönlichen* Entscheidung anregt. Es kommt nicht darauf an, dass Sie die in diesem Buch dargelegten Erkenntnisse und Hinweise für richtig oder falsch halten. Unterschiedliche Menschen ziehen aus den 42 Kategorien ganz unterschiedliche Erkenntnisse. Es ist wichtig, dass Sie sich mit den Kategorien auseinandersetzen und anschließend daraus Schlüsse für das eigene Handeln (bejahend, modifizierend oder ablehnend) ziehen. Denn so werden diese dann zu *Ihren* eigenen Erfolgskategorien. Und vielleicht finden Sie ganz neue Kategorien, die Ihnen persönlich weiterhelfen. Bis dahin gehe ich jedoch davon aus, dass sich alle Erkenntnisse zum Thema *Erfolg* den 42 Kategorien zuordnen lassen.

Weder tatenlose Erkenntnis noch unverständiger Aktionismus helfen uns weiter. Dieses Denkbuch soll ermutigen, aufgrund eigener Erkenntnisse selbst aktiv zu werden. »*Es gibt nichts Gutes, außer man tut es*«, sagte schon Erich Kästner. Probieren geht über Studieren. Fehler sind Erfahrungen – und nur diese bringen uns weiter. Deshalb verbindet dieses Buch die Darstellung von Zusammenhängen auf einer eher analytischen Ebene mit praktischen Anschauungen und Anregungen zum Ausprobieren. Die analytische Ebene soll anregen zu *denken,* die praktische Ebene soll anspornen zu *handeln.* Mit den 42 Kategorien erhalten Sie die Chance, die bereits gemachten Fehler anderer kennenzulernen und diese zu vermeiden. Dieses Buch wird ein Erfolg für Sie, wenn Sie von den Fehlern, die ich selbst oder andere gemacht haben, lernen können und stattdessen neue »Fehler« (zur Verbreiterung Ihres persönlichen Erfahrungshorizonts) machen!

Dieses Buch ist einerseits ein altmodisches Buch, weil es auch auf altbekannte Erkenntnisse, Tugenden und Wahrheiten zurückgreift. Andererseits ist es ein sehr modernes Werk, weil in unserer heutigen schnelllebigen, mehr oder weniger wertfreien Zeit eine Orientierung für den einzelnen Menschen immer schwieriger wird. Interessanterweise war das Jugendwort 2020 »Lost«. Vielleicht ist dieses Buch folglich auch für die junge Generation ein Anker der Orientierung, quasi ein »Anti-Lost-Book«.

Es würde mich sehr freuen, wenn dieses Buch Sie animiert, an bestimmten »Ecken Ihrer Erfolgsgeschichte« aktiv zu arbeiten. Denken Sie daran: Erfolg ist immer individuell und stets eine persönliche Abenteuerreise. Und Sie sind die Quelle dieses Abenteuers.

Viel Erfolg auf dieser Reise!*

---

* Aus Gründen der besseren Lesbarkeit werde ich in diesem Buch bei Personenbezeichnungen und personenbezogenen Hauptwörtern die männliche Form (das generische Maskulinum) verwenden. Sämtliche Angaben beziehen sich jedoch selbstverständlich auf Angehörige aller Geschlechter bzw. sexueller Orientierungen. Unabhängig von der verbalen Präsentation würde ich mich sehr freuen, wenn insbesondere gerade auch weibliche und dem diversen Geschlecht zuzuordnende Leser von diesem Buch profitieren würden – nicht nur, weil es meiner Überzeugung von menschlicher Individualität entspricht, sondern weil es auch für unsere Gesellschaft insgesamt von Vorteil wäre.

Was erwartet Sie in diesem Buch – und wie nutzen Sie es am besten?

Unser Streben nach Erfolg

Die meisten Menschen streben nach Erfolg und Glück, sei es in Form von Reichtum, Macht, Karriere, Abenteuer, sportlichem Erfolg, Gesundheit, Sinn, Erfüllung, Glück, Traumpartner, Familie etc. Interessanterweise hat bisher jedoch noch niemand das Ei des Kolumbus gefunden, an welchem sich alle orientieren könnten und welches für jeden Menschen zu einem garantierten Erfolg führen würde. Auch ich habe dieses Ei noch nicht gefunden. Eines aber habe ich erkannt: Es gibt nicht einen »Mustererfolg« im Leben, es gibt immer nur einen ganz persönlichen, *individuellen* Erfolg. Ihr Erfolg ist einzigartig – und damit anders als der Erfolg aller anderen.

Wenn ein Maler ein Bild malt, kann er seinen Erfolg im Bild selbst sehen oder davon abhängig machen, ob es auch anderen gefällt. Vielleicht will er auch nur mit dem Verkauf der Bilder seinen Lebensunterhalt bestreiten. Wenn er von seiner Malerei nicht leben muss, kann es durchaus sein, dass ihm an der Entwicklung einer besonderen Maltechnik viel mehr liegt als an der Gunst des Publikums. Liegt sein Erfolg darin, ein »großes« Bild zu malen, welches »die Welt verändert«, oder eher darin, möglichst viele Bilder, möglichst viele unterschiedliche Bilder oder möglichst viele gut bezahlte Bilder zu malen? Was also ist Erfolg für ihn – und für uns? Warum streben wir also Erfolg an? Und wie gelingt dieses Streben bzw. wie hängt unser Lebensglück mit diesem Erfolg zusammen? Fragen über Fragen. Die Versuche von Menschen, erfolgreich bzw. glücklich zu sein, scheitern häufig schon daran, dass sie sich entsprechende Fragen für ihr persönliches Leben gar nicht stellen, geschweige denn sie beantworten.

Manchmal habe ich den Eindruck, dass nicht wenige Ratgeber uns mit Standards und Regeln versorgen, um aus einer zahmen Hauskatze einen gefährlichen Tiger und aus einer empfindsamen Seerose eine starke Eiche machen zu wollen. In der Natur empfänden wir das als lächerlich. Bei uns Menschen sehen wir das offenbar anders. Ich möchte Sie in diesem Buch ermutigen, eine *schlaue* Hauskatze (und nicht ein lächerlicher Tiger) und eine *strahlende* Seerose (und nicht eine wackelige Eiche) zu werden. Und wenn Sie ein Tiger sind, dann sehnen Sie sich bitte nicht danach, eine schlaue Hauskatze zu sein! Dann werden Sie gefälligst ein gefährlicher Tiger!

Dieses Buch soll Mut machen: Nicht jeder kann Präsident, Multimilliardärin, Nelson Mandela oder Lady Gaga werden (für viele ist das auch nicht wirklich erstrebenswert), aber jeder kann aus seinem eigenen Leben das Beste machen und damit sein Leben für sich erfolgreich gestalten. Erfolg ist immer möglich! Erfolg ist immer das Ergebnis der Entwicklung von individuellen Potenzialen. Wenn wir dieses individuelle Potenzial nicht erkennen, können wir es nicht entfalten. Wenn wir unser Potenzial nicht entfalten und keine Ziele haben, können wir keinen Erfolg haben. Umgekehrt helfen uns die besten Erkenntnisse nicht, wenn wir daraus keine Schlüsse ziehen und diese nicht umsetzen. Individuelle Potenzialentwicklung ist somit der Kern jedes Erfolgs. Konsequenterweise müssen wir unser *Potenzial erkennen und dieses entwickeln*. So einfach ist das – zumindest theoretisch!

Viele Träume scheitern an ihrer mangelnden Umsetzung. Ein Buch über den Erfolg muss daher immer beide Aspekte (Erkennen und Umsetzen) berücksichtigen. *Erkenntnis* und *Handeln* werden damit zu den entscheidenden Dreh- und Angelpunkten unseres Erfolgs. Für die Erkenntnis seien unsere Leitsätze: *Gnôthi seautón*[1] (= »*Erkenne dich selbst*«) und *sapere aude*[2] (= »*Habe den Mut, dich deines Verstandes zu bedienen*«). Und für das Handeln bietet sich z. B. an: »*Sei dazu entschlossen, und die Sache ist getan.*«[3]

Potenzialentwicklung ist ein Marathonlauf und kein Sprint. Erfolg ist ein Lebenswerk. Deshalb fällt der Erfolg nicht vom Himmel, sondern ist das Ergebnis von vielen kleinen Einzelaktionen. Erfolg ist eine Linie, kein Punkt. Alles, was Sie zum Leben brauchen, ist bereits in Ihnen selbst angelegt. Ihr Lebenszweck ist die Potenzialentfaltung – so wie aus einer Raupe ein Schmetterling, aus Samen ein Weizenfeld und aus Regentropfen ein Ozean wird.

Erkenntnis ist also sehr wichtig und das führt uns zur Bedeutung von Bewusstheit und Bewusstsein (welchem wir ein eigenes Kapitel widmen). Die besten Erkenntnisse nutzen uns wenig, wenn wir sie nicht zu einem Teil unseres Bewusstseins machen und damit aus uns heraus unseren Erfolg gestalten. Bewusstsein hat einen maßgeblichen Einfluss auf unseren Erfolg. Erfolg ist keine Frage der Technik, sondern der inneren Einstellung. Daher ist die Arbeit am eigenen Bewusstsein so bedeutsam, weil es die Grundlage für unseren Erfolg und unser Lebensglück ist.

Dies bringt uns weiter zu der Erkenntnis, dass sich unser Erfolg, wie auch unser Leben insgesamt, *von innen nach außen* entwickelt – nicht umgekehrt. Diese Perspektive wird sich das ganze Buch hindurch in immer wieder neuen Facetten zeigen. Dies ist wichtig, weil heutzutage sehr stark die Annahme dominiert, dass Erfolg etwas Äußerliches sei und sich maßgeblich auch von außen steuern lasse. Ich glaube hingegen, dass die wesentliche Bewegung in unserem Leben von innen nach außen geht. Dies gilt nicht nur für unsere Handlungen, sondern auch für äußere Wahrnehmungen, die uns stets (nur) durch unseren persönlichen Filter erreichen. Unser inneres Bewusstsein ist die Basis sowohl für den von uns erzeugten Schein in der Außenwelt als auch für unsere eigene Wahrnehmung des von der Außenwelt erzeugten Scheins. Lesen Sie diesen Satz vielleicht noch einmal – dann wird Ihnen klar, wie viel Macht Ihr Bewusstsein (bzw. seine Beschränkung) in Ihrem Leben besitzt.

In Hinblick auf die individuelle Potenzialentwicklung sollten wir jedoch nicht vergessen: Erfolg ist immer nur *zusammen mit anderen* möglich. Natürlich kommt das Potenzial aus dem Individuellen, jedoch werden wir bei der Umsetzung immer auch auf andere Menschen angewiesen sein. Wer denkt, die Sonne drehe sich nur um ihn, wird scheitern. Auch unser individueller Erfolg wird stets in einem Wechselspiel von Individualität und menschlicher Gemeinschaft sowie von persönlichem Impuls und menschlichem Zusammenwirken eingebettet sein. Wir alle müssen daher eine Balance zwischen Individualität und Gemeinschaft finden.

Warum Kategorien des Erfolgs?

Ich spreche ausdrücklich von Kategorien und nicht von Regeln oder Prinzipien. Viele Bücher zum Thema *Erfolg* arbeiten mit Regeln und Prinzipien erfolgreichen Handelns nach dem Motto: »Tue dies – tue das – tue das auf keinen Fall!« Mir scheint dieser, von vielen Ratgebern als fast naturgesetzlich angesehene Automatismus dem menschlichen Wesen nicht angemessen zu sein. Nicht jedes Prinzip passt zu jedem, genauso wie der eine morgens lieber Müsli isst und der andere Speck mit Eiern.

Machen Sie sich klar, dass die meisten erfolgreichen Menschen nicht nur bestimmte (angeblich anerkannte) Prinzipien eingehalten haben, sondern gleichzeitig auch gegen (angeblich anerkannte) Prinzipien *verstoßen* haben – und trotzdem (oder gerade deshalb) erfolgreich wurden. Sie hatten ein eigenes Erfolgsrezept, welches so stark war, dass selbst der Verstoß gegen bestimmte Prinzipien des Erfolgs nicht ins Gewicht fiel. Oder vielleicht war gerade dieser Verstoß ein besonderer Ausdruck ihrer Authentizität und damit ihres Erfolgs!

Wenig überzeugend ist daher auch die Überlegung, aus dem Leben erfolgreicher Menschen bestimmte übergeordnete Prinzipien herausdestillieren zu können. Was bei Tina Turner, Udo Lindenberg oder Martin Luther King funktioniert hat, muss nicht bei Ihnen funktionieren! Es ist daher nicht hilfreich, generische Erfolgskonzepte zu suchen bzw. blind zu verfolgen, ohne sie an unsere Individualität, unsere Talente, unsere Wünsche und Träume anzupassen. Solche »Handlungsbefehle« sind darüber hinaus wenig geeignet, Ihr Bewusstsein zu entwickeln und zu verändern. Im Gegenteil, solche Befehle zwängen Sie in ein Korsett, welches Sie Ihrer Individualität und Potenzialentwicklung eher beraubt.

Die 42 Kategorien sollen also keine Handlungsbefehle bzw. Wenn-Dann-Funktionen sein. Sie sind vielmehr eine Dekonstruktion der wesentlichen Elemente des Erfolgs. Diese Elemente werden sichtbar gemacht und in ihre Einzelteile zerlegt. Die Transparenz soll Sie persönlich anregen, über bestimmte grundlegende Zusammenhänge menschlichen Denkens, Fühlens, Entscheidens und Handelns nachzudenken und daraus Ihre ganz persönlichen Erfolgsprinzipien zu erarbeiten. Die 42 Kategorien bewegen sich damit im Kern auf einer *Metaebene*, welche (von ganz konkreten Beispielen abgesehen) eine gewisse Abstraktionshöhe aufrechterhält. Dadurch wird Ihnen eine klärende Orientierung und Übersicht ermöglicht, sodass Sie dann in die konkrete persönliche Umsetzung »hinabsteigen« können.

Dieses Buch ist ein Angebot für ein Joint Venture zwischen Ihnen und mir nach dem »Espressomaschinen-Prinzip«: Mein Buch liefert Ihnen heißes Wasser unter Druck – aber ein guter Espresso entsteht erst dann, wenn Sie Ihr Lieblingspulver mit dem richtigen Mahlgrad hinzugeben. Dafür sollten Sie alle meine im Buch aufgestellten Thesen auf die Anwendbarkeit in Ihrem Fall überprüfen, bestätigen, anpassen oder verwerfen. Machen Sie es sich beim Verwerfen jedoch nicht zu leicht: Das ist nur zulässig, wenn Sie stattdessen eigene Thesen entwickeln und sich zu eigen machen! Sonst haben Sie ein Loch im Strumpf!

Die 42 Kategorien sind sequenziell strukturiert: Man beginnt bei Kapitel 1 und endet bei Kapitel 42. Jedes Kapitel baut auf den Erkenntnissen der vorhergehenden auf. Daraus sollte jeder seine für sich wichtigen Kategorien identifizieren und sie als Baumaterial für seinen Erfolg verwenden. Die einzelnen Kapitel vertiefen die Analyse der jeweiligen Kategorie und brechen sie gedanklich bis auf ihre „Molekularstruktur" herunter. Hier sehen Sie die Analogie zum menschlichen Körper: Durch die Verdauung bricht er die Nahrung herunter bis auf einzelne Moleküle, die er dann für seine individuellen Zwecke wieder zusammensetzt. Ebenso ist es mit dem Erfolg: Sie bauen die Ihnen wichtigen Moleküle nach Ihren eigenen Vorstellungen wieder neu zusammen, sodass daraus Ihr persönlicher Erfolg entsteht.

Dabei stehen meine Kategorien nicht wie Säulen getrennt nebeneinander, sondern sind wie Neuronen miteinander verknüpft. Es gibt immer wieder Überlappungen zwischen den Kategorien, eine haarscharfe Trennung ist gar nicht möglich und auch nicht gewollt. Manche Passagen eines Kapitels hätten auch in einem anderen stehen können, und manche Erkenntnisse eines Kapitels bekommen eine neue Färbung in einem anderen. Das Leben ist zu vielschichtig, als dass man hier alles sauber trennen könnte. Das spielt jedoch keine Rolle, solange sie in der Zusammenschau eine Grundorientierung gewähren. Nur diese Zusammenschau ergibt ein vollständiges Bild.

Warum 42 Kategorien des Erfolgs?

Bei jedem Buch, welches sich mit dem Thema *Erfolg* auseinandersetzt, stellt sich einem Autor am Anfang die Frage, wie viele Aspekte er benennen soll. Manche Autoren beschränken sich auf wenige Regeln, andere haben 50, 99 oder deutlich über 100 Tipps oder Gesetze des Erfolgs gefunden. Beide Ansätze fand ich unbefriedigend.

Ich war daher auf der Suche nach einem Mittelweg zwischen den Extremen. Die Zahl 42 ist natürlich willkürlich gewählt, dennoch hat sie einen gedanklichen Hintergrund: Eigentlich wollte ich mein Buch in 21 Kategorien des Erfolgs aufteilen, weil die Zahl 21 in der Kabbalistik für Chancen und Erfolg steht und damit die absolute Erfolgszahl ist! 21 Kategorien schafften jedoch nicht den ausreichenden Raum für eine befriedigende Behandlung aller Aspekte des Erfolgs. Um auf eine angemessene Zahl von Kategorien zu kommen, habe ich folglich die Zahl 21 mit der Zahl 2, die ja auch für Wachstum und Entwicklung steht, multipliziert. Damit kam am Ende die Zahl 42 heraus.

Das traf sich gut, weil diese Zahl ein Zitat aus der mehrfach verfilmten Roman- und Hörspielreihe *Per Anhalter durch die Galaxis* des englischen Autors Douglas Adams ist. Im Roman ist 42 die von einem Supercomputer nach einigen Millionen Jahren Rechenzeit gegebene Antwort auf die Frage »*nach dem Leben, dem Universum und dem ganzen Rest*« (englisch »*life, the universe and everything*«), mit der die Protagonisten letztlich nichts anfangen können. Auf Rückfrage erwidert der Computer, die Frage sei zu vage gestellt gewesen. In der IT-Community wird die Zahl 42 häufig als magische Zahl verwendet, quasi als Antwort auf alles, was man nicht erklären kann. Damit haben wir es hier mit einer perfekten Zahl für den menschlichen Erfolg zu tun! Wie der Erfolg steht die Zahl 42 für ein nicht ganz geklärtes Geheimnis.

»Denkbuch«

Dies ist kein Lesebuch zur Unterhaltung, sondern ein »Denkbuch«! Es soll zum Nachdenken, Reflektieren, selbstkritischen Prüfen und manchmal auch zum Zweifeln anregen, um am Ende zu eigenen, selbst gefundenen Schlüssen zu gelangen. Meine Thesen und Beobachtungen haben den alleinigen Sinn, Sie zu einer eigenen Meinung zu *provozieren*. Sie sind nämlich anders als ich!

Ich werde in diesem Buch auch Thesen vertreten, die nicht streng »wissenschaftlich« erwiesen sind (was bei der Frage nach dem menschlichen Erfolg ohnehin ein hoher Anspruch wäre). Es ist allerdings die Frage, was Wissenschaft eigentlich ist. Wir verstehen Wissenschaft häufig so, dass wir nur anerkennen, was wir mit unseren Sinnen wahrnehmen können. Die Wahrheit von gestern kann jedoch die Unwahrheit von heute sein, die Unwahrheit von gestern die Wahrheit von heute. Wichtig ist mir, dass wir stets zu kritischem Denken bereit sind und angeblich »wissenschaftliche Erkenntnisse« nicht unser Denken beschränken, sondern unsere Suche nach Wahrheit und Erkenntnis befördern.

Akzeptieren Sie daher keinen Rat, keine Empfehlung und keine Anregung von mir, wenn Sie diese nicht zuvor selbst auf ihre Richtigkeit und Tauglichkeit für Ihr Leben geprüft haben. Warum? Weil viele Menschen auf irgendwelche Regeln gepfiffen haben und dennoch sehr erfolgreich waren. Wie konnten sie das erreichen? *Sie sind ihren eigenen Weg gegangen!* Dazu möchte auch ich Sie ermuntern. Es ist mir tausendmal lieber, Sie widersprechen einer These mit Überlegung und Argumenten oder eigenen Erfahrungen, als dass Sie einer These ohne Reflexion folgen.

Dieses Buch erhebt weder Anspruch auf Vollständigkeit im Hinblick auf das Thema *Erfolg* (was ohnehin lächerlich wäre) noch Anspruch auf eine absolute Wahrheit (die es ohnehin nicht gibt). Gerade in der Ambivalenz und Dialektik unserer Welt liegen für jeden enorme Chancen! Lassen Sie sich nicht dadurch abschrecken, dass manche Punkte und Erkenntnisse für Sie banal klingen. Vieles ist Ihnen vielleicht schon einmal in Ihrem Leben begegnet – aber wie oft haben Sie einmal intensiv darüber nachgedacht, was diese oder jene banale Erkenntnis für Sie persönlich und Ihren Lebenserfolg bedeutet? Und wie oft haben Sie banale Wahrheiten zwar erkannt, aber nicht umgesetzt? Bitte seien Sie an dieser Stelle ehrlich zu sich selbst!

Aufbau dieses Buchs

Wir haben bisher von »diesem Buch« gesprochen. Tatsächlich halten Sie gerade Band 1 einer vierbändigen Buchreihe in den Händen. Die angemessene vertiefte Bearbeitung aller 42 Kategorien hat den Umfang des Manuskripts so ausgedehnt, dass ich zusammen mit meinem Verlag die Entscheidung getroffen habe, »das Buch« in vier Teilen auf den Markt zu bringen. Dies hat sich auch deshalb angeboten, weil sich »das Buch« in vier Oberkategorien einteilen lässt:

Band 1 (»Die Basis«) befasst sich mit den *grundlegenden* Kategorien der *Erkenntnis*, denn nur auf einem soliden Fundament lässt sich Erfolg aufbauen.

Band 2 (»Die Erkenntnis«) analysiert die *individuellen* Kategorien der *Erkenntnis*, denn nur individuelle Erkenntnis gibt uns Orientierung für unseren persönlichen Erfolg.

Band 3 (»Das Handeln«) beleuchtet sodann die *individuellen* Kategorien des *Handelns*, denn ohne Handeln materialisieren sich unsere Erkenntnisse nie.

Band 4 (»Die Kooperation«) schließt die Buchreihe ab mit den *kollektiven* Kategorien des *Handelns*, denn Erfolg können wir nur gemeinsam haben.

Diese Aufteilung ändert jedoch nichts daran, dass es ein Buch ist und damit kein »Fortsetzungsroman«, der einzelne Episoden zusammenhangslos aneinanderreiht. Vielmehr nehmen Sie die vier Bände mit auf eine Reise, die bei Kapitel 1 beginnt und bei Kapitel 42 endet. Erst am Schluss von Band 4 haben Sie dann ein vorläufiges Ende der »Abenteuerreise Erfolg« erreicht.

In diesem Band 1 (Kategorien 1 bis 10) beschäftigen wir uns mit den grundlegenden Kategorien der Erkenntnis, also der »Basis«. Sie müssen für sich zu Beginn Ihrer Erfolgsreise einige tiefergehenden Fragen nach den Begriffen von Glück, Bewusstsein, Macht der Gedanken, Macht der Gefühle sowie der Bedeutung von Werten klären. Dazu kommt eine Auseinandersetzung mit weiteren grundsätzlichen Themen (Wahrheit und Mut, Entscheiden, Pareto 80/20 und Balance). Hier werden Sie aufs Äußerste gefordert. Ohne diese Klärung können Sie kein individuelles

Erfolgskonzept umsetzen – es wäre so, als würden Sie versuchen, bei einem Hausbau mit dem dritten Stockwerk zu beginnen oder ein Haus auf einem schiefen Fundament aufzubauen.

Die Bearbeitung der einzelnen Kategorien beginnt häufig mit einigen begrifflichen Abgrenzungen oder Definitionen. Dies mache ich nicht, um Sie zu langweilen. Es geht mir um Transparenz und Dekonstruktion. Ich möchte Ihnen damit vielmehr eine Grundlage vermitteln, um sich in den einzelnen Kategorien orientieren und zu den von mir aufgestellten Thesen eine eigene Meinung bilden zu können. Da diese Ausführungen eher abstrakt gehalten sind, gibt es als Ausgleich viele konkrete praktische Beispiele. Insofern versuche ich, mich an das Ideal von Immanuel Kant zu halten: »*Gedanken ohne Inhalt sind leer, Anschauungen ohne Begriffe sind blind.*«

Sie werden zahlreiche Zitate, Sprüche und Aphorismen im Text finden. Dies liegt nicht nur an meiner Liebe für Sprüche: Die von mir gewählten Sentenzen sind ein jeweils passendes Kondensat einer gerade beschriebenen Erkenntnis. Ihre Kürze und Konzentration verschaffen Klarheit und Tiefe. Sie sollen zum weiteren Nachdenken anregen.

Die Hinweise in den Endnoten dienen in dreierlei Funktionen: Als Querverweise innerhalb des Buchs, als Quellenangaben für Ihre eigene weitere Recherche oder als kurze vertiefende Erläuterungen, die im Text selbst den Lesefluss stören würden. Diese Erläuterungen in den Endnoten können Sie auch überspringen, wenn Sie an vertiefenden Details oder Anekdoten nicht (sofort) interessiert sind.

Das Literaturverzeichnis am Schluss jedes Kapitels enthält zum einen alle in den Endnoten angegebenen Quellen mit vollständiger Zitierweise und zum anderen weitere im Text nicht zitierte, persönliche Hinweise zur eigenen Vertiefung des jeweiligen Kapitelthemas. Um Ihnen den Zugang zu allen Kategorien etwas zu erleichtern, habe ich mich auf eine überschaubare Anzahl von Literaturquellen beschränkt.

Wie nutzen Sie dieses »Denkbuch« am besten für sich?

Sollten Sie nur an einzelnen Kategorien interessiert sein, steht nichts dagegen, sich einfach nur die entsprechenden Kapitel herauszusuchen und diese zu vertiefen. Das ist die »Cherry-Picking-Variante«. Für eine grundlegende Auseinandersetzung mit diesem Denkbuch empfehle ich Ihnen jedoch wie folgt vorzugehen:

Sie sollten das ganze Buch von Anfang bis Ende lesen, weil die meisten Kapitel auf den vorhergehenden aufbauen. Lesen Sie jeweils nur ein Kapitel am Stück. Danach wäre es gut, wenn Sie sich etwas Zeit nehmen, um folgende Fragen für sich zu beantworten:

1. Hat das Kapitel für mich, meine augenblickliche Situation oder mein langfristiges persönliches Erfolgsstreben eine Relevanz?
2. Wenn ja, welche Gedanken, Fragen oder Aussagen ergeben sich daraus für mich? Halten Sie diese schriftlich fest!
3. Welche Konsequenzen möchte ich daraus für meine weitere Zukunft ziehen? Halten Sie diese fest! Damit haben Sie eine Zwischenbilanz für dieses Kapitel und am Schluss eine Sammlung von maximal 42 Zwischenbilanzen.
4. Nach der Lektüre aller Kapitel treffen Sie anhand der (maximal) 42 Zwischenbilanzen eine Auswahl: Wählen Sie diejenigen *drei* oder *vier* Kategorien aus, deren Zwischenbilanzen derzeit für Sie am wichtigsten sind. Wichtig bedeutet, entweder eine Stärke weiter auszubauen oder ein massives Defizit zu beseitigen oder zumindest zu reduzieren. Natürlich sind alle 42 Kategorien immer in irgendeiner Weise für den Erfolg von Bedeutung. Sie können jedoch nicht an allen 42 Kategorien gleichzeitig arbeiten, weil Sie dann nichts richtig tun. Arbeiten Sie daher zu Beginn nur mit den aktuell »brennenden« Kategorien für Ihren Erfolg. Später können Sie weitere Kategorien hinzufügen.
5. Die drei oder vier ausgewählten Kategorien stellen Ihr augenblickliches, individuelles Erfolgskonzept dar. Bevor Sie etwas unternehmen, lesen Sie bitte die entsprechenden Kapitel nochmals in Ruhe durch! Dann können Sie an Ihren Themen weiterarbeiten und Ihre Erkennt-

nisse (ggf. auch mit weiteren Anregungen, Ratgebern, Kursen, Seminaren etc.) vertiefen und umsetzen. Der Charme dieses Buchs besteht darin, dass Sie bei all diesen weiteren Recherchen immer einen Kompass an der Hand haben – Sie wissen also immer, wo Sie sich im Moment befinden. Nur ein solches Vorgehen wird meines Ermessens nach der Individualität von Menschen gerecht.

6. Lassen Sie sich nicht entmutigen, wenn sich nicht sofort ein gewaltiger Erfolg einstellt. Im Laufe der Zeit werden Sie immer näher an diejenigen »Konsequenzen« heranrücken, die für Sie persönlich den größten Wirkungsgrad haben werden. Verabschieden Sie sich von »schnell, schnell«. Üben Sie nicht, um Meister zu werden – seien Sie ein Meister, der übt – lebenslang!

7. Manche Kategorien werden sich für Sie im Laufe der Zeit ändern, neue Kategorien können dazukommen und alte verschwinden. Ihre heute identifizierten Kategorien gelten auch nur für heute. Denn es kann durchaus sein, dass in ein, zwei oder zehn Jahren ganz neue Kategorien Priorität genießen, z. B. weil Sie reifer geworden sind, weil Sie ganz andere Herausforderungen zu bewältigen haben oder weil Ihr Leben ganz anders geworden ist. Dieses Buch ist also nicht dafür gedacht, nach der Lektüre weggeworfen zu werden. Es ist ein »Mehrweg-Buch«: Vielleicht lesen Sie es in zwei oder zehn Jahren mit ganz anderen Augen. Entweder weil Sie es »neu« lesen, um Ihre Zwischenbilanzen auf den neusten Stand zu bringen, oder weil Sie dieses Buch bei Bedarf auch als Ad-hoc-Handbuch heranziehen können, um kurzfristig zu einer bestimmten Kategorie eine klare Orientierung in einer aktuellen Lebenssituation zu bekommen (z. B., weil Sie gerade vor einer wichtigen Entscheidung stehen).

Ich wünsche Ihnen bei der Lektüre viel Vergnügen sowie neue Erkenntnisse! Und vor allem viel Erfolg bei der persönlichen Umsetzung der 42 Kategorien Ihres ganz persönlichen Erfolgs! Good Luck!

I. Die Basis

Kapitel 1
Was ist Erfolg?

»Ihr Ziel sollte es sein, so viel Leben wie möglich aus dem Leben herauszuholen, so viel Freude, so viel Interesse, so viel Erfahrung, so viel Verständnis. Nicht einfach das sein, was allgemein als ›Erfolg‹ bezeichnet wird.« (Eleanor Roosevelt)

Erfolg – ein Missverständnis?

»Erfolg« ist in aller Munde. Alle wollen ihn haben – und doch ist der Erfolg auch in Misskredit geraten, weil er oft mit Attributen wie »rein materielles Denken«, »Ellenbogenmentalität«, »gnadenloses Leistungsdenken«, »soziale Kälte«, »mangelnde Empathie«, »Zahlen sind wichtiger als Menschen«, »Bilanzen sind wichtiger als die Umwelt«, »fehlende Werteorientierung« etc. in Verbindung gebracht wird. Denken in Erfolgskategorien – so der Vorwurf – sei ein Ausdruck des materialistischen, kapitalistischen Systems und würde alle anderen wichtigen Dinge im Leben wie Liebe, Freundschaft, Harmonie, Lebensfreude etc. in den Hintergrund drängen.

Kein Missverständnis könnte größer sein: Wir alle streben im Leben nach Erfolg! Nur unserem Erfolgsstreben verdanken wir unser Dasein. Leider sind wir uns dessen oft nicht bewusst, weil wir unseren Begriff von Erfolg verengen. Immer wenn wir etwas anstreben und dieses Ziel erreichen, erzielen wir einen Erfolg. Erfolg ist, »was folgt«. Wir erzielen laufend Erfolge, ohne dass wir uns dessen bewusst sind. Wenn ich morgens beim Bäcker Brötchen hole und diese wenig später der Familie auf dem Frühstückstisch präsentiere, so habe ich einen – wenn vielleicht auch unbedeutend erscheinenden – Erfolg erzielt. Bitte würdigen Sie das, schließlich hätten Sie auf dem Heimweg auch versehentlich die Tüte mit den Brötchen in eine Pfütze fallen lassen können. Erfolg habe ich auch, wenn ich morgens nicht die Treppe hinabstürze, bei schönem

Wetter unverletzt einen Berggipfel besteige, ein Gedicht aufsage, ohne stecken zu bleiben, oder ein Klavierstück fehlerfrei vorspiele etc. Man kann den Begriff von Erfolg noch weiterziehen: Als Erfolg könnte man auch z. B. gelebte Liebe, inspirierende Stunden mit einem guten Freund, ein freudvolles Spielen mit Kindern oder eine inspirierende Meditation ansehen.

»Halt!«, werden Sie einwenden: Das hat doch nichts mit Erfolg zu tun, weil Erfolg immer Leistung voraussetzt! Wenn Sie jedoch Leistung durch »Geben, Engagement, Hingabe« ersetzen, sieht das anders aus: Gelebte Liebe besteht aus (seelischem) *Geben* und *Nehmen*. Zeit mit Freunden oder Kindern zu verbringen, ist *Engagement*. Und Meditation ist eine seelische *Hingabe*, die zum Erfolg von Meditation beiträgt. Auch bei diesen Beispielen leisten wir immer einen *Einsatz!*[4] So betrachtet erscheint der Begriff Erfolg nicht mehr ganz so abstoßend! Schauen Sie daher genau hin, wenn Sie künftig Erfolg beurteilen: Auch Mutter Teresa hatte Erfolg. Selbst ein buddhistischer Mönch, der durch Meditation einen tieferen Zugang zum Bewusstsein anstrebt, sucht – wenn auch nicht in unserem westlichen Verständnis – einen Erfolg, weil er z. B. Erleuchtung anstrebt! Also prüfen Sie sich selbst gründlich, bevor Sie Erfolg als eine belanglose Kategorie in Ihrem Leben ansehen!

Machen Sie sich klar: Sie sind bereits heute ein erfolgreicher Mensch – Sie haben überlebt. Einverstanden: Es gibt immer noch andere Erfolge. Keine Frage. Wenn Sie aber die kleinen Erfolge nicht wertschätzen, können Sie auf die großen Erfolge lange warten! Die großen Erfolge bauen nämlich immer auf den kleinen auf – immer! Erfolg ist wie eine Treppe: Wer die erste Stufe nicht nimmt, wird nie an der zehnten ankommen. Vielfach fallen uns jedoch unsere Erfolge im Alltag gar nicht auf, wir achten nur auf das, was ganz groß ist – oder missglückt. So arbeiten wir konsequent an unserer (jedenfalls subjektiv empfundenen) Erfolglosigkeit, weil wir entweder passiv auf das »ganz Große« warten oder allem, was schiefläuft, hyperaktiv unsere Aufmerksamkeit schenken.

Was ist Erfolg eigentlich?

Erfolg wird üblicherweise beschrieben als das Erreichen von gesetzten bzw. allgemein erstrebten Zielen. Nicht wenige Menschen unterliegen hierbei einem oder mehreren von *vier* Irrtümern:

<u>Erstens</u> sehen sie ein *uniformes* Bild von dem allgemein erstrebten »großen« Erfolg vor sich: Reichtum, Schönheit, Status, Gesundheit, Sex, Wachstum, Macht und Karriere – und was die Regenbogenpresse sonst noch alles anbietet!

<u>Zweitens</u> glauben sie oder lassen sie sich einreden, dass gerade sie genau dieses Bild von Erfolg erreichen *müssen,* um glücklich zu werden.

<u>Drittens</u> glauben sie oder lassen sie sich einreden, dass gerade sie persönlich genau dieses Bild von Erfolg auch *tatsächlich* erreichen *können.*

<u>Viertens</u> glauben sie, dass es lediglich einer guten *Gebrauchsanweisung* oder eines verlässlichen *Ratgebers* bedarf, um genau diesen Erfolg im Leben quasi zwangsläufig zu erzielen.

Alle vier Irrtümer führen regelmäßig zur Enttäuschung. Warum? Gehen wir einmal von der einfachsten Definition aus: »Erfolg ist das Erreichen eines bestimmten Ziels.« Dieses *Ziel* und sein *Erreichen* wollen wir näher betrachten.

Das **Ziel** ist eine Idee und damit der theoretische Teil des Erfolgs. Ein Ziel ist ein noch nicht erreichter Zustand und wir stellen ihn uns geistig vor. Es wird von uns definiert, und ohne ein solches Ziel gibt es keinen Erfolg. Dabei ist dieses von uns subjektiv definierte Ziel *persönlich* und *individuell.*

Persönlich ist das Ziel, weil nur wir selbst mit unserem *Bewusstsein* unser Ziel bestimmen können und weil ein für uns lohnendes Ziel stets auch eine persönliche Herausforderung darstellt. Ohne Bewusstsein können wir kein für uns relevantes Ziel bestimmen. Und je kleiner die persönliche Herausforderung eines Ziels ist, desto weniger treibt uns das Ziel an – und desto geringer wird auch das persönliche Erfolgserlebnis sein.

Im Gegensatz zu uns Menschen[5] kennen weder die Natur noch das Universum die Dimension des Erfolgs:[6] Sie existieren *ohne* Ziel, subjektive Bewertung oder Freude über einen Erfolg. Zwar passiert im Universum ständig »etwas, was folgt«, jedoch haben Natur sowie Universum keine persönlichen Ziele und können sie deshalb auch nicht erreichen. Die Dinge passieren einfach und gehorchen dem Gesetz von Ursache und Wirkung.[7] Die Natur fragt sich nicht, ob das Aussterben der Dinosaurier ein Erfolg oder ein Misserfolg war. Nur wir Menschen unterscheiden zwischen Erfolg und Misserfolg.

Wenn Erfolg Bewusstsein voraussetzt, wird mancher einwenden, dass man auch *unbewusst* Erfolge erzielen kann. Wir hatten bereits das Beispiel, unverletzt die Treppe hinabzusteigen. Kein Mensch denkt noch bewusst an die einzelnen Treppenstufen, wenn er seine Haustreppe mehrmals täglich hinauf- und hinabgeht. Dabei geht es allerdings meiner Ansicht nach nicht um Unbewusstheit, sondern um »Mechanisierung« unseres Bewusstseins. Wir sind uns vieler Handlungen in unserem Leben nicht mehr bewusst, weil ein ursprünglich bewusstes Verhalten sich im Laufe der Zeit »automatisiert« hat und ohne gedankliche Aufmerksamkeit abläuft. Als kleines Kind mussten wir mühsam jeden einzelnen Schritt lernen, damit wir nicht umfallen. Als gehbehinderter Greis müssen wir jeden einzelnen Schritt bewusst setzen, um nicht zu stürzen. In der Zeit zwischen Kind und Greis läuft das Gehen weitgehend unbewusst ab und ist dennoch die Automatisierung eines einst bewussten Vorgangs. Alle unsere unbewussten Handlungen haben immer einen bewussten Ursprung. Unbewusstheit von ehemals Bewusstem ist – im Gegensatz zum Unterbewussten – immer noch eine abgeleitete Form von Bewusstsein.

Jenseits dieser unbewussten Mechanisierung unseres Wachbewusstseins sind wir uns nicht immer über die wahren *Motive* unseres Denkens und Handelns bewusst, weil vieles in unserem Leben von unserem persönlichen Unterbewusstsein[8] gesteuert wird. Unser Wachbewusstsein deckt sich meist nicht mit unserem Unterbewusstsein. Wenn ich danach strebe, Landesmeister im Weitsprung zu werden, können dahinter – unterbewusst – ganz verschiedene (unterbewusste) Motive stehen: Spaß an der sportlichen Leistung, Vorbereitung einer späteren Teilnahme an den Olympischen Spielen oder aber – völlig losgelöst vom Sport – das Streben nach Anerkennung durch Lehrer, Freunde oder Eltern. Unsere wachbewusst definierten Ziele sind oft getragen von unseren *unterbewusst* vorhandenen Bedürfnissen, Werten und emotionalen Verletzungen. Skeptisch sollten wir werden, wenn wir nicht unseren eigenen Bedürfnissen, Werten und Erwartungen, sondern unterbewusst denen von Dritten (Eltern, Familie, Freundeskreis, Arbeitskollegen, »Gesellschaft« etc.) gerecht werden wollen (oder müssen). Dann legen andere die Messlatte für uns – und wir werden nicht einmal glücklich, wenn wir die Latte überspringen, weil uns dies nichts bedeutet. Mit diesen fremdbestimmten Erwartungen legen wir die Basis für spätere Unzufriedenheit. Mit fremdbestimmten Erfolgen, die wir nicht aus unserem innersten Bewusstsein als Erfolg ansehen, werden wir nicht glücklich. Halten Sie hier vielleicht kurz inne: Legen auch in Ihrem Leben zuweilen andere die Messlatte für Sie? Macht Ihr Erfolg Sie wirklich glücklich?

Individuell ist das Ziel, weil jeder Mensch unterschiedliche Ziele und Rahmenbedingungen hat. Die Tochter eines Börsenhändlers in New York wird Erfolg sicherlich anders definieren als der Sohn eines äthiopischen Bauern. Individualität bedeutet *individuelle Begabungen, Neigungen, Perspektiven* und *Rahmenbedingungen*. Und aus dieser Individualität müssen wir unsere Ziele individuell definieren. Wir müssen die Frage beantworten: Was ist uns wichtig? Manchem bedeutet die Besteigung des Mount Everest sein Leben, anderen ist das völlig egal. Einen Erfolg (und ein damit verbundenes Glücksgefühl) verbuchen nur die Menschen, die den Mount Everest zum individuellen, positiv besetzten Ziel nehmen.

Kommen wir zum **Erreichen** des Ziels. Das *Erreichen* ist abhängig vom Tun und damit der praktische Teil des Erfolgs. Ist das Ziel »nur« die Idee, so ist das Erreichen die praktische Umsetzung dieser Idee. *Der Erfolg ist, was folgt:* An der Umsetzung scheitern die meisten, die ihr Ziel nicht erreichen. Wer nicht ins Handeln kommt, wird auch keine Folgen bzw. Erfolge erzielen. Das Erreichen des Ziels ist – ebenso wie das Ziel selbst – *persönlich* und *individuell*.

Persönlich ist das Erreichen, weil sich das *Ausmaß* des Erfolgs persönlich bestimmt. Im Hochsprung lag der Weltrekord 1912 Uhr bei 2,00 Meter (George Horine, USA), im Jahr 1993 bei 2,45 Meter (Javier Sotomayor, Cuba). Während George Horine bei seinem Rekord im Jubelrausch gewesen sein dürfte, würde sein Weltrekord von 1912 unter heutigen Hochspringer nur noch ein müdes Lächeln erregen. Andererseits würde das Überspringen der 2-Meter-Sprunglatte durch ein achtjähriges Mädchen auch heute großes Erstaunen erregen. Dieser persönliche Grad des Erfolgs hat Einfluss auf die persönliche Bewertung eines Erfolgs. Das achtjährige Mädchen würde das Überspringen der 2-Meter-Sprunglatte als grandiosen Erfolg empfinden, ein erwachsener Sportler mit Olympiaanspruch als Misserfolg. Ein anderes Beispiel: Bei Künstlern erleben wir es gelegentlich, dass sie bestimmte Werke, die in den Augen ihres Publikums Meisterwerke sind, zerstören oder abändern, weil sie persönlich nicht mit ihrem Arbeitserfolg zufrieden sind. Es kann also sein, dass eine »objektive Leistung« vom Leistungserbringer nicht als persönlicher Erfolg im Sinne von Zielerreichung angesehen wird.

Individuell sind *Art* und *Weise* des Erreichens eines Ziels. Die Menschen sind unterschiedlich. Unterschiedlich darin, wie ihre Gene gebaut sind,[9] wie sie (sozial und kulturell) geprägt sind, wie sie denken, wie sie fühlen und wie sie handeln. Und unterschiedlich damit auch in ihren *Potenzialen.* Unterschiedlich sind daher die Möglichkeiten und Wege, ein Ziel zu erreichen. Was bei dem einen wirkt, geht bei einem anderen schief. Hier gilt: Was wirkt, ist richtig! Unsere Individualität bedeutet also nicht nur, dass wir unterschiedliche Ziele setzen, sondern selbst identische Ziele häufig auf unterschiedliche Art und Weise erreichen, weil sich unsere Potenziale unterscheiden. So kann das Ziel, ein berühmter Musiker oder Künstler zu werden, ganz unterschiedlich erreicht werden.

Nicht jeder Mensch kann Albert Einstein, John F. Kennedy, Madonna oder Tina Turner werden. Es gibt keine größere *Lüge* als die, dass *jeder alles* erreichen kann. Richtig ist hingegen, dass jeder Mensch die Chance hat, sein Potenzial voll zu entfalten, und damit *jeder Mensch alles erreichen kann, was in ihm oder ihr als Potenzial angelegt ist – und zwar auf seine Weise.*[10] Gerade diese individuelle Komponente ist ein wichtiger Faktor für unseren persönlichen Erfolg.

Eine allgemeine Gebrauchsanweisung für Erfolg gibt es daher weder bei der Zielsetzung noch seiner Erreichung. Wir finden eine Anleitung eher bei Frank Sinatras Song *I did it my way,* der zu einem der populärsten Songs aller Zeiten geworden ist. Aber wie viele Menschen setzen diese Botschaft für ihr persönliches Leben um? Und wie viele summen den Song einfach nur leise mit?

Kommen wir damit zur Auflösung der obigen *vier Irrtümer* beim Erfolg. Ziel und Zielerreichung – und damit Erfolg – sind immer *persönlich* und *individuell.* Die obigen Irrtümer sind daher wie folgt aufzulösen:

- Ein uniformer Erfolg existiert nicht. Nicht nur sind die Ziele persönlich und individuell, sondern auch das Ausmaß sowie die Art und Weise, sie zu erreichen.
- Erfolg kann die Basis von Glück sein, er muss es aber nicht.
- Keiner kann alles nur Erdenkbare erreichen, aber jeder kann sein Potenzial entfalten.
- Entgegen manchen Ratgebern gibt es keine allgemeine Gebrauchsanweisung für den Erfolg. Diese muss jeder für sich selbst schreiben.

Warum brauchen wir Erfolg?

Wir können ohne Erfolg nicht leben. Warum? Betrachten wir die Rolle des Erfolgs in unserem Leben etwas genauer.

1. Überleben

Erfolg ist lebensnotwendig. Ohne bestimmte Erfolge (z. B. Beschaffung unserer Nahrung, Schutz vor Wärme und Kälte, Akzeptanz in der Gemeinschaft) könnten wir gar nicht überleben. Erfolg brauchen wir nicht nur, wenn wir an uns denken, sondern auch, wenn wir das Klima retten, die Umwelt schützen, Armut und Hunger bekämpfen oder uns für die Einhaltung von Menschenrechten einsetzen wollen. Er ist ein grundlegender Mechanismus menschlichen Lebens. Wenn wir nicht erfolgreich sind, dann verhungern, verdursten oder erfrieren wir einfach. Erfolg ist eine *fundamentale Dimension* unseres Lebens und Überlebens. Manche sagen sogar, Überleben sei der Sinn des Lebens – da bin ich mir nicht so sicher, das sollte man wohl noch einmal überdenken!

2. Bewusste Steuerung unseres Lebens

Das bewusste Streben nach Erfolg steuert unser Leben. Wir wollen das, »was folgt«, beeinflussen. Und diese Steuerung gelingt uns umso besser, je *bewusster* wir uns unserer *Ziele* sind. Ohne Ziele haben wir keine Orientierung und können ohne sie nichts steuern. Unsere Steuerungsmöglichkeiten sind ohnehin beschränkt durch unsere genetische Veranlagung, unsere soziale und kulturelle Prägung, allgemeine Rahmenbedingungen etc. Es verbleibt uns eigentlich zur Steuerung unseres Lebens – und unseres Erfolgs im Leben – im Wesentlichen nur unser persönliches Bewusstsein als Basis unseres Denkens, Fühlens und Handelns. Und wir landen immer wieder bei der allgemein bekannten Frage: »Träumst du dein Leben oder lebst du deinen Traum?«

Ein Geheimnis unseres Erfolgs liegt in unserer *Wahlfreiheit:* Wir sind die Schöpfer *unseres* Erfolgs! Nicht des Erfolgs von Michael Jackson, Henry Maske oder Mutter Teresa – sondern *unseres* Erfolgs! Wenn wir Schöpfer unseres Erfolgs sind, dann sind wir nicht mehr Opfer der »Umstände«. Das Streben nach Erfolg bringt uns in Bewegung. Ohne unser Erfolgsstreben würden wir uns nicht bewegen. Bernhard Shaw sagte: »*People are always blaming their circumstances for what they are. I don't believe in circumstances. The people who get on in the world are the people who get up and look for the circumstances they want—and if they can't find them, make the*m«. Ich glaube, über diesen Satz von Shaw sollte man immer wieder einmal nachdenken.

3. Scheitern – Lernen – Wachsen

Ohne den Versuch, ein Ziel zu erreichen, können wir nicht scheitern. Manche Menschen denken daher, es sei klug, sich keine Ziele zu setzen. Ein gewaltiger Irrtum: Das Scheitern von heute kann die Basis des Erfolgs von morgen sein. Es gibt keinen Erfolg ohne den vorgeschalteten Misserfolg. »*Scheitern ist nicht das Gegenteil von Erfolg – es ist ein wichtiger Teil davon*«, sagt Eckart Tolle.

Wenn wir nicht scheitern, wachsen wir nicht. Wir scheitern – wir lernen – wir wachsen. Wir streben Erfolg nicht nur an, um zu überleben, sondern auch um zu *wachsen*. Damit meine ich in erster Linie unser *inneres, persönliches* Wachstum, jedoch auch das *kollektive* Wachstum der Menschheit: Durch neue Erkenntnisse, neue Forschungsergebnisse, neue Technologien und Theorien, neue Kunst und Kultur, einfach alles, was die Menschheit bisher weitergebracht hat. Unser Lerneffekt ist jedoch am größten, wenn wir Fehler machen und »scheitern«. Misserfolge sind Erfolge mit umgekehrtem Vorzeichen. Nur wenn wir aus Misserfolgen nichts lernen, sind sie nutzlos. Sonst bringen sie uns einfach ein Stück weiter. »Nach dem Spiel ist vor dem Spiel«, sagt man im Sport. Niederlagen sind oft die Basis langfristigen Erfolgs gewesen! Die Lektüre von Biografien von Wissenschaftlern, Erfindern, Politikern, Künstlern, Sportlern etc. wird Ihnen das immer wieder bestätigen. Auch umgekehrt gilt: Wer nur noch Erfolge ohne Misserfolge hat, der bleibt irgendwann stehen, da er nichts mehr lernt. Erfolge *und* Misserfolge zeigen uns, ob wir auf dem richtigen Weg sind, halten uns in Bewegung – und lassen uns wachsen.

4. Emotionalität und Motivation

Erfolg hat auch eine *emotionale* Komponente. Ist das Ziel erreicht, kommt meist *Freude* über den Erfolg hinzu. Oder zumindest ein Gefühl der (mentalen oder emotionalen) Befriedigung. Egal, ob im Kontrollraum der NASA nach der gelungenen Mondlandung, ob beim Sieg der eigenen Fußballnationalmannschaft bei der WM, bei einer erfolgreichen Gipfelbesteigung oder einem erfolgreich abgeschlossenen Examen – es ist immer dieser freudige, emotionale Rausch im Spiel! Das sieht man daran, dass in solchen Augenblicken Menschen den Körperkontakt mit anderen suchen und sich häufig selbst fremde Menschen umarmen, was rein rational völlig sinnlos wäre.

Warum ist diese emotionale Komponente so wichtig? Emotionalität ist eine grundlegende *Wirkungsverstärkung*, und zwar in mehrfacher Hinsicht: Zunächst *bereichert* die Emotionalität von Erfolg unser Leben, denn ein Leben ohne Emotionalität ist ein trauriges Leben. Zudem führt diese

Emotionalität zu einer Stärkung unseres *Selbstbewusstseins* sowie *unsere Motivation* für künftige Herausforderungen. Wenn ich einen »Dreitausender« erfolgreich bestiegen habe, traue ich mir das nächste Mal die Besteigung eines »Viertausender« eher zu, als wenn ich ohne Vorerfahrung aus dem Stand den »Viertausender« besteigen soll. Die Emotionalität unseres Erfolgs treibt uns zu weiteren Erfolgen an und verstärkt unsere *Positivspirale* des Erfolgs: Nichts ist so erfolgreich wie der Erfolg!

Abgrenzungen

Erfolg und Leistung

Manche meinen, zwischen Leistung und Erfolg bestehe kein Unterschied. Leistung führt jedoch nicht immer zu Erfolg, während ein Erfolg immer eine Leistung voraussetzt. Warum? Weil unser subjektiv gesetztes Ziel sich immer von dem derzeit bestehenden Ist-Zustand unterscheidet. Und dieses Delta überwinden wir nur durch Leistung im weiteren Sinne,[11] weil wir ohne diese Leistung keine Veränderung herbeiführen würden.

Allerdings muss eine Leistung nicht notwendigerweise zum Erfolg führen. Entweder weil wir ein angestrebtes Ziel verpassen und damit scheitern (= der klassische Misserfolg) oder weil wir zwar objektiv eine gewaltige Leistung erbringen (z. B. den Mount Everest besteigen), aber subjektiv diese Besteigung gar nicht als Ziel anstreben (weil sie uns nichts bedeutet). Dann läge zwar eine objektive Leistung vor, die für uns subjektiv jedoch keinen Erfolg darstellen würde. Der Grad einer objektiven Leistung korreliert also nicht mit dem Grad unseres persönlichen Erfolgs.

Leistung ist damit keine Garantie für unseren Erfolg. Das ist wie mit einem Spielautomaten im Casino: Man muss Geld (= Leistung) einwerfen, um mehr Geld (= Erfolg) gewinnen zu können. Aber es kann auch sein, dass man Geld einwirft und verliert. Was jedoch nicht geht, ist Geld zu gewinnen, ohne einen Einsatz bzw. eine Leistung zu erbringen.

Diese Abgrenzung zwischen Leistung und Erfolg ist keineswegs nur eine theoretische Spielerei: Wenn wir Leistung nur um der Leistung willen erbringen (und ggf. nur für unsere Quälerei nach Anerkennung streben), dann sollten wir aufhorchen. Dann wird Leistung absolut und wir erzielen keine subjektiven Erfolge mehr – und an Glück ist schon gar nicht mehr zu denken.

Erfolg und Anstrengung

Es gibt eine Diskussion, ob Leistung bzw. Erfolg tatsächlich *anstrengend* sein müssen oder ob sie nicht umgekehrt sogar leichtfallen sollten. Es gibt Spitzenleistungen, die ohne jegliche Anstrengung erzielt werden, so wie z. B. im Fall des Autisten Raymond in dem Film *Rainman* mit Tom Cruise und Dustin Hoffman. Raymond erkennt sofort, nachdem in einem Lokal die Dose mit den Zahnstochern heruntergefallen ist, dass es sich um 246 Stück handelt. Diese objektive Leistung war für Raymond nicht mit einer Anstrengung verbunden, er musste dafür nicht jahrelang trainieren. Für Raymond war die objektive Leistung also nicht anstrengend.

Die Anstrengung als solche kann damit kein zwingender Gradmesser für den Umfang von Leistung und Erfolg sein: Wenn ich eine Stunde lang einen 20 Kilogramm schweren Koffer in der Hand halte und mich nicht bewege, habe ich mich zwar sehr angestrengt, aber nichts geleistet. Wenn ich diesen Koffer zehn Stockwerke hochtrage, habe ich mich auf jeden Fall angestrengt, wohl auch etwas geleistet und vielleicht sogar einen kleinen Erfolg erzielt. Aber ich war nicht erfolgreicher als ein anderer, der den Fahrstuhl entdeckt und benutzt hat – im Gegenteil, der andere war cleverer und eigentlich erfolgreicher, weil er das gleiche Resultat mit weniger Aufwand erzielt hat. Also eine belastende Anstrengung ist keine Grundvoraussetzung für den Erfolg – und schon gar nicht, wenn sich jemand »künstlich« Hindernisse in den Weg legt. Das macht seinen Erfolg eher kleiner als größer.

Auch wenn es Erfolge ohne besondere Anstrengung gibt, gehen den meisten Erfolgen in unserem Leben jedoch Phasen der Anstrengung im Sinne von Energieaufwand, Konzentration, Üben, Ausprobieren, Schmerz und Durchhalten voraus. Wir können das z. B. bei vielen Sportlern, Schauspielern, Konzertpianisten und Politikern beobachten. Es wird auch für sie Momente geben, in welchen sie Aktivitäten auf dem Weg zu ihrem Ziel als belastend, langweilig oder schmerzhaft empfinden. Ein Konzertpianist muss auch an Tagen üben, an denen er keine Lust dazu hat, schlecht gelaunt oder erkältet ist. Wenn er nicht ausreichend übt, wird er nie die Spitze erreichen. Wir alle haben diese Erfahrung gemacht, wenn wir uns auf eine Prüfung vorbereiten mussten.

Wenn Anstrengung ins Spiel kommt, macht es allerdings einen großen Unterschied, wie wir diese Anstrengung *subjektiv* empfinden und bewerten. Unser Ziel nimmt Einfluss auf unser subjektives Empfinden bzw. Bewerten von Anstrengung. Wenn uns Bergwandern keinen Spaß macht, dann ist jeder Schritt einer Wanderung für uns eine Qual. Wenn unser größter Traum jedoch ist, den Kilimandscharo zu besteigen, dann hat jeder Schritt für uns einen Sinn. Wir bewerten dann die physische Anstrengung nicht als Qual, sondern als Schritt zu unserem Ziel, selbst dann, wenn unsere Schuhe mächtig drücken. In meiner anwaltlichen Praxis musste ich hin und wieder auch Fälle bearbeiten, die mir keinen Spaß bereiteten. Aber anstatt diese Abneigung auch noch psychisch durch Jammern und Selbstmitleid zu vergrößern, sagte ich mir: »Dies ist momentan dein wichtigster Fall und du hast die Aufgabe, ihn bestmöglich zu lösen.« Und dann machte ich mich daran, meinen »derzeit wichtigsten« Fall zu lösen. Dadurch hatte sich der Fall nicht geändert – aber meine Einstellung.

Fazit:
Anstrengung führt nicht immer zu einer Leistung, während Leistung nicht immer anstrengend ist. Leistung führt nicht immer zu Erfolg, während Erfolg immer Leistung voraussetzt. Oder anders formuliert: Wer sich anstrengt, leistet nicht immer etwas, und wer etwas leistet, erzielt

nicht immer einen Erfolg. Aber wer einen Erfolg erzielt, hat zuvor immer etwas geleistet und sich in den meisten Fällen auch angestrengt, unabhängig davon, wie diese Anstrengung subjektiv empfunden wurde.

Erfolg und Zufall

Zufall ist kein Erfolg. Zufall ist, was uns »zu-fällt«. Zufall ist ein nicht durch eine gezielte Handlung herbeigeführtes (meist positives) Ereignis. Zufall passiert einfach. Wenn es ein positives Ereignis ist, wird der Zufall zum Glücksfall (der berühmte »Sechser im Lotto«). Wenn nicht, dann wird meist eine Krise verschlimmert und der Zufall wird zum Schicksalsschlag. Beide Varianten sind jedoch weder Erfolg noch Misserfolg. Beim Zufall haben wir weder ein gesetztes Ziel noch ein gesteuertes Erreichen.

Und doch ist Zufall vielleicht nicht ganz außerhalb unserer möglichen Einflussnahme. »*Glück hat auf die Dauer doch zumeist wohl nur der Tüchtige*«, sagte General Helmuth von Moltke. Damit wollte er zum Ausdruck bringen, dass Zufall und glückliche Entwicklungen von unserer mentalen Einstellung bzw. unserer Tätigkeit positiv beeinflusst werden können, wenn auch nicht in direkter, geplanter, sondern eher in indirekter Weise – also Zufall quasi als »Abfallprodukt« unseres Strebens nach Erfolg. Dieser Aspekt wird heute unter dem Begriff »Serendipität« diskutiert. Dabei geht es um eine Geisteshaltung, die Zufälle provoziert. Dieses Mindset ist Menschen zu eigen, die experimentierfreudig sind und die Situationen aufmerksam beobachten und analysieren. Und insbesondere sind sie offen dafür, aus einer *aktiven* inneren Haltung heraus vermeintliche Fehlschläge und Krisen als Chance zu verstehen – statt sie mit großer Gefühlsaufwallung zu verdammen. Wir können den Zufall nicht zwingen, aber wir können ihn vielleicht durch unsere innere Einstellung »einladen«.[12] Auf jeden Fall befreien wir uns aus einer häufig eingenommenen Opferrolle.

Wie erzielen wir Erfolge?

Nun kommt die Schlüsselfrage: Wie werde ich denn nun erfolgreich?

Viele Ratgeber geben Ihnen auf diese Frage zahlreiche Antworten. Was jedoch eher selten serviert wird, ist eine ganz grundsätzliche Orientierung für die Zielsetzung und die Erreichung Ihrer eigenen Ziele. Genau diese Orientierung bieten die 42 Kategorien des Erfolgs, welche Ihnen eine Gelegenheit gewähren, sich mit Fragen auseinanderzusetzen, die nur Sie selbst beantworten können. Alles, was ich in meinem Leben zum Thema *Erfolg* gefunden, gelesen und gehört habe, konnte ich diesen 42 Kategorien zuordnen. Und auf dieser Basis können Sie Ihre Entdeckungsreise antreten und dann in den für Sie interessanten Bereichen sehr viel tiefer gehen und Ihre eigenen praktischen Erfahrungen machen. Es gibt keinen anderen Weg! Ein allgemeingültiges Kochrezept für den Erfolg ist noch nicht gefunden worden − und das wird es auch nie. Warum? Weil wir alle *Individuen* sind und Erfolg *individuell* ist!

Für unseren Erfolg können wir ganz Grundsätzliches von Extremsituationen lernen. Versetzen Sie sich einmal in die Lage eines politischen Häftlings in einem nordkoreanischen Gefängnis, eines Kriegsteilnehmers in der Schlacht bei Verdun im Ersten Weltkrieg, eines mit einer lebensbedrohlichen Krankheit befallenen oder eines kurz vor dem Hungertod stehenden Menschen. In diesen Situationen steht alles auf dem Spiel, das Überleben ist keineswegs gesichert. Außer diesem Überleben wird in solchen Situationen alles andere mehr oder weniger egal. Wir werden alles tun, um zu überleben. Und wenn wir überleben, haben wir einen enormen Erfolg erzielt.

Was würden Sie in solchen Situationen tun? Ich will es Ihnen verraten. Sie würden tun, was jeder tun würde: Sie würden sich ausschließlich auf das Überleben (= Ziel) fokussieren und für das Überleben alle noch verfügbaren Ressourcen mobilisieren. Und damit ergibt sich auch die Basis für den Erfolg außerhalb dieser Extremsituationen: *Zielfokussierung* und *Umsetzungsvermögen*. Das Ziel ist der mentale-emotionale Teil des Erfolgs (»Welt der Erkenntnis«), die Umsetzung ist der praktisch-handlungsbasierte Teil des Erfolgs (»Welt des Handelns«). Warum sollte es auch anders sein?

Erkenntnis *und* Handeln, Orientierung *und* Umsetzung, Theorie *und* Praxis, Reflexion *und* Aktion, Geist *und* Materie – diese beiden Antipoden sind die fundamentalen Pfeiler des Erfolgs, welche Ihnen in diesem Buch immer wieder begegnen werden. *Bewusstsein/Erkenntnis einerseits* und *Handeln/Verändern andererseits.* Wer nur erkennt, ohne zu handeln, bleibt ein Philosoph. Wer nur handelt, ohne zu erkennen, bleibt ein Sklave seiner Blindheit.

Diese Pfeiler sind jedoch auf einer sehr abstrakten Metaebene angesiedelt und bedürfen der Konkretisierung, um sie für uns praktisch handhabbar zu machen. Deshalb habe ich sie in die 42 Kategorien des Erfolgs heruntergebrochen, um Ihnen einen leichteren Zugang zu vermitteln.

Im *ersten* Band (Kapitel 1 bis 10) beschäftigen wir uns mit den **grundlegenden** Kategorien der **Erkenntnis**, also quasi der **Basis**. Sie müssen für sich zu Beginn Ihrer Erfolgsreise einige tiefergehenden Fragen nach den Begriffen von Glück, Bewusstsein, Macht der Gedanken, Macht der Gefühle sowie der Bedeutung von Werten (einschließlich Wahrheit und Mut) klären. Dazu kommt eine Auseinandersetzung mit den weiteren Themen Entscheiden, Pareto 80/20 und Balance. Hier werden Sie aufs Äußerste gefordert. Ohne diese Klärung können Sie kein individuelles Erfolgskonzept umsetzen – es wäre so, wie wenn Sie versuchen würden, bei einem Hausbau mit dem dritten Stockwerk zu beginnen oder ein Haus auf einem schiefen Fundament aufzubauen.

Im *zweiten* Band (Kapitel 11 bis 19) wenden wir uns den **individuellen** Kategorien der **Erkenntnis**, insbesondere auch der Selbsterkenntnis, zu. Diese umfassen nicht nur rationale, sondern auch sehr emotionale Themen. Über Individualität, Neugier, Kreativität gelangen wir zur Potenzialentwicklung. Aus dieser heraus entwickeln wir die Themen Ziele, Strategie, Planung u. v. m.

Im *dritten* Band (Kapitel 20 bis 31) befassen wir uns mit den **individuellen** Kategorien des **Handelns**. Hier geht es um die Elemente des effektiven und effizienten Handelns, wie z. B. mentale Stärke, Disziplin, Aufmerksamkeit, Entscheiden, Zeitmanagement, Stressbewältigung.

Im *vierten* Band (Kapitel 32 bis 42) beschäftigen wir uns mit den **kollektiven** Kategorien des **Handelns,** also der erfolgreichen Zusammenarbeit mit **anderen Menschen**, da *Erfolg nur mit anderen Menschen möglich ist* und jeder persönliche Erfolg immer auch in einen kollektiven Gesamtrahmen eingebettet ist. Es stellt sich also die Frage, wie Sie eine gelingende Kooperation mit anderen erfolgreich gestalten können. Wir betrachten Kategorien wie z. B. Kommunikation, Empathie, Vertrauen, Verhandeln, Networking, Teamwork und Führung.

Nach dem Epilog kann es sein, dass Sie nochmals von vorn ab dem ersten Band zu lesen beginnen, weil sich beim zweiten Durchgang manche Fragen, Antworten und Zusammenhänge vielleicht in neuem Licht präsentieren. Daher sagt auch Lily Tomlin: »*Die Straße zum Erfolg ist immer eine Baustelle.*« Wenn Sie das akzeptieren können, werden Sie die 42 Kategorien des Erfolgs vielleicht ein Leben lang begleiten!

LITERATUR:

- Ankersen, R., *Der Goldmineneffekt*, Börsenmedien (BOOKS 4 SUCCESS), 2016.
- Covey, S., *The Seven Habits of Highly Effective People*, Simon & Schuster, 1992 (Reprinted 1994).
- Dalio, R., *Die Prinzipien des Erfolgs*, FinanzBuch, 2019.
- Gladwell, M., *Überflieger*, Campus, 2010.
- Hill, N., *Think and Grow Rich*, Ballantine, 1987.
- Löhr, J., *Leben deine Stärken!*, 2. Aufl., Econ, 2004.
- Keil, Ph., *Du bist der Pilot*, 2. Aufl., Raffler, 2020.
- Peterson, J. B., *12 Rules for Life: An Antidote to Chaos*, Allen Lane, 2018.
- Schäfer, B., *Die Gesetze der Gewinner*, Frankfurter Allgemeine Buch, 2001.
- Templar, R., *The Rules of Work*, Pearson Education, 2015.
- Templar, R., *The Rules of Life*, Pearson Education, 2015.
- Templar, R., *The Rules of People*, Pearson Education, 2018.
- Templar, R., *The Rules of Thinking*, Pearson Education, 2019.
- Zitelmann, R., *Die Kunst des erfolgreichen Lebens*, 3. Aufl., FinanzBuch, 2020.

Kapitel 2
Was ist Glück?

»Das Glück erkennt man nicht mit dem Kopf, sondern mit dem Herzen.«
(Sprichwort aus Norwegen)

Unser persönliches Glück

Über das Glück zu schreiben, ist nicht viel einfacher, als eine Seifenblase zu tätowieren. Auch wenn über das Glück schon vieles gesagt wurde, ist die ultimative Glücksformel noch nicht gefunden worden. Für mich ist klar: Jeder Mensch muss seinen ganz persönlichen Begriff von Glück finden bzw. diesen erschaffen. Glück ist etwas *Persönlich-Individuelles*. Jeder freut sich anders und vielfach auch über anderes als andere. Was uns wieder verbindet, ist die grundsätzliche Fähigkeit, Glück zu *empfinden*. Ein Computer kann sich nicht freuen. Ebenso kann unser Verstand kein Glück empfinden. Auch das Universum und die Natur (jenseits von Lebewesen) können sich nicht freuen, sondern sie passieren einfach. Glück ist ein mysteriöses Zusammenspiel unserer Gefühle (Seele) und unseres Bewusstseins. Glück ist ein Bewusstseinszustand – Glück kommt von innen, nicht von außen. Das sehen wir auch daran, dass wir in manchen Situationen unseres Lebens unser Glück nicht bewusst wahrnehmen, es also bewusstseinsmäßig verpassen – und Jahre später erst rückblickend erkennen, dass wir damals glücklich waren.

Für mich erscheint es lohnend, über *zwei* Fragen nachzudenken:

* Was bedeutet Glück für mich?
* Welchen Zusammenhang gibt es für mich zwischen Erfolg und Glück?

Die Antworten auf diese Fragen sind die Basis des persönlichen Glücks. Hierbei möchte ich zwei Ebenen unterscheiden:

Die erste Ebene ist die Frage nach der »Qualität« des Glücks. Zu dieser »Glücksqualität« habe ich zehn Stufen gefunden, die wir gleich im Anschluss näher beleuchten. Erst wenn wir uns darüber klar werden, dass es diese verschiedenen Glücksqualitäten gibt, können wir uns bewusst der Frage, wann wir glücklich sind, widmen.

Die zweite Ebene ist die Frage nach dem »Inhalt« des Glücks, also was uns inhaltlich glücklich macht. Ich gehe in diesem Buch davon aus, dass jeder Mensch (bewusst oder unbewusst) einen − über das schiere Überleben hinausgehenden − Lebenszweck hat und damit verbundene Werte, Träume, Visionen, Lebensziele etc. anstrebt. Die Erfüllung dieses Lebenszwecks und der damit verbundenen Lebensziele ist das, was man landläufig als »Glück« bezeichnet. Deshalb kommt das Glück auch immer von innen.

Wenn Ihr Lebenszweck »Gerechtigkeit« ist, werden Sie Ihr Leben ganz anders ausrichten, als wenn Ihr Lebenszweck in der Anhäufung eines möglichst großen »materiellen Reichtums« besteht. Wenn »beruflicher Erfolg« Ihr höchstes Ziel ist, werden Sie ein anderes Leben führen als Mutter Teresa oder Martin Luther King. Der Hedonist wird ein anderes Leben führen als der Asket. Der Extremsportler ein anderes als ein Berufspolitiker. Machen Sie sich also klar, wie Ihr persönlicher Lebenszweck aussieht und ordnen Sie diesem Ihre Ziele und Ihr Handeln unter. Ihr Lebenszweck ist Ihr innerer »heiliger Gral« und Kompass. Ihn zu finden und zu erfüllen, ist die Grundlage Ihres »Glücksinhalts«.

Für beide Aspekte unseres Lebensglücks ist es wichtig zu erkennen, dass unser Leben einem Marathonlauf und nicht einem Sprint ähnelt. Glück benötigt oft Zeit. Es lohnt sich immer, sich ab und zu etwas Zeit zu nehmen und innezuhalten, schon deshalb, weil wir in unserem Leben manchmal Stück um Stück in eine Richtung driften − oder rennen − und irgendwann feststellen, dass wir unseren ursprünglichen Lebenszweck völlig aus den Augen verloren haben: in unserem Beruf, in unserer Ehe oder Partnerschaft, in unserem Freundeskreis etc. Wenn das passiert, ist es so, wie wenn jemand an einem Autorennen teilnimmt und vom Start aus in die falsche Richtung losfährt. Wenn Sie sich über Ihre Glücksqualität und

Ihren Glücksinhalt nicht im Klaren sind, wird Ihr ganzes Streben nach Glück und Erfolg in vielen Fällen nur einem Hamsterrad gleichen, das sich immer schneller dreht, weil Sie der Sucht nach »more of the same« bzw. »more of the wrong« (und meist noch anderen Süchten!) verfallen sind.

Und noch ein Grund, ab und zu unseren Kompass zu betrachten und unsere Vorstellungen vom Glück auf den Prüfstand zu stellen: Der Mensch ist ein wandelbares Wesen. Nicht nur unsere Zellen erneuern sich regelmäßig, auch unsere Seele und unser Geist reifen und ändern sich im Laufe des Lebens – bei den meisten jedenfalls. Dies bedeutet, dass sich unsere Vorstellungen vom Glück in verschiedenen Lebensphasen wandeln oder zumindest in unterschiedlichen Perspektiven darstellen können.

Glücksqualitäten

Die Auswahl an Glücksbegriffen ist groß: Von einem reinen hedonistischen Ansatz der Lustmaximierung (Aristippos von Kyrene) über den Ansatz intensivsten sinnlichen Vergnügens im Sinne von Schmerzlosigkeit und vollkommenem inneren Frieden (Epikur) über die These, dass Glück nur als sittliche Tugend erstrebenswert ist (Stoa, Kant), bis hin zur These, dass Glück überhaupt nicht erstrebenswert sei (Georg Römpp), ist eigentlich alles im Angebot. Es scheint, als ob sich das Glück irgendwie zwischen den Polen *Lust* und *Pflicht/Tugend* bewegen würde. Für mich ist das nicht überraschend, da ich die Menschen grundsätzlich in eher »lustgetriebene« und eher »pflichtgetriebene« unterteile, wobei die Reinform wahrscheinlich die Ausnahme bilden dürfte.

Ich persönlich nähere mich dem Glück über die *Glücksqualitäten,* welche ich in zehn Stufen einteile:

Glücksstufe 1: Das (wie auch immer geartete) Paradies, Nirwana, die ewigen Jagdgründe. Dies ist auf Erden unerreichbar. Manche streben auch das Paradies auf Erden an, stellen jedoch damit regelmäßig die Hölle auf Erden her.
Leitmotiv: *Nicht verbalisierbar.*

Glücksstufe 2: Erleuchtung, wie z. B. im Sinne asiatischer Religionen (z. B. Buddhismus), Aufgabe jeglicher Anhaftung an weltliche Bedürfnisse, vollständige innere Balance. Die Erlangung eines solchen übergeordneten Bewusstseins ist derzeit nur einer kleinen Schar von spirituell entwickelten Menschen zugänglich. Auch Menschen, die nur von Lichtnahrung ohne Aufnahme feststofflicher Nahrung leben können, kann man vielleicht dazu zählen.
Leitmotiv: *»Alles ist gleich-gültig«, »alles ist eins«, »im Grunde genommen ist alles egal.«*

Glücksstufe 3: Ekstase, Flow, Orgasmus, tiefempfundene Freude über die gewonnene Fußballweltmeisterschaft oder Einsicht in eines der Geheimnisse des Universums. Diese Zustände von emotionalem Glück haben alle gemein, dass sie besonders intensiv erlebt werden und frei von jeglicher Rationalität sind, jedoch nur von kurzer Dauer und über die Zeit nicht konservierbar sind.
Leitmotiv: *»Ich könnte fliegen.«*

Glücksstufe 4: Körperliches und geistiges Wohlbefinden, gute Laune und Abwesenheit von Schmerzen.
Leitmotiv: *»Ich fühle mich sehr wohl.«*

Glücksstufe 5: Zufriedenheit, Zuversicht, Präsenz, Leben im Hier und Jetzt (zeitloses Glück), Bewusstseinserweiterung (jenseits von Glücksstufe 2), Liebe, Glaube, Spiritualität[13]. Dieser Glückszustand kann bei einiger geistigen Übung recht konstant gehalten werden.
Leitmotiv: *»Ich bin zufrieden, auch wenn nicht alles perfekt ist, nichts kann mich erschüttern.«*

Glücksstufe 6: Sinnfindung, Erfüllung, individuelle Potenzialentwicklung, Unabhängigkeit, Dankbarkeit, Gefühl, einen bedeutsamen Beitrag zu einem größeren Ganzen leisten.
Leitmotiv: *»Mein Leben hat einen Sinn, auch wenn manches schmerzhaft ist.«*

Glücksstufe 7: Toleranz, Gelassenheit, Hoffnung, Demut.
Leitmotiv: *»Nicht alles ist gut, aber am Ende wird alles gut.«*

Glücksstufe 8: Jammern, Nörgeln, Klagen, Depression.
Leitmotiv: *»Alles ist so furchtbar, ich bin Opfer und kann nichts tun.«*
Glücksstufe 9: Wut, Hass.
Leitmotiv: *»Am liebsten würde ich alles kurz und klein schlagen.«*
Glücksstufe 10: Tod, ewige Ruhe. Diese Stufe ist dann ebenso wie Stufe 1 nicht mehr von dieser Welt. Je nach Religion, Weltanschauung oder Philosophie ist Stufe 10 dann in der Nähe von Stufe 1 — oder ganz weit weg davon.[14]
Leitmotiv: *Nicht verbalisierbar.*

Alle diese Glücksstufen sind nur mein persönlicher Versuch einer Annäherung an die Beschreibung möglicher Glückszustände. Sie haben vielleicht andere Stufen oder würden die Stufen anders beschreiben oder aufteilen. Für mich ist diese herabsteigende Kaskade von Glücksstufen eine grobe Orientierung, die ganz oben von höchster *Leichtigkeit und Bewegung* und ganz unten von *Schwere und Erstarrung* geprägt ist. Interessanterweise lässt sich eine Stufe umso leichter erreichen und perpetuieren, je tiefer sie liegt. Bei den Stufen 8 und 9 zeigt sich das ganz deutlich, während Stufe 3 nur selten zu erreichen ist. Auch die Stufen 4 und 5 sind meist nicht von Dauer. Interessanterweise haben die Glücksstufen 5 bis 7 eine gute Chance auf mehr Dauerhaftigkeit, weil sie aus einem bestimmten Bewusstsein heraus begründet werden. Gerade die Entwicklung unseres Bewusstseins ist ein wesentlicher Kern für unser Glück. Machen Sie sich bewusst, dass man auf den Stufen 6 und 7 noch ein verdammt glückliches Leben führen kann!

Die gute Nachricht ist nun, dass wir uns meistens zwischen den Stufen hin- und herbewegen können und müssen, weil wir Glück nicht konservieren können. Ein Mensch wird sich also zu verschiedenen Zeiten seines Lebens auf unterschiedlichen Stufen befinden. Auch der zufriedene Mensch kann einmal einen Tobsuchtsanfall bekommen. Wir sind also nicht in einzelnen Stufen »gefangen«. Überhaupt empfinde ich diese Skala als eine große Erleichterung in unserem Leben, wenn wir nicht permanent im »Glücksrausch« sein müssen, was uns die moderne Welt permanent vorgaukelt: Wenn wir nicht permanent glücklich seien, dann stimme etwas nicht mit uns! Was für ein Wahnsinn! Der Kabarettist Hanns Dieter Hüsch sagte einmal: »*Wer jeden Tag Sahnetorte isst, weiß bald gar nicht mehr, wie Sahnetorte schmeckt.*« Es gibt auch Regentage, traurige Stunden und schmerzhafte Situationen. Diese nicht so glücklichen Intervalle sind aber das Salz des Lebens. Das können wir gar nicht vermeiden. Entscheidend ist, wie wir damit umgehen und dass wir »in Bewegung« bleiben.

Dies führt uns zum nächsten Aspekt: Glück hat viel mit unserer Einstellung zu tun, vor allem nach welcher Glücksstufe wir streben wollen. Vor dem Hintergrund der obigen Skala können Sie Ihr Lebensglück besser justieren. Wenn wir stets nach Stufe 3 schielen, werden wir häufig unglücklich sein. Und wenn Stufe 3 einmal da ist, werden wir sie nicht genießen, sondern versuchen, sie krampfhaft festzuhalten und sie damit ruinieren. Und aus den Stufen 8 und 9 hilft uns Bewusstseinswerdung meist heraus: »Warum fühle ich mich als Opfer? Warum projiziere ich meinen Hass auf andere?« Oft nutzt uns im Leben also, die Frage zu beantworten: »Auf welcher Stufe stehe ich gerade?«, und dann zu analysieren, wie ich dort hingekommen bin. Und wie wir möglicherweise einen Weg auf eine andere Stufe finden, wenn wir mit der augenblicklichen Stufe nicht zufrieden sind.

Wenn wir hingegen unser persönliches »Glück« irgendwo zwischen Stufe 5 und 7 suchen, haben wir größere Chancen, ein dauerhaftes Lebensglück zu finden. Wir haben den Schlüssel zu unserem Glück damit in den eigenen Händen: Wenn wir uns innerlich dem Glück öffnen, wird es uns erreichen. Wenn wir uns innerlich verschließen, werden wir aus dem »Tal der Tränen« nie herauskommen. Sehr schön hat dies Ken Robinson formuliert: »*It's not what happens to us that makes the difference in our lives. What makes the difference is our attitude toward what happens.*«[15] Der Satz »*Jeder ist seines Glückes Schmied*« bekommt damit eine noch tiefere Bedeutung.

Glücksinhalte

Das Glück in uns

»Though we travel the world over to find the beautiful, we must carry it with us or
we find it not.«

Dieses Zitat von Ralph Waldo Emerson ist ein wichtiger Hinweis für den
Erwerb bzw. den Erhalt eines Zustandes von Glück. Emersons Zitat gibt
meiner Ansicht nach Raum für zwei Interpretationen:

1. Unsere innere *Stimmung* und *Einstellung* prägen unsere Wahrnehmung
der »Wirklichkeit«. Ich habe immer wieder die Erfahrung gemacht, dass
mein innerer Gemütszustand ganz entscheidend dafür ist, wie ich meine Umwelt und andere Menschen *wahrnehme*. Bin ich schlecht gelaunt
oder gar deprimiert, so nervt alles, was mir begegnet, alles ist grau, jeder
Baum, jedes Haus, jedes Auto, jeder Mensch, einfach alles. Schlimmer
noch, in dieser Verfassung ist mein Fokus auf alles gerichtet, was negativ ist, nicht funktioniert oder jedenfalls nicht meiner Vorstellung von
Perfektion gerecht wird – also eigentlich alles! Bin ich dagegen in bester
Laune, könnte ich alles, was mir begegnet, umarmen und anfangen, zu
tanzen oder zu singen – obwohl es dieselben Bäume, Häuser, Autos oder
Menschen sind! Wenn wir also nicht gut gelaunt und mit uns nicht im
Reinen sind, hilft uns die tollste Reise, das tollste Haus oder der tollste
Partner nicht weiter zu unserem Glück. Deshalb macht Geld auch nicht
tiefgreifend glücklich.

Da wir über unsere Stimmungen häufig nicht sehr viel Kontrolle haben, ist unsere innere *Einstellung* noch wichtiger für unser Glück. Denn
wir können uns bewusst entscheiden, welche Einstellung wir zu der
uns umgebenden Welt einnehmen wollen. Und über diese Einstellung
kann ich entscheiden, welche Aspekte meines Berufs, meiner Gesundheit, meiner Familie, meiner Freunde etc. ich in den Vordergrund mei-

ner Wahrnehmung rücke. Das ist von Bedeutung, weil meine Einstellung meine Wahrnehmung und meine Wahrnehmung meine (subjektive) Wirklichkeit der Welt prägt. Ist meine Einstellung negativ (»Mir gelingt ohnehin nichts«), so wird es auch meine Wahrnehmung – und damit meine Wirklichkeit – sein. Ist meine Einstellung positiv (»Ich vertraue in meine Leistungsfähigkeit«), wird sich der Fokus meiner Wahrnehmung eher auf positive Aspekte richten. Ich rücke meinem Glück etwas näher.

Beispiel:
Nelson Mandela, der 26 Jahre im Gefängnis war, hatte trotzdem eine versöhnliche Haltung – gegründet auf der Erkenntnis, dass »*nur ein Mensch ohne Hass*« frei sein könne. Deshalb ließ er nicht zu, »*dass der Hass mein Denken bestimmt*«. »*Im Menschen ist eine Neigung zur Güte*«, schrieb er in seinen Memoiren[16]: Ohne diese Einstellung und geistige Unabhängigkeit von Mandela wäre ein friedlicher Abschied von der Apartheid zum heutigen demokratischen System wohl nicht möglich gewesen. Mehr noch: Ohne diese Geisteshaltung hätte Mandela persönlich die lange Haftzeit vielleicht gar nicht überstanden, weil der Hass seine Seele aufgefressen hätte.

2. Man kann Emerson auch dahingehend interpretieren, dass unser »heiliger Gral« in uns selbst verborgen liegt. Die Menschen suchen nämlich häufig ihr Glück »im Außen«, die ganze moderne Werbung ist darauf ausgerichtet und zahlreiche Romane und Filme zeigen uns wilde Expeditionen auf der Suche nach dem »heiligen Gral« (wie auch immer er dann konkret benannt wird). Bei dieser Interpretation geht es nicht nur um unsere Stimmung, sondern es geht darüber hinaus um unsere ureigenen innersten Werte, Träume, Bedürfnisse, Wünsche, Visionen etc. Diese werden wir nicht durch eine Reise nach »außen« finden. Es gibt keinen »Schatz im Silbersee«![17] Wir sollten unser Glück innen – in uns selbst – suchen.[18] Dazu braucht man nicht Buddhist zu werden. Wenn man diese Innenschau vornimmt, sind wir wieder bei dem bereits erwähnten Leitsatz »*Erkenne dich selbst!*« angelangt. Egal, ob Buddhismus, altes Griechenland oder moderne Psychologie – wir landen immer wieder bei dem gleichen Prinzip: Selbsterkenntnis und Entwicklung des eigenen Potenzials.

Bei uns selbst anzufangen, hat einen unschätzbaren Vorteil: Wenn wir uns selbst aufmerksamer beobachten, können wir an uns sehr schnell Veränderungen vornehmen. Wir können nur uns selbst ändern, nicht andere Menschen. Leider versuchen wir das immer wieder, dann sind andere an unserer Verfassung schuld. Da hört man dann Sätze wie: »Wenn mein Vorgesetzter kein solcher Idiot wäre, könnte ich glücklich leben«, »Wenn mein Mann sich endlich einmal zusammenreißen würde, könnte meine Ehe so glücklich sein«, »Jetzt regnet es seit vier Tagen und der ganze Urlaub ist versaut« etc. Es ist uns oft nicht bewusst, wie viel Macht wir mit solchen Äußerungen und Denkweisen anderen Menschen oder externen Umständen geben – Menschen und Umständen, die wir in den allermeisten Fällen überhaupt nicht beeinflussen können. Wir geben anderen die Macht, darüber zu bestimmen, wie es uns geht und wie wir uns fühlen. Zu unserem schon vorhandenen schlechten Gefühl kommt dann das Gefühl der Machtlosigkeit noch dazu! Na prima! Wir geben damit ein gutes Stück unserer ureigenen geistigen und emotionalen Unabhängigkeit auf, wir werden abhängig, sozusagen emotionale Junkies. Wir befinden uns dann auf Glücksstufe 8.

Beginnen wir bei uns! Wenn wir uns selbst besser kennen, werden wir auch andere besser verstehen. Wenn wir uns selbst ändern, wird sich auch alles um uns herum ändern, vielleicht nicht in drei Tagen, aber nach und nach. Benutzen wir das Gedicht *Invictus* von William Ernest Henley gelegentlich als Leuchtturm, welches wie folgt endet:

> *»It matters not how strait the gate,*
> *How charged with punishments the scroll,*
> *I am the master of my fate:*
> *I am the captain of my soul.«*

Auf Deutsch:

> *»Egal, wie schmal das Tor, wie groß,*
> *wieviel Bestrafung ich auch zähl.*
> *Ich bin der Meister meines Los'.*
> *Ich bin der Käpt'n meiner Seel.«*

Seien wir der Kapitän unserer Seele und unseres Glücks!

Der Vergleich als Glückskiller

Menschen neigen stets dazu, ihre Fähigkeiten, ihre Gesundheit, ihren Besitz, ihre allgemeine Lebenssituation u. v. m. mit ihrem Umfeld zu vergleichen. Vergleichen kann die Orientierung und Entscheidung im Leben manchmal erleichtern. Das ist jedoch ein rationaler Vorgang. Geht es um unser Glück, führt das Vergleichen fast zwangsweise zur Unzufriedenheit. Jeder Vergleich mit anderen macht unglücklich, er führt zur Abwertung. Warum? Weil Sie Äpfel mit Birnen vergleichen! Die anderen Menschen sind anders als Sie. Es wird immer noch jemanden geben, der schneller laufen kann, ein größeres Auto oder mehr Geld hat. Jeder Revolverheld im Wilden Westen war so lange der Held, bis er auf einen anderen traf, der noch schneller war. Am Ende waren sie alle tot. Dieser »Horizontalvergleich« ist also die sichere Basis von andauernder Unzufriedenheit!

Der einzig valide Vergleich, der uns weiterbringt, ist der Vergleich mit einer früheren Situation in unserem Leben, also der »Vertikalvergleich«: Wo stand ich gestern – wo stehe ich heute? Wenn also Ihr Nachbar den Marathon in 2:15 Stunden läuft, sollten Sie es ihm nicht neiden. Stellen Sie sich stattdessen zwei Fragen: Will ich wirklich auch 2:15 Stunden laufen? Was muss ich dafür tun, um dieses Ziel zu erreichen? Wenn Sie schon die erste Frage verneinen, ist das Thema bereits erledigt. Falls Sie die Frage bejahen, müssen Sie sich die zweite Frage stellen. Anders als beim neidischen Horizontalvergleich transformiert sich der Horizontalvergleich in einen anspornenden Vertikalvergleich: Welche Zeit lief ich vor sechs Monaten, welche Zeit laufe ich heute und welche Zeit möchte ich in sechs Monaten laufen – und was muss ich dafür tun? Der Vergleich ist dann nicht die Basis von Neid, sondern Ansporn zu einem intensivierten, konsequenten Trainingsprogramm und damit Antrieb (auf der Vertikalebene), besser zu werden und unser Potenzial zu entwickeln. Vielleicht kommen wir aber auch zu dem Ergebnis, dass das Training für uns zu hart wird oder aus (z. B. beruflichen) Gründen nicht möglich ist – das ist vollkommen in Ordnung, nur sollten wir dann nicht mehr in die Neidhaltung zurückfallen. Denn offenbar hat der andere mehr trainiert, ist einfach begabter oder robuster gebaut. Neid hingegen frisst erst unsere Seele, dann unseren Geist und zum Schluss unseren Körper auf. Deshalb gehört der Neid (auch in der katholischen Lehre) zu den sieben Todsünden!

<u>Fazit:</u>
Die Verwandlung des Horizontalvergleichs in den Vertikalvergleich ist ein wichtiger Schlüssel zum Glück! Er transformiert passiven Neid aus der Opferhaltung in aktiven Ansporn zur Tat. Das macht frei und glücklich. Fragen Sie also *nie:* »Warum hat ein anderer etwas und ich nicht?« Fragen Sie stattdessen immer: »Möchte ich das, was ein anderer hat, wirklich auch für mich und was kann ich dafür tun, es zu erlangen?« In Amerika nennt man das den »Traum des Tellerwäschers«.

Präsenz

Das Glück ist nicht nur *in* uns, es ist auch *jetzt* in uns. In Glücksstufe 5 finden wir daher u. a. den Begriff »Präsenz«. Was ist das? Alle kennen den Spruch: *Carpe diem* (= »*Pflücke den Tag*« oder »*Genieße den Tag*«). Dies ist eine Sentenz des römischen Dichters Horaz. Sie fordert dazu auf, jeden Tag als solchen zu leben bzw. zu genießen und das Leben nicht auf den nächsten Tag oder ganz in die Zukunft zu verschieben. Im Deutschen wurde die Übersetzung »*Nutze den Tag*« zum geflügelten Wort.

Auch die aus der Esoterik und Psychologie stammende Aufforderung, im »Hier und Jetzt« zu leben, geht in dieselbe Richtung. Selbst die Bibel kann zu diesem Thema beitragen: »*Darum sorgt nicht für morgen, denn der morgige Tag wird für das Seine sorgen. Es ist genug, dass jeder Tag seine eigene Plage hat*[19]. Und wer es lieber amerikanisch hat, hier kommt Jim Carrey: »*If you aren't in the moment, you are either looking forward to uncertainty, or back to pain and regret.*«

Wenn aus so vielen Ecken in das gleiche Horn gestoßen wird, scheint etwas an dieser Wahrheit des Glücks dran zu sein. Die Vergangenheit ist vorbei, die Zukunft noch nicht da. Vergangenheit und Zukunft findet nur in unserem Kopf statt. Die Gegenwart findet zwar − bei genauer Betrachtung − auch nur in unserem Kopf statt, aber wir können die Gegenwart über unsere Sinne erfassen: Ich sehe einen Menschen, ich höre einen

Klang, ich spüre einen Widerstand, ich rieche einen Duft aus der Küche und schmecke den Kaffee, den ich gerade trinke. Auch wenn der Augenblick sehr kurz ist, so können wir seine sinnliche Realität verinnerlichen und damit als Erinnerung oder als Erwartung für die Zukunft abspeichern. Verpassen wir die Gegenwart, so sind unsere mentalen Speicher nicht emotional aufgeladen, sondern gleichen einem digitalen Speicher eines Computers. Wir sind dann wie Menschen, die ihren ganzen Urlaub auf dem Video perfekt festhalten – alle Bilder sind da, aber sie sind ohne Lebendigkeit, ohne den Duft des salzigen Meeres, ohne das Brennen der Sonne, ohne Geschmack des frischen Fisches beim Abendessen. Hätte ein Freund, der mit uns im Urlaub war, uns eine Kopie seines Videos überlassen, hätten wir gar nicht losfahren müssen …

Wenn es überhaupt eine Zeit gibt,[20] dann ist die Gegenwart unsere einzige Verbindung zu unserem menschlichen Leben, zu unseren Mitmenschen und unserer Umwelt. Mir wird das immer wieder sehr deutlich, wenn ich ein schönes Musikstück höre: Ich kann es nur im Augenblick und durch den Augenblick wahrnehmen, im nächsten Moment kommt ein anderer Ton. Die Musik entsteht nur durch die zeitliche Abfolge von Tönen – und nach drei Minuten oder einer Stunde ist alles vorbei! Musik hören wir nicht, um eine mathematisch-logische Abfolge von Frequenzen wahrzunehmen, sondern um durch die Musik ein emotionales Erleben zu ermöglichen, und zwar jetzt und nur jetzt. Dieses Erleben kann ich – anders als meine CD oder meine Playlist auf dem Smartphone – nicht speichern und aufbewahren. Aber dieses Erleben hat mich für bestimmte Augenblicke glücklich gemacht. Und dieses Glück habe ich mir persönlich zu eigen gemacht, es kann mir niemand mehr nehmen.

Nun gilt es, nicht in der Erinnerung zu verharren, sondern sich jedem neuen Augenblick wieder zu öffnen. Dieses »Präsent sein« verändert unsere Erfahrung und hält uns davon ab, ständig mit den Gedanken in der Vergangenheit oder Zukunft hängenzubleiben. Diese Präsenz lässt uns auch die Schönheit des Moments genießen. Vielfach sind wir jedoch entweder in der Vergangenheit verhaftet (»Früher war alles besser«) oder hoffen auf die Zukunft (»Nächstes Jahr wird alles besser«). Damit verpassen wir die einzige reale Zeitdimension, die Gegenwart, und damit *The Power of Now*. Mit diesem Titel hat Eckart Tolle vor Jahren ein bemerkenswertes

Buch veröffentlicht. Ich kann es nur jedem ans Herz legen, der sich mit dem Phänomen »Gegenwart und Lebensglück« näher befassen möchte. Hier eine kleine Kostprobe:

»›One day I'll make it.‹ Is your goal taking up so much of your attention that you reduce the present moment to a means to an end? Is it taking the joy out of your doing? Are you waiting to start living? If you develop such a mind pattern, no matter what you achieve or get, the present will never be good enough; the future will always seem better. A perfect recipe for permanent dissatisfaction and nonfulfillment, don't you agree? Are you a habitual ›waiter‹? How much of your life do you spend waiting? What I call ›small-scale waiting‹ is waiting in line at the post office, in a traffic jam, at the airport, or waiting for someone to arrive, to finish work, and so on. ›Large-scale waiting‹ is waiting for the next vacation, for a better job, for the children to grow up, for a truly meaningful relationship, for success, to make money, to be important, to become enlightened. It is not uncommon for people to spend their whole life waiting to start living.«[21]

Und:

»There is nothing wrong with striving to improve your life situation. You can improve your life situation, but you cannot improve your life. Life is primary. Life is your deepest inner Being. It is already whole, complete, perfect. Your life situation consists of your circumstances and your experiences. There is nothing wrong with setting goals and striving to achieve things. The mistake lies in using it as a substitute for the feeling of life, for Being. The only point of access for that is the Now. You are then like an architect who pays no attention to the foundation of a building but spends a lot of time working on the superstructure.«[22]

Das Leben in dieser Präsenz lässt uns vergessen, dass auch dieser Moment nicht perfekt im Sinne unserer eigenen Vorstellung ist. Wenn wir mangelnde Perfektion wahrnehmen, sind wir nicht präsent, wir sind bei einer Bewertung eines Ist-Zustandes im Vergleich zu einem Soll-Zustand. Wir vergleichen einen Zustand damit, wie es früher war oder wie es heute oder künftig sein soll. Manche Berufe leben von einer solchen geschärften Kritikfähigkeit, wie z. B. Lektoren, Restauranttester, Theaterkritiker oder Rechtsanwälte. Außerhalb dieses beruflichen Umfelds sollten wir jedoch mit dieser Kritikbefähigung aufpassen.

<u>Beispiel:</u>
Sind Sie in einem Restaurant und verharren mit Ihrer Aufmerksamkeit bei drei eher geringfügigen Mängeln, so berauben Sie sich eines vollständigen präsenten Erlebens, weil Sie nur wahrnehmen, dass die Tische unsymmetrisch angeordnet sind, dass es am Fenster zieht und dass die Beleuchtung zu dunkel ist. An diese drei Dinge werden Sie sich am nächsten Tag erinnern – nicht aber an den wunderbaren Duft der Suppe und die freundliche Bedienung des Kellners.

Zur Vermeidung von Missverständnissen: Es geht nicht darum, alles mit der rosaroten Brille zu sehen, das wäre das Gegenteil von Präsenz, sondern eine andere Welt der Illusion. Wenn mir ein Lokal spontan nicht gefällt, dann gehe ich nicht hinein. Punkt. Wenn ich mich aber dafür entscheide, gewinnt der Abend natürlich ungemein an Lebensqualität, wenn ich alles wahrnehme und nicht bei den von mir identifizierten negativen Dingen verharre. Präsenz ist ein Fließen, kein Festhalten. Präsenz ist bewertungsfreies Wahrnehmen. Präsenz ist Glück. Und Glück kann nur im Moment stattfinden. Bewusste Menschen können jedoch die Anzahl der positiven Momente vergrößern und sind damit nahe daran, »Glück zu perpetuieren«. Wenn wir die Präsenz als Basis unseres Glücks akzeptieren, erkennen wir sehr leicht: Glück ist eine Qualität des *Seins,* nicht des *Habens.*

Sinnerfüllung

Die Glücksstufe 6 orientiert sich an Findung und Erfüllung von *Sinn.* Diese Stufe hat für den Menschen eine zentrale Bedeutung und ist noch wichtiger als das Glück höherer Stufen. Denn unser Leben ist nicht immer eitel Sonnenschein und häufig auch mit Leid und Schmerzen verbunden. Am Sinn prallen diesen emotionalen Auf- und Abwärtsbewegungen ab: Den Sinn, den ich meinem Leben gebe, kann mir ein anderer nicht rauben. Friedrich Nietzsche sagte daher: »*Hat man sein Warum? des*

Lebens, so verträgt man sich fast mit jedem Wie? Der Mensch strebt nicht nach Glück, wie die Engländer glauben.«[23]

Jeder muss für sich den Sinn seines Lebens und Strebens selbst herausfinden.[24] Oder noch schärfer formuliert: Jeder muss seinem Leben einen eigenen *Sinn geben*. Denn Sinn entsteht vor allem durch geistige und/oder physische *Aktivität* und nicht durch Apathie. Sinn ist nichts Abstraktes oder Generelles, nichts Richtiges oder Falsches, sondern etwas Konkretes, Individuelles und persönlich Wertvolles. Sinn ist der Ausdruck von Liebe zum Leben.

Der Sinn steht immer in Beziehung zu einem Menschen und ist ein menschliches Privileg! Justice Oliver Wendel Holmes bemerkte einst: »*Too many people die with their music still in them.*« Können Sie Ihre Musik hören? Das Universum ist ohne den Menschen (bzw. ohne vergleichbare Lebewesen in anderen Teilen des Universums) sinnlos, es hat keinen Zweck und ist ohne den Menschen schlicht bedeutungslos. Hier sehen wir die Besonderheit des Menschen erneut: Nicht nur, dass er ein Bewusstsein hat, welches ihn über die restliche Natur hinaushebt, sondern er ist in der Lage, den Sinn zu erkennen und ihn (für sich und andere) zu stiften. Wenn wir kein Bewusstsein hätten, könnten wir keinen Sinn erkennen. Dieses menschliche Privileg ist eigentlich schon ein guter Grund, glücklich zu sein.

Sehr viele Menschen stellen sich die Frage nach dem Sinn in ihrem Leben nie. Sie sind viel zu beschäftigt damit, ihr Leben gerade so auf die Reihe zu bekommen, irgendwelchen nicht wirklich reflektierten Zielen – vielleicht sogar von anderen übernommen (»mein Auto, mein Haus, mein Boot«) – nachzueilen. Und insgeheim hoffen sie, dass das große Wunder am Ende geschieht. Doch es wird am Ende nicht Besonderes sein! Spricht man mit diesen Menschen, so sagen sie meist: »Ja, wenn erst einmal das und das passiert ist, werde ich glücklich sein. Dann wird alles gut!« Es sind die gleichen Leute, die permanent versuchen, Zeit zu sparen. Wenn man sie fragt, wofür sie denn Zeit sparen, bleiben sie ohne Antwort. Ihr Lebenssinn scheint Effizienz zu sein. Sie bauen immer schneller Wein an, ohne ihn am Ende zu trinken und zu genießen! Denn am Lebensende bereuen nicht wenige Menschen, was sie alles versäumt haben – weil sie diesen Dingen keine Bedeutung für ihr Glück zugemessen haben.

Noch eine Klarstellung: Sinn ist – wie das Glück selbst – etwas, was man *lebt* bzw. *erlebt,* nicht etwas, was man *hat* bzw. *besitzt.* Sinn ist etwas, das in uns steckt und gelebt werden möchte. Aber wir glauben, solange wir nichts *haben,* ist alles *wertlos:* Wir wollen immer üben, um Meister zu werden – anstatt ein Meister zu sein, der übt. Geben wir unserem Leben einen Sinn und machen ihn größer! Aber wie?

Das ist nicht immer ganz einfach. Die Religionen, die Philosophie und die Literatur lassen Sie hier nicht allein, ja, Sie werden geradezu überschwemmt mit Vorschlägen. In diesem Buch können wir nicht tiefer einsteigen. Falls Sie zu ertrinken drohen, möchte ich Ihnen jedoch einen Rettungsring zuwerfen: Fangen Sie doch einmal mit folgenden Fragen an: Was erfüllt mich? Was ist mein Traum? Was bringt mein Blut in Wallung? Was macht mich lebendig? Warum bin gerade ich hier? Was sehe ich als meine Aufgabe in dieser Welt an? Wofür brenne ich? Welche Menschen bewundere ich? Welchen Menschen kann ich helfen? Welche Menschen brauchen mich? Wofür würde ich vielleicht sogar mein Leben lassen?

Machen Sie sich klar, alles steckt im Ansatz schon in Ihnen und will nur entdeckt und befreit werden. Machen Sie sich auf die Entdeckungsreise! Reisen Sie allein, gehen Sie auf Weltreise, gehen Sie ins Kloster oder suchen Sie die Unterstützung von anderen, einem guten Freund, einem Coach. Stöbern Sie im Internet oder in der Buchhandlung. Vielleicht ist ja *The Big Five for Life* von John Strelecky für Sie geeignet, um einen Anfang zu machen. Lassen Sie sich anregen, aber suchen Sie keinen Guru, dem Sie meinen, blind folgen zu müssen (das hatte ich Ihnen ja auch für diese Bücherreihe verboten)! Niemand kann Ihren Sinn des Lebens definieren oder vorgeben. Nehmen Sie sich Zeit! Es wird vielleicht etwas dauern, aber machen Sie sich auf die Reise!

Und dann war da ja noch das Geld und Reichtum als Lebenssinn. Oscar Wilde sagte: »*Als ich klein war, glaubte ich, Geld sei das Wichtigste im Leben. Heute, da ich alt bin, weiß ich: Es stimmt.*« Bitte nehmen Sie das nicht zu wörtlich. Wenn man Oscar Wilde kennt, weiß man, dass er weniger der einfachen Wahrheit als vielmehr der Provokation zur Aufdeckung der Wahrheit verpflichtet war. Demnach ist sein Zitat meines Ermessens ironisch zu verstehen. Wenn Sie es anders sehen: Probieren Sie es einfach aus! Wenn Geld und Reichtum allein Ihr Lebenssinn ist (es steht niemandem zu, das negativ zu bewerten), werden Sie irgendwann feststellen, dass man Geld nicht essen kann und dass Geld immer nur eine Art Bezugsgutschein für Lebensqualität ist.

Und schon stehen Sie vor der Frage: Was ist denn Lebensqualität für mich? Und wenn nette Menschen und gute Freunde dazugehören, werden Sie feststellen, dass man zwar Menschen, aber nicht gute (analoge) Freunde kaufen kann. Falls Sie Kinder haben, werden Sie ebenfalls feststellen, dass eine gute Beziehung zu ihnen nicht käuflich ist. Glück kann man nicht kaufen, ebenso wenig wie Liebe – *denn beides kommt von innen und ohne Zwang*. Wer Geld zu seinem Glück braucht, ist abhängig wie ein Süchtiger. Zur Vermeidung von Missverständnissen: Natürlich brauchen wir Geld zum Leben und um unsere Miete zu bezahlen. Geld ist als solches nichts Schlechtes, nur allein macht es uns eben nicht glücklich. Vielleicht hilft Ihnen auch der Spruch meines Vaters weiter: »*Geld macht nicht glücklich, aber es beruhigt*«.

Der Sinn ist losgelöst von gängigen Bewertungen: Die Überquerung des Bodensees mit dem Segelschiff erfordert einen geringeren Aufwand als eine Weltumsegelung, die Besteigung des K2 mehr Aufwand als eine Wanderung im Harz. Bei dieser Betrachtung geht es um Leistung, nicht um Sinn. Der Besuch eines geliebten Menschen in unmittelbarer Nähe kann für Menschen manchmal viel mehr Sinn stiften als eine Flugreise in die USA. Der Sinn (anders als der Erfolg) hat nichts mit Leistung zu tun. Er beantwortet die Frage nach dem WARUM. Außerdem dauert der Sinn an und hat eine langfristige Perspektive, ja, der Sinn ist eine Art »ewige Quelle«, die nie versiegt. Während Ziele erreicht werden und wieder verschwinden, bleibt der Sinn erhalten (z. B. Liebe zur Familie, Begeisterung für Musik). Sinnerfüllung kann auch mit Schmerzen, Leid und Opfern verbunden sein.[25] Wenn Sie einen Gipfel unter größten Strapazen bestiegen haben, fühlt sich das einfach anders an, als wenn Sie mit dem Helikopter hochgeflogen wären! Es lohnt meiner Ansicht nach sehr, darüber ab und zu nachzudenken und sich klar zu werden, ob man gerade Leistung, Erfolg, Glück oder Sinn anstrebt. Werden Sie stutzig, wenn

Leistung und Erfolg keinen Sinn (mehr) in Ihrem Leben ergeben. Wenn Sie sich lange genug mit dem Sinn Ihres Lebens befasst haben, wird sich Ihr persönliches Lebensglück oft von automatisch einstellen!

Fülle und Lebenswerk

Wir haben zu Beginn bei der Definition von Glück von den beiden Polen »Lust« und »Pflicht/Tugend« gesprochen. Es wurde in die Diskussion noch eine dritte Perspektive eingebracht: die »psychologische Fülle« (»psychological richness«).[26] Bei diesem Glückskonzept hat die Fülle von persönlichen Erfahrungen einen eigenständigen Wert an sich, und zwar unabhängig davon, ob diese Erfahrungen gut oder schlecht waren. Jedoch soll dieses Sammeln von Lebenserfahrungen nicht lediglich in Form von Konsum ausreichen, sondern das Gefühl der Fülle soll sich erst dann einstellen, wenn man diese Erfahrungen bewusst verarbeitet, sich an sie erinnert und sie bewusst in den Blick auf das eigene Leben integriert hat. Mit diesem umfassenderen Blick kann sich dann etwas wie »Weisheit« zeigen.

Dieser Aspekt ruft in mir eine Erinnerung an eine Stelle von Rüdiger Safranskis Biografie über Goethe hervor. Seine Biografie trägt den Untertitel *Kunstwerk des Lebens*. Safranski arbeitet heraus, dass Goethe nicht nur mit seinen Werken, sondern auch mit seinem Leben selbst wirkte. Auch sein Leben sollte ein »Kunstwerk« sein. Und so können wir unser Leben vielleicht manchmal auch wie einen spannenden Abenteuerfilm betrachten, wie ein Bilderalbum oder ein Gemälde. Helle und dunkle Seiten mögen sich darin abwechseln, aber der Film, das Album oder das Gemälde können uns doch auch mit etwas Stolz erfüllen: Das ist unser komplexes und vielleicht schwieriges Leben, aber doch einzigartig und unverwechselbar. So gesehen verstehen wir auch besser, warum man bei Menschen nicht selten ihre »Lebensleistung« lobend anerkennt. Denn wir haben unser Puzzleteil zum großen Puzzle der Welt beigetragen.

Beziehungen zu anderen Menschen

Gelingende soziale Beziehungen sind nach vielfältiger Ansicht eine wichtige Basis für das Empfinden von Glück. Neben der Kommunikation vermitteln sie uns ein »sense of belonging« – wir wissen, wo wir hingehören. Wie würden Sie wählen, wenn Sie vor folgende Wahl gestellt wären: Entweder in einer hässlichen Stadt mit netten Menschen leben oder in einer schönen Stadt mit unsympathischen Menschen? Ich würde die netten Menschen wählen.

Was wir von anderen bekommen, gibt uns Geborgenheit, aber was wir anderen geben, das macht uns glücklich. Anderen zu dienen und sie glücklich zu machen, ist daher im Kern eine Form von Eigennützigkeit, weil uns dieses »Etwas-für-andere-tun« glücklich macht und Sinn stiftet. Umgekehrt funktioniert das jedoch nicht: Von anderen zu *verlangen,* dass sie uns glücklich machen, wird immer in die Enttäuschung führen. Vergessen wir auch nie, dass wir gute Beziehungen zu anderen Menschen nicht *besitzen,* sondern sie nur *leben* können. Beziehungen sind wie ein Fluss: Man kann darin baden, aber ihn nicht festhalten.

Glück und Erfolg – Gleichklang oder Widerspruch?

Bevor Sie den nachfolgenden Text lesen, stellen Sie sich die Frage, ob Sie Erfolg auch weiterhin anstreben wollen würden, wenn er Sie unglücklich machen würde, oder ob Sie lieber glücklich wären, wenn auch ohne Erfolg.

Vielfach wird Glück und Erfolg gleichgesetzt oder zumindest in einen monokausalen Zusammenhang gesetzt: Wer Erfolg hat, ist glücklich. Erfolg führt jedoch nicht immer zum Glück – und Glück setzt nicht immer Erfolg voraus. Zwar ist manches Glück vom Erfolg abhängig (z. B. Gewinn einer Fußballweltmeisterschaft), aber dann vielfach doch nicht. Manchmal wird uns Glück einfach geschenkt: ein Kinderlächeln, eine zärtliche Umarmung, ein fantastischer Sonnenuntergang, der vierte Satz von Beethovens 9. Sinfonie, die Begegnung mit einem inspirierenden Menschen oder einfach gelebte Liebe. Wir müssen nicht immer etwas tun für unser Glück. Manchmal macht uns der Anblick einer Rose oder eines schlafenden Hundes glücklich, und manchmal müssen wir einfach innehalten und der augenblicklichen Situation die Möglichkeit geben, sich zu verändern, ohne dass Sie selbst etwas machen müssen. Hier begegnet uns das Glück in der Form des *Seins*, nicht im *Tun*. Wenn Erfolg nicht immer zu Glück führt, so gibt es wohl den umgekehrten Zusammenhang: Glück bzw. eine positive mentale Einstellung ist eine *Voraussetzung* von Erfolg, d. h., wer glücklich ist, hat auch Erfolg. Manche sagen sogar, Glück sei eine mentale Gewohnheit. Besonders traurig ist es, wenn Erfolg sogar unglücklich macht, wenn also Menschen »nach außen hin« sehr erfolgreich sind, »nach innen hin« jedoch todunglücklich. Marylin Monroe ist hierfür ein tragisches Beispiel.

Es gibt damit *vier* Dimensionen, die wie Glück und Erfolg zusammenhängen können:

- Glück durch Erfolg = Erfolg bringt Glück (Sieg bei einer WM),
- Glück ohne Erfolg = Glück ist unabhängig vom Erfolg (das Lächeln eines Kindes),
- Erfolg durch Glücklichsein = Glücklichsein als Erfolgsfaktor (Serendipität, Gustav-Gans-Phänomen),
- Erfolg ohne Glück = Erfolg bringt kein Glück oder gar Unglück (z. B. falscher Beruf).

Machen wir uns stets klar, welches Glück wir suchen! Genauso wichtig ist die Antwort auf die Frage: Macht uns Erfolg glücklich? Und noch etwas ist wichtig: Für den Erfolg zählt die Zielerreichung. Diese ist wichtiger als der Weg. Anders ist es beim Glück: Hier zählt der Weg, *nicht* das Ziel. Damit sind wir bei Konfuzius: »*Der Weg ist das Ziel*« — bei diesem Motto geht es darum, dass das Beschreiten des Weges schon ein wichtiger Teil des Erlebnisses ist und nicht erst der letzte Schritt vor dem Gipfelkreuz! Hier geht es um Präsenz und darum, dass jede Sekunde in unserem Leben wertvoll ist und nicht nur die fünf Minuten auf dem Gipfel. Konfuzius sprach daher über das *Glück, nicht* den *Erfolg!* Und vergessen wir nicht: Wenn wir eines Tages sterben, können wir vielleicht unsere Erinnerungen, aber nichts Materielles und auch nicht unsere Erfolge mitnehmen!

Wenn es einmal nicht so gut läuft, neigen wir gerne dazu, zu jammern. Das ist emotional sogar noch verständlich – von anderen Menschen wird uns dann oft Zuneigung, Verständnis und menschliche Wärme zuteil. Das ist ein kleiner Sekundärgewinn, mehr nicht. Beim Thema *Jammern* kommen wir zu einer Gemeinsamkeit von Erfolg und Glück: Jammern hilft uns weder beim Erfolg noch beim Glück! Dennoch gibt es einen Unterschied, den wir nicht unterschätzen sollten.

Beim *Erfolg* hilft uns aus dem Jammertal nur unser *Handeln* heraus! Und ins Handeln kommen wir nur, wenn unser Fokus auf ein neues Ziel oder eine Lösung gerichtet ist. Jammern ist aber genau das Gegenteil, es lenkt unseren Fokus und unsere Energie auf das, was nicht funktioniert, auf die Vergangenheit und nicht auf die Zukunft. Wer jammert, der lenkt seinen Fokus auf das Problem und verschwendet seine Energie im Klagen und Jammern. Konsequenterweise hat er auch keinen Fokus auf eine Lösung und schon gar keine Energie, diese Lösung anzustreben. Jammern ist daher Energieverschwendung! Von Georg Christoph Lichtenberg gibt es den schönen Aphorismus: »*Ich weiß nicht, ob es besser wird, wenn es anders wird. Aber es muss anders werden, wenn es besser werden soll.*« Wenn wir Erfolg anstreben, hilft uns daher nur das Handeln aus der Misere. Erfolg ist eine *Handlungsqualität!*

Glück hingegen können wir allein durch einen *Bewusstseinswandel* erfahren, da Glück keine Leistung voraussetzt. Glück ist eine *Seinsqualität!* Wenn wir Glück anstreben, hilft uns daher häufig eine Änderung unseres Bewusstseins aus der Tristesse. Nur wenn uns das nicht ausreicht, müssen wir etwas tun. Im Endeffekt muss also unsere Lösung lauten: Sei zufrieden oder ändere etwas!

Und nun sind Sie an der Reihe: Streben Sie überhaupt Glück im Leben an? Und wenn ja, welches? Streben Sie Erfolg an, um glücklich im Leben zu werden, oder haben Erfolg und Glück für Sie nichts miteinander zu tun? Brauchen Sie Erfolg nur, um zu überleben? Können Sie auch ohne Erfolg glücklich sein? Oder stehen manche Ihrer Erfolge Ihrem Glück sogar im Weg? Ist Glück Ihr Basis-Mindset und können Sie Fehlschläge und Krisen als Chance verstehen? Oder halten Sie es mehr mit

Albert Einstein: »*Versuche nicht, ein erfolgreicher, sondern ein wertvoller Mensch zu werden.*«

Fragen über Fragen, bei denen Sie nach der Lektüre dieses Kapitels vielleicht etwas verweilen sollten, denn für viele Menschen ist das nicht so ganz klar, einfach deshalb, weil es keine einfachen Fragen sind – und es auch keine einfachen Antworten gibt! Ich bin der festen Überzeugung, dass nach Ihrer persönlichen Klärung dieser Fragen in Ihrem Leben einige Probleme verschwinden und neue Lösungen auftauchen werden und sich vieles deutlich einfacher und klarer darstellen lassen wird. Und vielleicht gibt es ja auch nicht *den einen* Begriff vom Glück, sondern eher mehrere, die ineinander verschwimmen. Wäre das wirklich so schlimm?

LITERATUR:

- Carnegie, D., *Sorge dich nicht – lebe*, 75. Aufl., Scherz, 1995.
- Chopra, D., *Die Rückkehr des Rishi*, Junfermann, 1990.
- Chopra, D., *Das Buch der Geheimnisse*, 13. Aufl., Goldmann, 2008.
- Csikszentmihalyi, M., *Flow. Das Geheimnis des Glücks*, 8. Aufl., Klett-Cotta, 2021.
- Dobelli, R., *Die Kunst des guten Lebens*, Piper, 2019.
- Lenoir, F., *Was ist ein geglücktes Leben?*, dtv, 2012.
- Robinson, K./Aronica, L., *The Element: How Finding Your Passion Changes Everything*, Penguin, 2009.
- Robinson, K./Aronica, L., *Finding Your Element: How to Discover Your Talents and Passions and Transform Your Life*, Penguin, 2014.
- Ricard, M., *Glück*, Knaur Taschenbuch, 2009.
- Klein, S., *Die Glücksformel*, 11. Aufl., Rowohlt Taschenbuch, 2006.
- Schmiel, R., *Psychohacks für ein glückliches Leben – 111 wirksame Tools gegen den Alltagswahnsinn*, Edel Books, 2023.
- Tolle, E., *The Power of Now: A Guide to Spiritual Enlightenment*, New World Library, 2010 (Kindle-Version).
- Watzlawick, P., *Anleitung zum Unglücklichsein*, 18. Aufl., Piper, 1999.

Kapitel 3
Bewusstsein

»Allein im Bereich des Bewusstseins ist der Mensch frei, Bewusstsein wiederum ist nur im jeweils gegenwärtigen Augenblick möglich.« (Leo Tolstoi)

Verstand – Ego – Bewusstsein – Unterbewusstsein: Alles eins?

Erfolg hat viel mit unserem Bewusstsein zu tun. Wir sollten uns daher mit ihm etwas befassen, wenn auch mit etwas Demut: Denn noch sind die letzten Geheimnisse unseres Bewusstseins (ebenso wie unserer Seele und unseres Geistes) nicht gelüftet. Nähern wir uns dem Bewusstsein mit ein paar vorangestellten Negativabgrenzungen, also was »Bewusstsein« nicht ist:

Unser Verstand (Intellekt) ist nicht unser Bewusstsein: Der Verstand wird zuweilen mit Bewusstsein gleichgesetzt, weil wir beim Denken und Handeln davon ausgehen, dass wir *bewusst* denken und handeln. Dies trifft jedoch nicht immer zu, da wir durchaus verständig, aber unbewusst handeln können.

Beispiel:
Wir wollen in den Urlaub fahren, schließen die Haustür ab und fragen uns nach zehn Kilometern Strecke, ob wir die Haustür auch wirklich abgeschlossen haben. Wir haben die Tür zwar sachgerecht und »verständig« abgeschlossen, aber wir waren uns dessen in diesem Moment nicht »bewusst«.

Wenden wir uns zunächst dem Verstand zu: Der Mensch hat über seinen Verstand die Fähigkeit zum Denken im weiteren Sinne. Unser Verstand macht uns zu einem »vernünftigen« Wesen und ist ein sehr nützliches Instrument. Vieles in unserem Leben ist ohne den Einsatz des Verstandes nicht denkbar: Denken, Abstrahieren, Urteilen, Schlussfolgerungen ziehen, Bewerten, Kritisieren, Rechnen, Erinnern, Lernen, (Voraus-)Planen, Kommunizieren etc. Aber der Verstand ist *nicht* unser Bewusstsein. Der Verstand rechnet wie ein Computer – und ebenso wie der Computer weiß er weder, *dass* er rechnet, noch *warum*. Weil der Verstand vernünftig ist und gut rechnen kann, ist es häufig gut, auf den Verstand zu hören (um z. B. eine Versicherung für das Haus oder für den Fall der Berufsunfähigkeit abzuschließen). Der Verstand kann jedoch keine autonomen Ziele *setzen* – er kann nur die aus unserem Bewusstsein bzw. Unterbewusstsein, unseren Gefühlen bzw. unserem Instinkt abgeleiteten Ziele anstreben und erreichen. Mit unserem Verstand allein können wir also keinen Erfolg haben.

An dieser Stelle sollten wir ein paar begriffliche Klärungen vornehmen, die sich durch das ganze Buch ziehen:

- »Verstand« oder »Intellekt« werden synonym im gerade dargelegten Sinne verwendet, das dazugehörige Adjektiv ist verstandesmäßig bzw. intellektuell.
- »Mental« steht für (geistiges) Bewusstsein.
- »Emotional« bezieht sich auf unsere Gefühle, aber auch auf unsere Seele und wird daher auch synonym mit »psychisch, seelisch« verwendet – einfach deshalb, weil wir ohne unsere Seele keine Gefühle empfinden können.

Unser Ego ist nicht unser Bewusstsein: Schon seit frühester Jugend konditioniert uns unsere Umwelt und schafft in uns (unbewusst) ein Bild, wer wir (angeblich) sind oder sein sollen. Über dieses Bild definieren wir uns mit unserer Umgebung, unseren Titeln, unseren errungenen Preisen und mit dem, was andere Leute über uns sagen oder denken, mit unserem Beruf, mit allem, was wir meinen, sein und tun zu müssen oder zu wollen. Unser Ego entwickelt so ein Bild, wie die Welt – für uns – funktioniert. Dieses Bild wird von unserem Ego geschützt und verteidigt. Unser Ego wird alles tun, damit dieses Bild nicht zerstört wird. Das Ego – ebenso wie unsere archaischen Instinkte – ist auf ein einziges Ziel ausgerichtet: *Überleben*. Das muss nicht schlecht sein, kann uns aber auch daran hindern, zu *leben* und zu *erleben*, weil es immer auf Sicherheit spielt und kein Risiko eingehen kann. Unser Ego zementiert alles, was uns früher vielleicht einmal geholfen oder gerettet hat – auch wenn heute die Situation ganz anders ist!

Achten Sie in Stresssituationen einmal auf Ihre inneren Dialoge zwischen dem Herz (Begeisterung, Neugier, Abenteuerlust etc.) und dem Ego/Verstand (Logik, Erfahrung, Sicherheit, Vernunft etc.).

Beispiel:
Sie stehen auf dem Dreimeterbrett im Schwimmbad und wollen zum ersten Mal in Ihrem Leben herunterspringen. Das Abenteuer ruft. Und was sagt Ihr Ego (oft unter missbräuchlichem Einsatz Ihres Verstands) normalerweise: »Pass auf, das ist gefährlich, du könntest dir etwas brechen, vielleicht ertrinkst du sogar, wenn du bewusstlos wirst …« Und schon läuft ein toller innerer Dialog ab − und Sie? Springen Sie oder nicht? Es kommt darauf an, wer den Dialog gewinnt.

Interessanterweise kann man das Ego im Außen nicht immer sofort erkennen: Wenn ein Mensch einen schicken Sportwagen fährt, kann dies verschiedene Hintergründe haben. Entweder er tut dies (als bewusster Mensch), weil es ihm Spaß macht, er Motorgeräusch und Beschleunigung liebt, oder er möchte damit Eindruck schinden und dadurch sein Ego befriedigen sowie Anerkennung bei anderen erhalten. Die sonst fehlende Anerkennung ist sein Defizit, welches sein Ego kaschieren möchte.

Aufgrund dieser Ego-Identifikation denken wir: Wir *haben* nicht einen Job, sondern wir *sind* dieser Job. Der Job, der Titel, unsere Preise, unsere Clique sind nicht mehr der Mantel, den wir an- und ausziehen können – sie sind für uns zu Fleisch und Blut geworden, quasi unsere modifizierte DNA (»mein Haus, mein Auto, mein Boot«). Dieses Selbstbild ist unser »Ego«, welches wir in unserem Unterbewusstsein gespeichert haben. Wir schützen dieses Selbstbild, weil wir denken, wir würden sonst nicht überleben. Die Angst, nicht zu überleben, gibt dem Ego seine

Macht über uns. Aber das Ego ist nicht unser wahres Selbst, es ist eine Illusion. Unser Ego ist nicht unser Bewusstsein, sondern ein Bild unseres Unterbewusstseins, welches uns die Illusion verschafft, nur nach Maßgabe unseres Egos überleben zu können.

Und unser Ego verschafft uns noch weitere Illusionen:

- Oft unterliegen wir einer »Fortschrittsillusion«, indem wir denken, dass sich die Zukunft linear aus der Vergangenheit ableiten lässt. Diese Illusion macht uns gerade heute blind für disruptive Entwicklungen (Digitalisierung, Klimawandel, Pandemien).
- In der Konsequenz unterliegen wir häufig auch einer »Kontrollillusion«, weil wir annehmen, wir hätten alles unter Kontrolle. Das macht uns arrogant und verwundbar.
- An die Kontrollillusion schließt sich die »Wahrnehmungsillusion« an: Wir denken, wir würden alles wahrnehmen und mitbekommen, dabei engen wir mit unserem Kontrollfilter unsere Wahrnehmung zunehmend ein. Wir sehen nur noch, was uns stark machen oder verletzen könnte.
- Schließlich führt uns dies zur »Leistungs- und Erfolgsillusion«, indem wir meinen, durch harte Arbeit/Leistung unseren Erfolg *erzwingen* zu können. Gegen harte Arbeit und Leistung ist überhaupt nichts einzuwenden – aber wie viele Dinge in unserem Leben verdanken wir Zufällen, Glück, Intuition, mentaler Stärke, Unterstützung von anderen etc.? Diese Illusion macht uns unbescheiden und undankbar – sie macht uns zu Getriebenen und raubt uns unsere Demut.

Das Ego kann uns das Leben richtig schwer machen: Es kritisiert, es dramatisiert, es gibt uns oder anderen gerne die Schuld und fühlt sich leicht von anderen herabgesetzt. Das Ego entsteht durch ein inneres seelisches, emotionales Defizit, welches nicht an die Oberfläche treten darf. Das Ego möchte, dass wir uns besser fühlen. Ein Minderwertigkeitskomplex oder das Gefühl, nicht gut genug zu sein, sind eine ideale Triebfeder für unser Ego. Es ist bestrebt, alle unsere Schwächen wie eine Plastikplane zu überdecken, um damit zu verhindern, dass unsere Schwächen ans

Tageslicht treten. Und ein starkes Ego strebt meist so sehr danach, das Überleben seines Selbstbildes zu sichern, dass zum (Er-)Leben unseres wahren Selbst gar kein Raum mehr verbleibt. Das starke Ego ist wie ein Tourist, der sich im Urlaub vollständig auf das Sammeln und Bearbeiten von Daten (Aufnehmen von Fotos und Selfies) konzentriert und das eigentliche Urlaubserlebnis (die Wärme der Sonne, den Duft der exotischen Blüten, die Musik und den Tanz am Abend, das Rauschen des Meeres und die Stille eines abgelegenen Klosters) verpasst. Ego-getriebene Menschen überleben, aber sie erleben nichts.

Und nun die gute Nachricht: Allen von unserem Ego geschaffenen Illusionen können wir mit mehr Bewusstsein erfolgreich begegnen. Denn unser Ego ist ein Teil unseres nicht erlösten Unterbewusstseins. Unser Ego ist eine Ansammlung von mentalen Blockaden, die uns an einem erfüllten und gelingenden Leben hindern. Unsere mentalen Blockaden behindern den Fluss unseres Lebens. Seien Sie geduldig: Wir alle arbeiten – wenn auch unterschiedlich schnell und mit unterschiedlichem Erfolg – unser ganzes Leben lang daran, unsere Blockaden Stück für Stück aufzulösen, um immer mehr in Fluss zu kommen und befreit zu leben.

In diesem Zusammenhang möchte ich eine Lanze für unseren Verstand brechen, weil er in vielen Seminaren und psychologischen Werken im weiteren Sinne als der »Bösewicht« dargestellt wird, der uns am Zugang zu unserem Unterbewusstsein, unserem wahren Selbst und unserer Intuition hindert. Manche setzen den Verstand sogar dem Ego gleich. Ich sehe das anders: Diese Vorwürfe müssten wir – wenn überhaupt – unserem Ego machen, welches den Verstand missbraucht. Der Verstand selbst ist wie ein Computer, er ist weder gut noch böse. Es kommt allein auf die Software an: Kommt sie vom *erlösten* Teil unseres Unterbewusstseins (bzw. Bewusstseins) oder vom *unerlösten* Teil unseres Unterbewusstseins (Egos)?

Bitte verurteilen Sie nun nicht Ihr Ego. Es ist ein Teil von Ihnen. Wenn Sie es nicht freundlich und mit Liebe behandeln, betreiben Sie Selbstsabotage. Es will nicht vernichtet, sondern erlöst (d. h. in einen unbelasteten, versöhnten Zustand überführt) werden. An diesem Hebel setzt u. a. die Psychotherapie im weiteren Sinne an. An Ihrem Ego können Sie arbeiten, lange bevor Sie beginnen, unter ihm zu leiden.

Bewusstsein: Eine eindeutige und verbindliche Definition von Bewusstsein ist bis heute nicht gelungen.[27] Man findet es bei Menschen, wird es aber auch anderen Lebewesen (mit gewissen Einschränkungen) zugestehen müssen.[28] Oft wird nur Menschen ein Bewusstsein zugestanden, weil sie nicht nur wissen, *was* sie denken, sondern auch, *dass* sie denken! Der Mensch kann sich also quasi selbst (beim Denken und Handeln) beobachten. Diese Fähigkeit der Selbstreflexion und des distanzierenden Bewusstseins dürfte den Menschen von anderen Lebewesen und der Natur abgrenzen. Natur geschieht einfach, der bewusste Mensch hat Optionen.[29] Und diese Optionen sind sehr vielfältig. So können wir mit unserem Bewusstsein (ohne Anspruch auf Vollständigkeit) z. B. Folgendes tun:

- unseren Verstand und unsere Gedanken kontrollieren und steuern,
- Sachverhalte nicht nur wahrnehmen, sondern auch verstehen,
- (im Gegensatz zum Verstand) Gefühle (bewusst) wahrnehmen und sie beeinflussen,
- moralische Bewertungen vornehmen,
- Entscheidungen (im Gegensatz zum Verstand) treffen,
- Ziele setzen (was der Verstand nicht kann, da er nur auf ein Ziel hinarbeiten kann),
- ein Gefühl von Zeit entwickeln und uns an Vergangenes erinnern und uns Zukünftiges vorstellen,
- Fantasie, Kreativität sowie Neues entwickeln (oft in Zusammenarbeit mit unserem Unterbewusstsein),
- empathisch kommunizieren,
- das erlangen, was die alten Weisheitsüberlieferungen bzw. Religionen als »Erleuchtung« bezeichnen.

Bewusstsein ist etwas anderes als unser Gehirn bzw. unser Verstand, obwohl sich alle in einer unauflöslichen Einheit befinden.[30] Bewusstsein ist nach meiner Einschätzung die Schnittstelle, die unseren Verstand, unsere Gefühle und unser Unterbewusstsein verknüpfen kann. Wenn diese Schnittstelle blockiert ist und wir daher unbewusst sind, verweigern wir uns den Ratschlägen unseres Verstandes (z. B. Gebäudeversicherung abschließen), hören nicht auf die Signale unserer Gefühle (z. B. Depression, Magenbeschwerden) und lassen uns von unserem Unterbewusstsein unkontrolliert steuern (z. B. alte Traumata). Während unser Verstand, unsere Gefühle und unser Unterbewusstsein grundsätzlich in der Lage sind, in unserem Leben eine zu dominante Rolle zu spielen, gilt dies für unser Bewusstsein nicht. Wir können nie an einem »Zuviel« an Bewusstsein leiden! Machen wir uns also klar: Wenn wir nicht bewusst sind, übernimmt unser Unterbewusstsein (ggf. in Form unseres Egos) das Kommando über unser Denken und Fühlen.

Unser Bewusstsein kann also unseren Verstand (und ggf. sogar unser Unterbewusstsein) sehr produktiv und unterstützend für unser Leben einsetzen, während das Ego unseren Verstand und unsere Gefühle für seine Zwecke *missbraucht*. Der Verstand ist nur das »Auto«, entscheidend ist jedoch, wer der »Fahrer« ist: das Bewusstsein oder das Ego? Der Verstand *kann* fahren und beschleunigen, aber der Fahrer *entscheidet*, auf das Gaspedal zu treten. Der Verstand ist der Diener, das Bewusstsein (oder eben das Ego) der Herr. Wann immer Sie in Ihrem Leben mit den Gefühlen von Mangel, Minderwertigkeit, Neid, Streit, Hass, Angst und Vergeltung in Kontakt kommen, seien Sie achtsam, ob nicht Ihr Ego versucht, das Steuer im »Verstand-Auto« zu übernehmen.

Das Bewusstsein darf man sich im Übrigen nicht als eine klarkonturierte, gerade und eindimensionale Linie vorstellen. Wir verfügen über mehrere Bewusstseins- und Persönlichkeitsanteile, die sich ergänzen, ineinander verschwimmen oder sich stützen, aber auch gegenseitig im Weg stehen oder gar bekämpfen können.[31] Diese Anteile können auch in verschiedenen Abschnitten unseres Lebens unterschiedlich starke Bedeutung haben. Sie müssen nicht lebenslang das Bewusstsein haben, welches Sie mit 20 einmal hatten. Das eröffnet Optionen, die auch für Ihren Erfolg von Bedeutung sein können. Verwechseln wir das jedoch nicht mit unserem innersten Kern, jenem mystischen »wahren Selbst«, welches immer unveränderbar bleibt. Hier geht es um *Existenz*, beim Bewusstsein um *Gewahrsein* und *Erkenntnis*.

Unterbewusstsein: Nach dem Loblied auf unser Bewusstsein müssen wir leider auch feststellen, dass unser Leben weitgehend von Unbewusstheit geprägt ist. Das ist noch verständlich bei der uns nicht bewussten Steuerung unserer gesamten menschlichen Physiologie (Atmung, Herzschlag, Blutkreislauf, Verdauung von Nahrung, Wundheilung etc.). Darüber hinaus haben die Neurowissenschaften bestätigt, dass im menschlichen Gehirn vielfältige neuronale *unterbewusste* Prozesse ablaufen, die unserem bewussten Erleben vorausgehen.

Im Zusammenhang mit dem Unterbewusstsein wird häufig auch das *Unbewusste* genannt. Beide Begriffe verwendet die Praxis häufig synonym, jedoch werden sie auch unterschiedlich gehandhabt. Für diese Buchreihe möchte ich folgende eigene Definitionen verwenden: Das *Unbewusste* umfasst begrifflich das Unterbewusstsein, jedoch ist es in seiner engeren Bedeutung die Bezeichnung von Vorgängen, die wir einst bewusst vollzogen haben, sie aber nach Einübung automatisiert haben, um unser Bewusstsein zu entlasten.[32] Dies heißt also für uns: Alles Unterbewusste ist auch unbewusst, aber nicht alles Unbewusste ist auch unterbewusst.

Unser *Unterbewusstsein* prägt häufig unser Fühlen, Denken und Verhalten, ohne dass wir uns dessen bewusst sind: Wir handeln und wissen nicht, *warum*. Wer wachbewusst handelt, weiß immerhin, *dass* er handelt – das ist schon mehr, als unbewusst zu handeln. Aber er weiß noch lange nicht, *warum* er handelt. Wir machen viele Dinge in unserem Leben wachbewusst, aber ohne Bewusstsein unserer Motive aus unserem Unterbewusstsein.

Beispiel:
Der Klassiker: Der Sohn studiert Medizin (weil er unterbewusst den Konflikt mit seinem Vater scheut), obwohl er ein begnadeter Jazz-Trompeter hätte werden können (weil dies seiner Veranlagung entsprochen hätte). Er ist sich des Konflikts mit dem Vater jedoch nicht bewusst.

Das Vordringen zu unseren Handlungsmotiven gelingt dem Bewusstsein erst dann, wenn es den Zugang auch zum Unterbewusstsein gefunden und Teile davon ins Bewusstsein geholt hat. Dann kann es das dort schlummernden Potenzial freilegen bzw. die dort gelagerten Blockaden auflösen. Dieses Bewusstsein über die Gründe unseres Denkens, Fühlens und Tuns ist damit eine höhere Stufe als das bloße Wachbewusstsein, welches lediglich die Tatsache wahrnimmt, *dass* wir denken, fühlen oder handeln.

Das Unterbewusstsein umgeht also gerne das Wachbewusstsein bzw. den Verstand als Kontrollinstanz – oder schlimmer noch: Es gaukelt uns vor, wir hätten die Kontrolle! Oder wie Goethes Mephistopheles sagt: *»Der ganze Strudel strebt nach oben; Du glaubst zu schieben und du wirst geschoben.«* Das Unterbewusstsein hat eine enorme Kraft, die wir uns als »wachbewusst-rationale« Menschen häufig nicht eingestehen, weil es die Rationalität unseres Denkens und Handelns infrage zu stellen scheint. Zur Veranschaulichung: Wenn Sie unserem Bewusstsein eine Länge von 15 Millimetern ansetzen, dann erreicht unser Unterbewusstsein im Vergleich eine Länge von elf Kilometern! Die Kraft des Unterbewusstseins ist daher immens.[33] Leider wurde sie traditionell meist deutlich unterschätzt. Dabei wird vermutet, dass das Unterbewusstsein über 90 Prozent von dem, was wir täglich tun und denken, steuert.[34]

Unser Unterbewusstsein speichert alles, was wir je wahrgenommen haben. Ein Mensch in Hypnose kann Situationen seines Lebens, die Jahrzehnte zurückliegen, in erstaunlichen Details wieder zurückholen und beschreiben. In unserem Unterbewusstsein sind alle unsere Erfahrungen, Wahrnehmungen, Erinnerungen sowie unser ganzes jemals erworbenes Wissen gespeichert. Hier ruhen unsere wahren geistigen bzw. emotionalen Schätze. Das Unterbewusstsein birgt den »heiligen Gral«, den allzu viele Menschen (vergeblich) im Außen suchen. Hier liegen die Ressourcen unseres Erfolgs versteckt.[35]

Leider sind in unserem Unterbewusstsein auch unsere größten mentalen Hindernisse, Blockaden, emotionalen Verletzungen, Traumata, Glaubenssätze etc. (»Saboteure«) verborgen. Je mehr Teile unseres Unterbewusstseins wir in unser Bewusstsein holen oder zumindest zu unserem Vorteil »arbeiten« lassen, desto mehr Optionen können wir nutzen – und damit unseren Lebenserfolg vergrößern. Der glückliche und erfolgreiche Mensch wird daher nicht nur versuchen, seine positiven Potenziale im Unterbewusstsein zu seinen Gunsten zu aktivieren, sondern auch seinen

Geist von mentalen Blockaden zu befreien. Unser (befreites) Unterbewusstsein ist eine fundamentale Basis für unser erfolgreiches Handeln.

Selbstbewusstsein: Selbstbewusstsein ist auf mehreren Ebenen anzusiedeln. Im *bewusstseinsphilosophischen* Sinne wollen wir darunter das durch bewusstes, selbstreflexives Denken herbeigeführte Erkennen der eigenen Persönlichkeit verstehen (»Selbstbewusstheit«, englisch »self-awareness«). Wir sind uns also nicht nur der Dinge um uns herum bewusst, sondern auch unserer eigenen Person mit Körper, Seele und Geist. Wir können also nicht nur denken, sondern wissen auch, *dass* wir existieren, denken und handeln.

Selbstbewusstsein wird darüber hinaus umgangssprachlich als ein *(psychologisches)* Überzeugtsein von den eigenen Fähigkeiten (und Grenzen) und vom eigenen Wert als Person angesehen. Der selbstbewusste Mensch ist der Überzeugung, Schöpfer und nicht Opfer zu sein – egal, was passiert. Diese Überzeugung zeigt sich auch in einem selbstsicheren Auftritt gegenüber Dritten. Insofern beschreibt der Begriff »Selbstbewusstsein« nicht nur eine innere Seite (»Selbstwertgefühl«), sondern auch eine äußere, nämlich der nach außen hin im Verhältnis zu anderen Menschen erzeugte selbstbewusste Schein (also eine Form der »Kommunikation«).

Wir können somit beim Selbstbewusstsein drei Facetten trennen: eine *philosophische,* eine nach innen gewandte *psychologische* und eine nach außen gewandte *kommunikative* Ebene. Alle drei können zusammenfallen, müssen es aber nicht. In diesem Buch werden wir meist die psychologische Ebene weiter untersuchen.

Individualitätsbewusstsein: Dieses besitzt, wer sich seiner Einzigartigkeit als Mensch bewusst ist und seine Andersartigkeit auch wahrnimmt sowie wertschätzt. Manche verstehen diesen subjektiv-wertschätzenden Begriff von Individualität leider auch insofern falsch, als dass sie sich für den Nabel der Welt halten und auf alle anderen herabblicken. Wer die Individualität der anderen nicht achtet, hat das Konzept von Individualität nicht verstanden. Diese Menschen werden über kurz oder lang zu Narzissten.

Auch in unserer heutigen liberalen Gesellschaft, die immer mehr zwischen Individualitätswahn und Vermassung schwankt, ist es immer wieder eine Herausforderung, sich seiner eigenen Individualität bewusst zu werden und diese zu entwickeln, weshalb ich dem Thema *Individualität* ein eigenes Kapitel widme.

Ausflug in die Quantenphysik

Die Psychologie unseres Bewusstseins und unserer mentalen sowie emotionalen Kapazitäten haben eine grundlegende Bedeutung für unseren Erfolg. Sie führt uns zu den Fragen von Geist und Materie bzw. ihrem Verhältnis zueinander. Descartes und Newton haben uns gelehrt, dass die Welt aus Materie besteht und deterministisch funktioniert. Die moderne Quantenphysik fordert mit ihren Erkenntnissen diesen klassischen Begriff von Materie und ihr Verhältnis zu unserem Geist in eklatanter Weise heraus. Max Planck, Nobelpreisträger und Begründer der Quantenphysik, sagte bereits 1944 bei einem Vortrag in Florenz:

»[…] *als Physiker, der sein ganzes Leben der nüchternen Wissenschaft, der Erforschung der Materie widmete, bin ich sicher von dem Verdacht frei, für einen Schwarmgeist gehalten zu werden. Und so sage ich nach meinen Erforschungen des Atoms dieses: Es gibt keine Materie an sich. Alle Materie entsteht und besteht nur durch eine Kraft, welche die Atomteilchen in Schwingung bringt und sie zum winzigsten Sonnensystem des Alls zusammenhält. Da es im ganzen Weltall aber weder eine intelligente Kraft noch eine ewige Kraft gibt [...] so müssen wir hinter dieser Kraft einen bewussten intelligenten Geist annehmen. Dieser Geist ist der Urgrund aller Materie. Nicht die sichtbare, aber vergängliche Materie ist das Reale, Wahre, Wirkliche – denn die Materie bestünde ohne den Geist überhaupt nicht –, sondern der unsichtbare, unsterbliche Geist ist das Wahre! Da es aber Geist an sich ebenfalls nicht geben kann, sondern jeder Geist einem Wesen zugehört, müssen wir zwingend Geistwesen annehmen. [...] Damit kommt der Physiker, der sich mit der Materie zu befassen hat, vom Reiche des Stoffes in das Reich des Geistes. Und damit ist unsere Aufgabe zu Ende, und wir müssen unser Forschen weitergeben in die Hände der Philosophie.*«[36]

Von dem »klassischen« Atommodell mussten wir Abschied nehmen, denn Plancks Haupterkenntnis lautet: »*Es gibt keine Materie, sondern nur ein Gewebe von Energien, dem durch intelligenten Geist Form gegeben wurde. Dieser Geist ist Urgrund aller Materie.*«

Noch plastischer formulierte es Hans-Peter Dürr, Quantenphysiker und Philosoph: »*Es gibt die Materie im Grunde nicht mehr. Es gibt letzten Endes nur noch eine Art Schwingung. Es gibt ... keine Elektronen, es gibt keinen Atomkern, sie sind eigentlich nur Schwingungsformen.*« Und auch schon der Erfinder Nikola Tesla[37] sagte: »*Wenn du die Geheimnisse des Universums herausfinden willst, dann musst du in Begriffen wie Energie, Frequenz und Vibration denken.*« Albert Einstein äußerte sich ebenfalls zu diesem Thema: »*Was Materie angeht, lagen wir alle falsch. Was wir Materie nannten, ist Energie, deren Schwingung so gesenkt wurde, dass sie für die Sinne wahrnehmbar wird. Es gibt keine Materie.*« Außerdem brachte es ein Physiker mir gegenüber einmal auf den Punkt, dass Materie nur durch Information gebundene Energie sei. Information und Energie – merken wir uns diese beiden Koeffizienten, sie werden uns noch öfter begegnen! Wenn es eigentlich nur Schwingungen gibt und diese miteinander verbunden sind, hat das auch praktische Konsequenzen für unser Verhältnis zu Geist und Materie.

Konsequenz 1: Bewusstsein erzeugt Realität

Die moderne Quantenphysik hat entdeckt, dass kleinste Teilchen wie Photonen, Protonen oder Elektronen sich durch Messung bzw. unser Bewusstsein beeinflussen lassen. Wir beeinflussen unsere Realität, weil unsere Aufmerksamkeit (= Geist) Einfluss auf die Materie nimmt. Materie folgt also dem Geist, der Geist dominiert die Materie, und somit auch den Verstand und den Körper. »*Bewusstsein erzeugt Realität!*«, sagte Eugene Wigner (Nobelpreis 1963). Und auch Erwin Schrödinger (Nobelpreis 1933), Mitbegründer der Quantenmechanik, konnte bereits feststellen: »*Der Geist baut die reale Außenwelt der Naturphilosophie (wie auch die des Alltags) ausschließlich aus seinem eigenen, d. h. aus geistigem Stoff auf.*« Interessanterweise sagte schon Buddha: »*Wir sind, was wir denken. Alles, was wir sind, entsteht aus unseren Gedanken. Mit unseren Gedanken formen wir die Welt.*«

Das ist ein harter Schlag für unsere materialistische, deterministische Denkweise (sorry, Karl Marx!) und für uns wissenschaftliche Normalverbraucher eine harte Nuss – Gott sei Dank gilt das nicht direkt in unserer makroskopischen Alltagswelt! Sie brauchen also keine Sorge haben, dass während eines Fluges Ihr Flugzeug abstürzt, nur weil Sie gedanklich drei Sekunden die Möglichkeit eines Absturzes durchgespielt haben. Ich denke jedoch, dass es wert ist, sich darüber einmal Gedanken zu machen. Wenn wir die Richtigkeit der obigen Zitate einmal unterstellen, dann hat das einen enormen Einfluss auf unsere Betrachtung der Welt. Es bedeutet nämlich, dass jeder Mensch einen Unterschied macht. Jeder einzelne Mensch. Der Mensch wird zum Schöpfer seines Schicksals. Durch bewusste Optionen, die wir nutzen können – oder auch nicht. Zumindest langfristig werden unsere Gedanken unser Leben beeinflussen – wenn wir uns die Zeit dazu nehmen, bewusst mit unseren Gedanken umzugehen.

Damit sind wir bei unserem Thema *Erfolg*. Unser Erfolg hängt dann nämlich sehr stark von unserem Bewusstsein bzw. Unterbewusstsein ab. Damit sind die vorstehenden Überlegungen keine theoretischen Glasperlenspiele, sondern fundamentale Erkenntnisse zur Steuerung unseres (erfolgreichen) Handelns und unseres Lebens. Auch wenn in der Theorie hier noch vieles nicht abschließend geklärt ist, werden die vorangegangene Beobachtung in unserer Praxis bestätigt – vom Mentaltraining bis zur Psychotherapie. Wenn Ihnen das alles abenteuerlich vorkommt, fangen Sie doch einmal damit an, eine Erklärung für den unbestritten bestehenden, aber keineswegs wissenschaftlich abschließend erklärten Placebo-Effekt zu finden.

Konsequenz 2: Schwingung führt zur Resonanz – Resonanz führt zu Verbindung

Dass unser Geist unser Leben beeinflussen kann, lässt sich durch die Quantenphysik und spezifischer durch das *Gesetz der Resonanz* erklären. Als Resonanz bezeichnet die Wissenschaft das Mitschwingen eines schwingungsfähigen Systems durch Anregung einer anderen Schwingung. Alles, was schwingt, ist zur Resonanz fähig. Somit ist alle Materie zur Resonanz fähig.

<u>Beispiel:</u>
Bei Musikinstrumenten spricht man von Resonanz, wenn ein Körper durch einen anderen schwingenden Körper zu verstärkten Schwingungen angeregt wird. Hauptverantwortlicher für die Klangentwicklung einer Gitarre ist der Korpus. Dieser ist innen hohl und hat eine kreisförmige Öffnung, welche als Schallloch bezeichnet wird. Der Korpus ist dabei jedoch nicht starr, sondern so beschaffen, dass das Holz schwingen und den durch die Saite erzeugten Ton weitergeben bzw. verstärken kann. Gleichermaßen können Windstöße, die zufällig etwa mit der Eigenfrequenz einer Brücke erfolgen, die Schwingungen der Brücke immer mehr aufschaukeln und sie zum Einsturz bringen.

Gehen wir weiter: Resonanz funktioniert auch mit unserer Umwelt und anderen Menschen.[38] Ein Phänomen, welches wir alle kennen: Es gibt Menschen, zwischen denen die »Chemie« stimmt, aber auch Menschen, bei denen das Gegenteil der Fall ist. Wir können das oft rational nicht erklären, insbesondere dann nicht, wenn uns Menschen, die eine uns rational »sympathische« Position vertreten, als Person nicht sympathisch sind – oder umgekehrt. Mit uns sympathischen Menschen stehen wir offenbar in einem rational nicht erklärbaren Schwingungsgleichklang, Resonanz eben.

Mehr noch: Was wir denken und ausstrahlen, das ziehen wir an. Das ist letztlich das »Gustav-Gans-Phänomen«, welches wir aus der Donald-Duck-Familie kennen: Der Glückspilz zieht weiteres Glück an – vulgär ausgedrückt: »*Der Teufel scheißt auf den größten Haufen.*« In der Bibel liest sich das bei Matthäus 25, 29 wie folgt: »*Denn wer da hat, dem wird gegeben werden, und er wird die Fülle haben; wer aber nicht hat, dem wird auch, was er hat, genommen werden.*«

Wenn wir den Gedanken der Quantenphysik mit Schwingungen weiterspinnen, könnte man auf den Gedanken kommen, dass unser ganzes Universum durch Schwingung miteinander verbunden ist. In diese Richtung geht z. B. auch die vom britischen Biologen Rupert Sheldrake aufgestellte Hypothese, dass uns ein *morphisches Feld* umgibt und miteinander verbindet.[39] Als morphisches Feld (oder auch morphogenetisches Feld) bezeichnet er ein hypothetisches Feld, das als formbildende Verursachung für die Entwicklung von Strukturen sowohl in der Biologie, Physik und Chemie, aber auch in der Gesellschaft verantwortlich sein soll. Auch in der Psychologie wird ein *kollektives Bewusstsein* bzw. ein *kollektives Unbewusstes* diskutiert.[40] In diesem können z. B. aufgrund geschichtlicher oder kultureller Ereignisse Erinnerungen, Gefühle und Prägungen einer Gruppe, eines Volksstamms, einer Nation – oder immer wichtiger – der ganzen Welt abgespeichert sein und das Denken, Fühlen und Handeln dieser Gruppe beeinflussen. So sind der Holocaust und die Inflation (1923) Teil des deutschen Kollektivbewusstseins sowie der Abwurf der Atombomben auf Hiroshima und Nagasaki Teil eines weltweiten Kollektivbewusstseins. Dabei wird davon ausgegangen, dass die menschliche Seele Zugang zu Wissen und Erfahrungswerten hat, die nicht aus ihrem eigenen Leben stammen. Über Schwingungen würde also eine Verbindung innerhalb dieses »Informationsfeldes« aufgebaut werden. Von den klassischen Naturwissenschaften werden solche Hypothesen bis heute kritisch gesehen oder ganz abgelehnt. Dies können wir hier nicht vertiefen, was Sie jedoch nicht abhalten sollte, sich damit zu befassen.

Interessant ist nämlich, dass diese Theorie viele uns nicht nachvollziehbare Phänomene (wie »Teilchenverschränkung« in der Quantenphysik, Schwarmverhalten von Vögeln, präziseste Erinnerung an vergangene Ereignisse in Hypnose, Déjà-vu-Erlebnisse, Parapsychologie, Placebo-Effekt, Kinesiologie, Familienaufstellungen nach Hellinger etc.) erklären könnte.[41] Wenn nun Lebewesen offenbar Zugang zu diesen Informationsfeldern haben können, stellt sich die Frage, wie sich eine solche Verbindung herstellen lässt. Ein durchaus verdächtiger Kandidat könnte tatsächlich unser Unterbewusstsein sein. Dies würde bedeuten, jeder Mensch könnte über sein Unterbewusstsein in Kontakt mit diesem Informationsfeld treten und diese ggf. beeinflussen – eine inspirierende Perspektive, die auch Meditation für manche in einem neuen Licht erscheinen lässt.

Apropos: Interessant ist insofern auch das Wort »Religion«. Wortwörtlich heißt »Re-ligio« nämlich »Rück-Anbindung«. Die Frage ist nun: Woran sollen wir rückangebunden werden? Für die offiziellen »Religionsverwalter« ist das eine göttliche Instanz. Aber könnte es nicht sein, dass in früheren Zeiten die »Re-ligio« eine Rückanbindung an die vorab beschriebenen Schwingungs- bzw. Informationsfelder bezeichnen wollte? Lange bevor es Götter gab? Könnte es nicht sein, dass das, was Menschen als göttliche Instanz betrachten, nichts anderes als das morphische Feld bzw. eine höhere »Intelligenz«[42] ist? Und dass genau diese Rückanbindung über das Unterbewusstsein abläuft? Und dass genau deshalb weise Menschen meditieren und Gläubige beten (also nicht, weil sie sich entspannen, sondern weil sie ihr Bewusstsein erweitern und Zugang zu diesen Feldern höherer Intelligenz erlangen möchten)? Könnte es sein, dass die durch Meditation angestrebte »Gedankenleere« den Weg frei macht, um die Verbindung unseres Bewusstseins mit dieser höheren Intelligenz herzustellen? Und dass genau dieser Zusammenhang durch die offizielle Religion und die Amtskirchen über die Jahrhunderte zunehmend verwischt, wenn nicht gar vertuscht wurde? »Re-ligio« wäre dann nichts Altertümliches, sondern – auch in Zeiten vermehrter Kirchenaustritte – sehr moderne, angewandte Quantenphysik!

Wir wollen hier kein Seminar für Teilchenphysik, Esoterik oder Philosophie abhalten. Für uns ist jedoch wichtig, die enorme Bedeutung von Schwingungen und damit auch der geistigen Dimension des Menschen (und insbesondere sein Bewusstsein) im Auge zu behalten. Denn Bewusstsein, Gedanken und Gefühle sind nichts anderes als Schwingungen. Das ist eine gewaltige Revolution gegenüber der klassischen Physik von Isaac Newton, die uns lehrte, dass alles deterministisch einem materialistischen Kausalprinzip von Ursache und Wirkung unterliegt. Wenn der Geist und das Bewusstsein jedoch über der Materie und dem klassischen Kausalprinzip stehen, müssen wir nicht mehr alles als unveränderlich ansehen. Das Bewusstsein kann also Realität schaffen, d. h. der bewusste Mensch hat Optionen. Die Möglichkeit, eine geistige Idee in die materielle Realität zu überführen, ist einer der großartigsten Transformationsprozesse, an denen wir Menschen teilhaben können. Erfolg ist die Materialisierung einer Idee. Bewusstsein wird damit zu einer zentralen Grundlage von Erfolg. Oder wie William James sagte: »*If you can change your mind, you can change your life.*«

Auch wenn Sie den vorausgegangenen bzw. folgenden Ausführungen nicht zustimmen mögen oder sie gar für Humbug halten (aber wie ist dann Ihre Erklärung?), lohnt es sich meiner Ansicht nach für Sie, über die praktische Implikationen der Quantenphysik nachzudenken, insbesondere, wie sich Geist, Materie und Materialisierung für Sie persönlich zueinander verhalten. Vielleicht nähern Sie sich diesem komplexen Thema einmal ganz einfach: Wenn Sie das nächste Mal mit Ihrem Auto an einer roten Ampel stehen, schauen Sie konzentriert auf die Person in dem neben Ihnen ebenfalls wartenden Auto. Sie werden feststellen, dass in vielen Fällen diese nach kurzer Zeit zu Ihnen herüberschauen wird, obwohl sie dazu keinen nachvollziehbaren rationalen Anlass hat. Vielleicht können diese die von Ihnen ausgesandte »Energie« im Rahmen eines Feldes spüren? Oder: Haben Sie schon einmal die Erfahrung gemacht, dass Sie an einen Freund dachten und dieser sich fast zeitgleich am Telefon meldete, obwohl Sie sich längere Zeit nicht gesehen haben? Magie, alles Zufall, oder was?

LITERATUR:

- Chopra, D., *Die heilende Kraft in mir*, 6. Aufl., Driediger, 2020.
- Chopra, D., *Das Buch der Geheimnisse*, 13. Aufl., Goldmann, 2008.
- Dürr, H.-P., *Geist*, Kosmos und Physik, Crotona, 9. Aufl., 2016.
- Görnitz, Th./Görnitz, B., *Von der Quantenphysik zum Bewusstsein*, Springer, 2016.
- Koch, Ch., *Bewusstsein – ein neurobiologisches Rätsel*, Springer Spektrum, 2005.
- Koch, Ch., *Bewusstsein – Bekenntnisse eines Hirnforschers*, Springer Spektrum, 2013.
- Murphy, J., *The Power of Your Subconscious Mind*, Simon & Schuster, 2018.
- Rosa, H., *Resonanz. Eine Soziologie der Weltbeziehung*, 5. Aufl., Suhrkamp, 2019.

Kapitel 4
Macht der Gedanken

»A man is what he thinks about all day long.« (Ralph Waldo Emerson)

Unsere mentalen Prägungen – Potenzial und Beschränkung

Wenn der Geist die Materie dominiert, ist der Mensch der Schöpfer seines Schicksals. Jeder Mensch. Zumindest, wenn wir uns die Zeit dazu nehmen, bewusst mit unseren Gedanken umzugehen. Doch wie bewusst gehen wir mit unseren Gedanken um? Wir werden häufig von irgendwelchen Gedanken gesteuert, motiviert, gebremst und manchmal auch getrieben. Wir »werden« oft mehr gedacht, als dass wir aktiv denken. Man hat herausgefunden, dass ein Mensch im Schnitt über 50.000 Gedanken am Tag denkt. Wie viele sind uns davon bewusst? Wie viele sind negativ, wie viele positiv? Können wir unsere Gedanken kontrollieren und steuern? In welchem Verhältnis stehen unsere Gedanken zu unserem Bewusstsein – und unserem Unterbewusstsein? Diese spannenden Fragen können wir hier nur anreißen, es lohnt sich jedoch sicher für jeden, diese einmal für sich selbst zu vertiefen.

Wir wollen weder ein Psychologie-Seminar abhalten noch die mehr oder weniger bekannten »Psychotricks« behandeln, um andere zu manipulieren. Vielmehr möchte ich mich auf einige psychologische Zusammenhänge beschränken, insbesondere wird der Fokus auf der Macht unserer Gedanken in Bezug auf unseren Erfolg im Leben liegen. Wenn wir diesen Einfluss erkennen, haben wir einen der stärksten Hebel für unseren Erfolg in der Hand. Denn je klarer wir die Macht unserer Gedanken sehen und je bewusster wir mit unseren Gedanken umgehen, desto weniger werden wir von unbewussten Gedanken gesteuert und desto mehr sind wir zur Selbstreflexion und Steuerung unseres Lebens in der Lage. Dieses Kapitel möchte daher dazu beitragen, einige psychologische Aspekte, die unseren Erfolg befördern oder behindern, besser zu verstehen. Erfolg hängt nach meiner festen Überzeugung wesentlich von unserem Bewusstsein, unseren Gedanken und unserer mentalen Einstellung ab.[43] Wir sehen viele Menschen, die sich abrackern, und keinen Erfolg haben, genauso wie Menschen, denen der Erfolg quasi wie Gustav Gans zufliegt. Den Unterschied machen meist unsere Gedanken.

Lassen wir uns jedoch nicht täuschen: Nicht immer dominiert unser Wachbewusstsein, oft ist es das Unterbewusstsein – und damit auch unser Ego. Diese drei konkurrieren darum, vom Verstand Besitz zu ergreifen und ihn für ihre »eigenen Zwecke« einzusetzen. Je mehr es uns gelingt, unser Potenzial aus dem Unterbewusstsein in unser Wachbewusstsein zu holen, desto mehr können wir unsere Gedanken, unser Leben und unseren Erfolg steuern.

Was wir wahrnehmen, was wir empfinden, woran wir uns später erinnern, welche Gedanken uns treiben, wie wir im Leben in bestimmten Situationen reagieren, welche Interessen, Vorlieben und Abneigungen wir haben – das ist von Mensch zu Mensch aufgrund seiner individuellen Prägungen sehr verschieden. Diese Prägungen speisen sich vorwiegend aus zwei Quellen, aus unseren Erbanlagen[44] und aus unseren nicht-genetischen Prägungen.[45] Zu Letzteren zählen alle unsere persönlichen kulturellen und sozialen Erfahrungen im weiteren Sinne (unser Elternhaus, Schule, unsere Erziehung, unsere soziale und kulturelle Umgebung, unsere Arbeitswelt etc.). Diese Prägungen nehmen starken Einfluss nicht nur auf unser Bewusstsein, sondern mehr noch auf unser Unterbewusstsein. So werden uns einerseits häufig durch die Erziehung Werte, Fähigkeiten, Regeln und Erfahrungswerte vermittelt, andererseits verursachen diese Prägungen vielfach emotionale und mentale Verletzungen in frühen Kindesjahren, die uns häufig nicht bewusst sind, die wir jedoch langfristig unbewusst in unserer Seele »konservieren«.

Diese Prägungen beeinflussen in entscheidender Weise auch unser Selbstbild und setzen – egal, wie sehr sie uns selbst bewusst sind – für jeden Menschen einen bestimmten mentalen Rahmen für sein Leben. Die Prägungen können förderlich sein – oder belastend wie »Fußfesseln«, die uns (unbewusst) an unserem Erfolg im Leben oder unserem Lebensglück hindern.

Gerade die unverarbeiteten und gespeicherten psychischen »Deformationen« sind ein besonders guter Nährboden für unser Ego. Unser Ego kreiert daraus ein deformiertes Selbstbild, welches uns in unserer potenziell möglichen Entfaltung hindert. Ist es deformiert, wird es vor allem von zwei Polen getrieben: Dinge, die es unbedingt und krampfhaft erreichen will (z. B. Anerkennung), und Dinge, die es unbedingt und krampfhaft vermeiden will (Wiederholung erlittener Qualen). Es treibt uns zu Dingen, die wir nicht brauchen, und hält uns aus Angst von Dingen ab, die ggf. wichtig für uns sein können. Es führt weg von uns selbst.

Unser Bewusstsein und die Macht seiner Gedanken kann uns also nicht nur helfen, unsere Potenziale und unsere Chancen zu nutzen, sondern auch unsere mentalen Beschränkungen aufzulösen und uns damit von ihnen (einschließlich eines deformierten Selbstbilds) zu befreien. Die Macht unserer Gedanken hilft uns, das zu entwickeln, was uns fördert – und das loszulassen, was uns belastet. So wird die Entwicklung unseres Bewusstseins allein schon zum Erfolg, weil ein entwickeltes Bewusstsein Erfolg nach sich zieht. Ich bin überzeugt davon, dass jeder Mensch an der Entwicklung seines ganz persönlichen (wenn auch beschränkten) Potenzials einschließlich der Auflösung seiner mentalen Barrieren (einschließlich der psychischen Deformationen) arbeiten kann.

Unsere Chancen

Wenden wir uns zunächst der Nutzung von Chancen durch die Macht unserer Gedanken zu. Wir wollen näher beleuchten, wie wir unsere Chancen und Möglichkeiten mit unseren Gedanken vergrößern und besser nutzen können. Beginnen wir mit einer alten Lebensweisheit:[46]

> *»Achte auf Deine Gedanken, denn sie werden Worte.*
> *Achte auf Deine Worte, denn sie werden Handlungen.*
> *Achte auf Deine Handlungen, denn sie werden Gewohnheiten.*

Achte auf Deine Gewohnheiten, denn sie werden Dein Charakter.
Achte auf Deinen Charakter, denn er wird Dein Schicksal.«

Wir sind geworden, was wir gestern dachten – und wir werden morgen sein, was wir heute denken. Unsere Gedanken steuern unseren Lebensweg und werden am Ende unser Schicksal. Das ist die Macht unserer Gedanken. In der zweiten Zeile wird diese Macht auf unsere Worte ausgedehnt. Was wir sagen, prägt nicht nur unsere Handlungen, sondern reflexiv auch unser Denken. Achten Sie z. B. einmal darauf, wie häufig Sie die Formulierungen »Ich habe keine Zeit«, »Ich kann nicht«, »Ich darf nicht«, »Es geht nicht«, »Ich muss«, »Aber« etc. verwenden. Gegen diese Formulierungen ist grundsätzlich nichts einzuwenden, es stellt sich nur die Frage, inwiefern sie Ihr Denken und Ihr Unterbewusstsein prägen, wenn Sie diese Formulierungen gehäuft verwenden.[47] Nicht nur das Gefühl von »Angst«, sondern auch der Gedanke an »Angst« sowie das Aussprechen des Worts »Angst« schwächen unsere Energie. Und wie frei ist ein Mensch, der dauernd sagt »Ich muss«? Hier liegt eine große Chance für ihn verborgen, sein Bewusstsein zu erweitern und seine Gedanken zu steuern.

Zurück zur Macht der Gedanken: Aus dieser Erkenntnis heraus ist ein Ansatz entstanden, vorwiegend positive Gedanken zu entwickeln und negative Gedanken zurückzudrängen. Hinsichtlich der positiven Gedanken ist es daher Zeit, sich dem Thema *Positive Gedankenführung* zuzuwenden. Ich möchte dies als Oberbegriff aller Ansätze, die sich mit einer positiven mentalen Ausrichtung des Menschen befassen, verwenden. Es gibt dabei von der »Positiven Psychologie« bis zum »Positiven Denken/Positive Thinking« viele unterschiedliche, nicht inhaltsgleiche (wenn auch zuweilen überlappende) Begriffe und Konzepte. Hier gilt es, einen klaren Kopf zu behalten. Ich möchte das in drei Schritten etwas ordnen:

- Fokussierung auf positive Aspekte
- Positive Grundeinstellung/Vertrauen in sich und die Welt
- Mentale Schöpferkraft

Fokussierung auf positive Aspekte

1. Aufmerksamkeit auf positive Aspekte im Rahmen der allgemeinen Wahrnehmung

Wir alle haben eine *selektive* Sinneswahrnehmung. Auch die Verarbeitung und Erinnerung der uns erreichenden Sinnesreize ist individuell. Ich erlebe das immer wieder sehr deutlich, wenn ich mich mit meiner Familie oder Freunden über gemeinsam unternommene Reisen unterhalte. Teilweise haben wir ganz unterschiedliche Dinge wahrgenommen bzw. trotz identischer Wahrnehmung eine völlig unterschiedliche Erinnerung. Wir nehmen die Dinge wahr, nicht wie *sie* sind, sondern wie *wir* sind (also wie wir sie durch unseren Filter sehen und sehen wollen). Und wie wir sind, wird durch unsere (bewusste und häufig unbewusste) mentale Einstellung geprägt. Diese Einstellung beeinflusst nicht nur, *was* wir sehen, sondern auch *wie* wir es sehen.

Beispiel:
Der Naturliebhaber sieht auf einem Wanderweg zahlreiche verschiedene Blumen und Gräser, der »Stadtmensch« nimmt sie gar nicht wahr. Zwei Menschen betrachten in einem Museum ein Bild: Dem einen gefällt es, dem anderen nicht.

Und wenn wir Pech haben, wird unser Filter zu einem immer enger werdenden »Tunnel«. »*Wenn wir als einziges Werkzeug einen Hammer besitzen, dann besteht wahrscheinlich die Versuchung, alles wie einen Nagel zu behandeln*«, sagte Abraham Maslow. Wenn man nicht in der Lage ist, sein Bewusstsein zu weiten, nimmt man häufig eine ziemlich triste und feindselige Welt wahr, hat bald keine Freunde mehr und wird depressiv.

Mit diesem Filter bezahlt man einen Preis, da man viele positive Aspekte im Leben verpasst, weil man sie einfach nicht wahrnimmt: Die wunderbare Erdbeertorte der Schwiegermutter, weil man sich auf ihr unpassendes Kleid mit einem Fleck fokussiert, die Potenziale eines Mitarbeiters, weil man sich auf seine orthografischen Fehler kapriziert, und die Schönheit der Weltstadt Rom, weil man nur den Staub auf den Straßen wahrnimmt. Wir sollten uns also bemühen, unseren Filter (im Bild von Maslow also unseren Werkzeugkasten) zu vergrößern. Damit können wir unsere Wahrnehmung der Welt und damit unser Leben positiv verändern. Ändern Sie Ihren Filter, ändern Sie Ihre Welt! Wie sieht Ihr Filter aus?

2. Verstärkte Aufmerksamkeit auf Stärken statt auf Defizite und auf Lösungen statt auf Probleme

Die gerade beschriebene Veränderung unserer Wahrnehmung hat in der Psychologie Einzug gefunden unter dem Begriff »Positive Psychologie«. Für sie stehen in erster Linie die Psychologen Abraham Maslow und Martin Seligman. Im Gegensatz zur traditionellen *defizitorientierten* Psychologie befasst sich die Positive Psychologie mit den positiven Aspekten des Menschseins und versucht, diese zu verstärken, um damit die Relevanz von Defiziten zu relativieren. Die Positive Psychologie ist damit eher *ressourcenorientiert*. Positive Gedankenführung in diesem Sinne führt den Fokus weg von dem, was *nicht* geht, hin zu dem, was *geht* – und zwar mit den Mitteln, die vorhanden sind. Sie verschiebt die Aufmerksamkeit vom Problem auf die Lösung – von der mentalen Verhaftung mit einem Problem zur mentalen Erweiterung von Lösungsperspektiven.

Beispiel:
Wenn ich mir beim Sport den Arm breche, dann ist das zunächst einmal schmerzhaft und ein Rückschlag. Entscheidend ist jedoch, wie ich mit dem Armbruch umgehe. Ich kann ein Vierteljahr jammern, weil ich keinen Sport treiben kann und alles so furchtbar ist – oder ich kann den Armbruch einfach akzeptieren und versuchen, das Beste aus der Zwangspause zu machen (z. B. mehr Lesen, mich fortbilden, ins Theater gehen oder Freunde besuchen).

Wer ein Problem lösen will, muss sich erst einmal von dem Problem lösen – vom Problem lösen, um das Problem zu lösen! Meist stehen uns mehr Mittel zur Verfügung, als wir glauben. Wer positive Aspekte sucht, ist offen für einen Perspektivwechsel. Menschen, die eher nach einer Lösung schauen, als in der Beschreibung des Problems zu verharren, werden im Regelfall mehr Erfolg erzielen und ein befriedigenderes Leben führen. Dies bedeutet aber nicht, dass wir uns gar nicht mit unseren Problemen befassen sollen.

Albert Einstein sagte sogar: »*Wenn ich eine Stunde habe, um ein Problem zu lösen, dann beschäftige ich mich 55 Minuten mit dem Problem und 5 Minuten mit der Lösung.*« Wenn Sie das jetzt verwirrt, dann habe ich viel erreicht. Die Lösung könnte vielleicht sein: Entscheidend ist die innere Einstellung. Auch Einstein dachte positiv, weil er wusste, dass oft die genaue Analyse des Problems schnell zur Lösung führt. Er verharrte also nicht mental im passiven Ausmalen des Problems, sondern stellte eine aktive Analyse des Problems als Grundlage für die Problemlösung an. Auch sein Ziel war die Lösung, nicht das Problem!

Positive Grundeinstellung/Vertrauen in sich und die Welt

»Positive Thinking« spielt seit geraumer Zeit in der psychologischen Beratung sowie im Coaching und Managementtraining etc. eine nicht unerhebliche Rolle und zielt im Kern darauf ab, dass der Anwender durch andauernde positive Beeinflussung seines bewussten Denkens (z. B. mithilfe von Autosuggestion, Affirmationen oder Visualisierungen) in seinen Gedanken eine dauerhaft optimistische Grundeinstellung und damit Zufriedenheit und Lebensqualität erlangt. Das sog. »Positive Thinking« geht insofern weiter als die positive Psychologie, da es nicht nur eine mentale Fokussierung auf Lösungen, sondern eine allgemeine positive Konditionierung des bewussten Denkens anstrebt.

Nicht wenige Autoren und Trainer halten Positive Thinking für den heiligen Gral der Persönlichkeitsentwicklung und des Lebenserfolgs. Sie raten ihren Klienten, konstant und aktiv positive Gedanken zu erzeugen. Auf der anderen Seite des Spielfelds kritisieren viele Positive Thinking und halten es für esoterisch und unwissenschaftlich. Hier muss sich jeder selbst ein Bild machen.

Als kleine Hilfestellung für diese Aufgabe sortieren wir das Thema etwas: Die permanente Erzeugung von positiven Gedanken ist eine mühsame Aufgabe, wenn man bedenkt, dass der Verstand pro Tag etwa 50.000 (meist negative) Gedanken produziert. Das führt schnell zur Verkrampfung. Unser Ego erzeugt diese meist negativen Gedanken, weil man emotional nicht gelassen ist und/oder unangenehme Gefühle (z. B. Angst, Minderwertigkeitsgefühl) hat. Es möchte mit diesen Gedanken negative emotionale Energie abbauen, damit wir uns besser fühlen. Mit Unterdrückung unserer Emotionen klappt das jedoch nie. Die einzige Möglichkeit, effektiv mehr positive Gedanken und innere Gelassenheit zu erzeugen, besteht darin, den Widerstand gegen die Gefühle, die negative Gedanken auslösen, aufzugeben. Wir müssen also lediglich aufhören, dem Ego zuzuhören, und damit beginnen, unsere Gefühle einfach achtsam wahrzunehmen und weiterziehen zu lassen. Positive mentale Stärke hat also viel damit zu tun, (negative) Gedanken kommen und gehen zu lassen, statt dagegen anzukämpfen.

Ferner sollte man beachten, dass Positive Thinking aufgrund seines allgemeinen Ansatzes vom spezifischen Mentaltraining zu unterscheiden ist. Im Kapitel *Mentale Stärke* in Band 3 werden wir das heute in vielfältiger Weise erfolgreich eingesetzt Mentaltraining näher betrachten.

Eine weitere Einschränkung für das Positive Thinking: Es kann nicht die Realität und die Naturgesetze verändern. Niemand kann ohne Flugzeug fliegen oder ohne Sauerstoffgerät zwei Stunden unter Wasser bleiben. Positive Thinking kann nur innerhalb unseres Potenzials (also des uns gesteckten Rahmens) funktionieren. Problematisch wird Positive Thinking vor allem dann, wenn wir die Bodenhaftung verlieren und es uns vom Handeln abhält. Dann verfallen wir in Lethargie (»Läuft doch eh' alles super«).

Positive Thinking kann jedoch unsere Lebenseinstellung und damit unsere Wahrnehmung der »Wirklichkeit« sowie unsere Gedanken und Gefühle positiv beeinflussen. Denn aufgrund einer positiven Lebenseinstellung werden wir unsere subjektive Wirklichkeit anders erfahren und mehr Lebenschancen entdecken als ein Mensch, der alles negativ sieht. Positive Thinking kann uns mental helfen, den Mount Everest zu besteigen, aber nur, wenn wir die Tour sauber vorbereitet haben und rechtzeitig vom Base Camp losziehen.

So verstanden ist eine positive Gedankenführung sinnvoll. Richtig verstandenes Positive Thinking ist also nicht die autosuggestive Betrachtung der Realität durch eine *rosarote Brille*, die alles – auch Negatives und emotional Belastendes – stets in einen positiven Rahmen zwängt und damit die Realität völlig verleugnet, verfälscht oder verdrängt. Vielmehr versetzt uns ein solches Positive Thinking in die Lage, neben den negativen Dingen auch die positiven wahrzunehmen und den mentalen Fokus mehr auf die positiven als die negativen zu richten. Es geht um unsere innere Einstellung, die uns helfen kann, Optimismus und Lebenszuversicht zu stärken. Positive Thinking kann uns helfen, in den »Fluss des Lebens« zu kommen. Und ein fließender Fluss war schon immer besser als ein stehendes Gewässer.

Mentale Schöpferkraft

Gehen wir einen Schritt weiter. Bisher haben wir gesehen, dass eine positive Gedankenführung Einfluss auf unsere Wahrnehmung und unsere Einstellung nehmen kann. Nun wollen wir *drei* darüber hinaus gehende Bereiche *mentaler Schöpferkraft* betrachten:

*   Einflussnahme *unserer Gedanken* auf *unseren Körper*
*   Einflussnahme *unserer Gedanken* auf *unser Unterbewusstsein*
*   Einflussnahme *unserer Gedanken* auf *unsere Umwelt*

Unsere Gedanken verändern unseren Körper

Dieser Bereich ist das »Wohnzimmer« des Mentaltrainings. Wir nehmen mit unseren Gedanken Einfluss auf unsere körperliche Verfassung. Daher sind Spitzensportler ohne Mentaltrainer heute fast ausgestorben.

<u>Beispiel:</u>
Basketballspieler treffen häufiger den Korb, wenn sie sich nach dem echten Training zusätzlich Würfe mental vorstellen. Erin M. Shackell und Lionel G. Standing (Bishops University) wollten diesem Phänomen auf den Grund gehen und testeten in einer Studie,[48] ob man allein durch mentales Training Kraft im Hüftbeugermuskel aufbauen kann. 30 Football-, Basketball- und Rugbyspieler wurden drei Testgruppen zugeordnet. Gruppe A führte physische Übungen aus. Gruppe B führte mentale Übungen durch. Gruppe C machte gar nichts. Die Stärke der Muskulatur wurde vor und nach dem zweiwöchigen Training untersucht. Das Ergebnis lautete:

Bei Gruppe A, welche die physischen Übungen ausführte, ergab sich eine Steigerung der Muskelkraft um 28 Prozent.

Bei Gruppe B, welche ausschließlich mental trainierte, verbesserte sich die Muskelkraft um 24 Prozent.

Bei Gruppe C, welche weder physisch noch mental übte, gab es keine Veränderungen.

Damit konnte nachgewiesen werden, dass Gedanken den Körper verändern können. Die Kraftverbesserung von Gruppe B (nur mentales Üben) war mit 24 Prozent nur knapp unter Gruppe A. Dies ist beeindruckend! Diese Erkenntnisse wurden in zahlreichen neurowissenschaftlichen Studien bestätigt. Forscher gehen inzwischen davon aus, dass das Visualisieren von Bewegungen neuroplastische Veränderungen im Gehirn auslöst, die denen nach physischem Training gleichen.

In der unmittelbaren Nachbarschaft dieses Phänomens befindet sich der sog. *Placebo-Effekt*. Eigentlich kommen Placebos (Mittel ohne Wirkstoff) in der klinischen Forschung zum Einsatz, um die Wirkung einer (neuen) Substanz im Vergleich zum Placebo zu testen. Überraschenderweise hat man dabei jedoch beobachten können, dass auch Substanzen, die keinen Wirkstoff enthalten, und Operationen, die nur zum Schein durchgeführt werden, ebenfalls Krankheitssymptome lindern können. Selbst in der Schulmedizin wird heute anerkannt, dass die Psyche eines Krebspatienten eine nicht unwichtige Rolle bei seiner Heilung spielt. Durch moderne Untersuchungsmethoden lässt sich die positive Wirkung der Scheinmedikamente auf das Gehirn nachverfolgen. Für die klassische Schulmedizin ist das immer noch ein Rätsel. Uns verblüfft das weniger: Der Körper (Materie) folgt dem Geist.

Was im Positiven gelingt, klappt natürlich auch im Negativen, der sog. *Nocebo-Effekt*: Durch unser Bewusstsein können wir die Welt auch zum Schlechteren verändern. Denn die Erwartung, ein (vermeintliches) Arzneimittel werde schädliche (Neben-)Wirkungen haben, kann genau diese Wirkung befördern. Dies wird nicht selten bei Nebenwirkungen von Medikamenten beobachtet, weshalb die Lektüre eines Arznei-Beipackzettels durchaus zweischneidig sein kann. In der Konsequenz bedeutet das, dass wir unseren eigenen Erfolg auch mental »ruinieren« können.

Wer sich mit Mentaltraining näher befasst, wird in diesem Bereich auf erstaunliche Anwendungsbeispiele stoßen.[49] Vom kinesiologischen Muskeltest kennen wir das Phänomen, dass wir bei positiven (bewussten oder unbewussten) Gedanken einen starken Armmuskel haben, während dieser bei negativen Gedanken erschlafft. Das ist wissenschaftlich nicht erwiesen, funktioniert aber. Ich kann Sie nur ermuntern, es selbst einmal mit professioneller Anleitung auszuprobieren.

Unsere Gedanken verändern unser Unterbewusstsein

Wir schreiten weiter in die Tiefe. Wenn unsere Gedanken unseren Körper beeinflussen können, dann stellt sich die Frage, ob wir auch unser Unterbewusstsein beeinflussen können. Die Steuerung unserer bewussten Gedanken ist das geringere Problem: Wir können uns bewusst konzentrieren, zu einem bestimmten Thema oder Problem im Internet recherchieren, ein Gedicht aufsagen und aufmerksam ein Buch lesen. Interessant wird jedoch die Steuerung unseres *Unterbewusstseins*.

Das Unterbewusstsein hat einen enormen Einfluss auf uns, unsere Gedanken, Gefühle und Verhalten. Allein in unserem Schlaf arbeitet das Unterbewusstsein auf Hochtouren, weshalb wir z. B. träumen und oft am nächsten Tag Lösungen für tags zuvor unlösbar erscheinende Probleme haben. Die nunmehr spannende Frage ist, ob wir auch mit unserem Bewusstsein bzw. unseren bewussten Gedanken unser Unterbewusstsein beeinflussen können. Oder gar über diesen Weg einen Zugang zu einer höheren Intelligenz (z. B. morphisches Feld)[50] erlangen können. Weise Menschen meditieren nicht aus Gründen der Entspannung, sondern um Zugang zu einer höheren Intelligenz und/oder zu mehr Bewusstsein zu erhalten. Ich bin fest davon überzeugt, dass erfolgreiche Menschen in der einen oder anderen Form Zugriff auf diese unterbewussten Triebfedern haben. Um sie aus dem Unterbewusstsein zu heben, können unsere Gedanken von großer Bedeutung sein.

All dies mag spekulativ klingen, ist jedoch vielleicht ein Anstoß für Sie, über diese Zusammenhänge einmal nachzudenken. Wenn ich hier Ihre Neugier wecken konnte, ist mir schon viel gelungen. Es wäre doch fantastisch, wenn wir mit unseren bewussten Gedanken Einfluss auf unser Unterbewusstsein nehmen könnten![51] Letztlich bleibt Ihnen nur die eigene Befassung mit diesem Thema und das praktische Ausprobieren. Wenn es funktioniert, werden Sie daran glauben, wenn es nicht funktioniert, dann eben nicht. Aber keinesfalls sollten Sie sich durch vorgegebene Meinungen von einer eigenen Befassung mit diesem Thema abhalten lassen.

Der Trend dürfte wohl eindeutig sein: Die Anzahl derer, die eine bewusste Einflussnahme auf das Unterbewusstsein gänzlich ausschließen, gerät zunehmend in die Minderheit. Von den Mentaltrainern über die Psychotherapie bis zu den Religionen gehen viele von einer möglichen Einflussnahme aus. Letztlich umstritten ist immer der Grad der möglichen Einflussnahme und die Methoden. Auch das bereits erwähnte Mentaltraining des Körpers dürfte ohne Beteiligung des Unterbewusstseins nicht funktionieren. Es ist ebenfalls interessant, dass z. B. auch »klassische« Zahnärzte bei Eignung des Patienten Hypnose zur Unterstützung (ggf. auch als Ersatz) der Betäubung durch eine Spritze einsetzen.

Eines sollte man beachten: Die Einflussnahme auf unser Unterbewusstsein kann nur positiv funktionieren. Unser Unterbewusstsein versteht nicht das Wort »NEIN«: Denken Sie bitte jetzt nicht an eine frische Zitrone! Woran denken Sie jetzt? Etwa an eine Zitrone? Offenbar hat es damit zu tun, dass unser Unterbewusstsein mit Bildern arbeitet und deshalb kein Bild für eine »Nicht-Zitrone« existiert. Schwer zu verstehen, ist aber so. Wenn Sie also mit Affirmationen arbeiten, sollten Sie immer eine positive Botschaft nehmen. Die Botschaft »Ich möchte nicht mehr so dick sein« wird nie funktionieren, weil Ihr Unterbewusstsein das Wort »nicht« einfach überhört! Vergleichbar ist auch der Ruf von Eltern: »Kind, pass auf, dass du nicht stürzt« – rums, schon ist das Kind hingefallen! Bei unserem Weg zum Erfolg müssen wir also behutsam mit unseren Gedanken umgehen. Wir können sie positiv wie negativ einsetzen.

Unsere Gedanken verändern unsere Umwelt

Dass unsere Umwelt uns prägt, haben wir bereits gesehen. Aber können wir auch unsere Umwelt prägen? Jetzt müssen manche tapfer sein: Es gibt viele Hinweise, dass unsere Gedanken auch unsere Umwelt tatsächlich beeinflussen (und nicht nur unsere Wahrnehmung).52 Ich fange einmal mit einem einfachen Beispiel an: Früher, als ich noch regelmäßig Krawatten trug, gab es immer Krawatten, die ich besonders liebte. Ein bisschen so, wie man häufig eine Lieblingshose oder einen Lieblingsitaliener hat. Interessanterweise verkleckerte ich immer nur meine Lieblingskrawatten (Klassiker: Rucola-Salat oder Pasta mit Tomatensoße), nie die anderen – und zwar egal, wie sehr ich auch auf meine Lieblingskrawatten aufpasste. Ich hatte sogar den Eindruck: Je mehr ich darauf achtete, desto schlimmer wurde es. Es gab offenbar eine mir überlegene Kraft – mein Unterbewusstsein. Wenn man jedoch konzediert, dass unsere Gedanken unsere Umwelt beeinflussen können, dann war es wohl so, dass ich unterbewusst bei meinen Lieblingskrawatten latent immer die Besorgnis hatte, diese zu verkleckern. Ich zog die Soße wie einen Magneten an: Da unser Unterbewusstsein das Wort »NEIN« nicht versteht, war klar, welchen Befehl es an die Umwelt gab: »Ich möchte meine Krawatte ~~nicht~~ verkleckern«.

Damit sind wir bei den Fällen der *selbsterfüllenden Prophezeiung* (SEP). Die SEP ist eine Vorhersage, die ihre Erfüllung selbst bewirkt. Die Prognose über einen möglichen künftigen Verlauf wird also zur wesentlichen Ursache dafür, dass diese Zukunft auch eintritt. Hier müssen wir differenzieren:

1. Selektive Wahrnehmung

Die SEP kann lediglich eine Deformation unserer Achtsamkeit sein. In diesem Fall sucht ein Mensch zur Bestätigung einer Hypothese selektiv nach Beispielen, Hinweisen und Beweisen, welche die Hypothese (= Prophezeiung) stützen, nicht jedoch nach Gegenbeispielen. Dies führt zu sog. Bestätigungsfehlern (»confirmation bias«).

Beispiel:
Wer eine grüne Hose gekauft hat, sieht plötzlich nur noch grüne Kleidungsstücke.

Wir haben es dann lediglich mit einer selektiven Wahrnehmung zu tun. Die selektive Wahrnehmung gehört zu der gerade angesprochenen Aufmerksamkeit auf positive Aspekte im Rahmen der allgemeinen Wahrnehmung. Die selektive Wahrnehmung verändert unsere subjektiv wahrgenommene Wirklichkeit, nicht jedoch unsere Umwelt als solche.

2. SEP bei Verhaltensänderung von Individuen und Gruppen

SEP kann eintreten, wenn Menschen an eine Vorhersage glauben und deswegen ihr Verhalten so verändern, dass sich die Prophezeiung tatsächlich aufgrund dieser Verhaltensänderung erfüllt. Die SEP verursacht eine Verhaltensänderung und letztere (nicht die Prophezeiung) ist die Ursache des vorhergesagten Ergebnisses. Es kommt zu einer positiven Rückkopplung zwischen Erwartung und Verhalten.

Beispiel:
In der Finanzkrise 2008/2009 bestand die Gefahr, dass die Menschen ihre Bankkonten abräumten, weil sie Angst bekamen, dass ihre Bank insolvent werden würde. Hätte die Bundesregierung nicht die Sicherheit der Bankguthaben zugesichert, wäre es wohl tatsächlich zu diesem Ansturm auf die Banken und einem Banken-Crash gekommen. Die Bundesregierung hatte also eine SEP durch Verhaltensänderung verhindert. Während der COVID-19-Pandemie lief es anders: Die Menschen kauf-

ten aus Angst vor einer möglichen Lebensmittel- und Versorgungsgüter-knappheit große Mengen an Nudeln und Toilettenpapier. Damit begann ein Dominoeffekt, die Nachfrage überstieg die Leistungsfähigkeit der Lieferketten und es entstanden tatsächlich (eigentlich – rational betrach-tet – völlig unbegründete) Lieferengpässe.

Es gibt auch den umgekehrten Fall einer *selbstzerstörenden Prophezeiung* (SZP).

Beispiel:
Ein Attentat wird vorhergesagt, weshalb Gegenmaßnahmen ergriffen werden, sodass das Attentat vereitelt wird. Die SZP hat sich selbst »zer-stört«.

3. SEP ohne offensichtliche Verhaltensänderung – Resonanzge-setz und Law of Attraction

Und jetzt kommen wir zum »Knüller«: Die SEP kann auch die wesentli-che Ursache für den Eintritt der Vorhersage sein, *ohne* dass wir unser tat-sächliches Verhalten verändern. Wir haben in Kapitel 3 *Bewusstsein* bereits Bekanntschaft mit der Resonanz und dem morphischen Feld gemacht. Ich habe dort die Vermutung aufgestellt, dass unser Unterbewusstsein die Schnittstelle zum morphischen Feld sein könnte. Daraus ließe sich eine Resonanz unseres Unterbewusstseins (und nach den obigen Aus-führungen auch unseres Bewusstseins) zu unserer Umwelt herstellen.

Der Geist beeinflusst die Materie. Unser Denken verändert die Reali-tät – für einen Quantenphysiker kein Wunder. Dieses Resonanzgesetz wird von der esoterischen Literatur (aber nicht nur von ihr) auch darauf übertragen, wie wir unser Leben mit unseren Gedanken positiv beein-flussen und erfolgreich nach unseren Wünschen gestalten können. Dabei geht man davon aus, dass unsere Gedanken eine Resonanz zu Gegen-ständen, Personen oder bestimmten Ereignissen herstellen und somit Einfluss auf den Eintritt von uns als erstrebenswert angesehenen Zu-ständen nehmen können. Was wir denken und ausstrahlen, das ziehen wir an, weil wir eine anziehende Schwingung produzieren. Das geschähe dann nach folgender Formel: *(Unser Bewusstsein kann Einfluss nehmen auf unser Unterbewusstsein) + (Unser Unterbewusstsein ist verbunden mit dem morphischen Feld bzw. einer höheren allumfassenden Intelligenz) = (Einflussnahme unseres Bewusstseins auf die durch eine höhere Intelligenz beeinflusste Umwelt).*

Dieser Denkansatz wurde 2006 beflügelt durch den Film The Secret von Rhonda Byrne.[53] Danach wird das Resonanzgesetz als universales Prinzip der gesamten Wirklichkeit weiterentwickelt zum »Gesetz der Anziehung« bzw. »Law of Attraction«.[54] Jeder Gedanke, den wir denken, jedes Gefühl, das wir fühlen, zieht nach diesem Gesetz ähnliche oder gleichartige Gedanken und Gefühle an, weil es entsprechende Schwingungsmuster hervorbringt. Diesen Überlegungen liegt die Annahme zugrunde, dass alles Geistige – also Gedanken, Gefühle, Befürchtungen und Wünsche – Schwingungen erzeugt.

Eines der theoretischen Fundamente des »Law of Attraction« wird in der Quantenphysik gesehen. Daraus wird postuliert, dass jeder sein Leben nach seinen Wünschen und Vorstellungen gestalten kann. Oder salopp gesagt: »Du kriegst alles, was du willst, wenn du es dir nur ganz fest wünschst.« Nach Aussage der Interviewpartner im Film The Secret hat dieses »Gesetz der Anziehung« Auswirkungen auf jeglichen Aspekt unseres Seins, wie Gesundheit, zwischenmenschliche Beziehungen, Geld, Beruf usw. Dies geschehe nicht zufällig, sondern mit der Sicherheit und Genauigkeit eines Naturgesetzes. Die praktische Handreichung des Gesetzes der Anziehung lautet zusammengefasst: »Visualisiere es, fühle es, sei es! Lebe jetzt schon so, als wärst du bereits dort, wo du hinmöchtest. Und schon bald wirst du genau dort sein.«[55]

Beispiel:

Kennen Sie auch Personen, denen immer alles zugeflogen kommt und denen alles gelingt (»Gustav-Gans-Typ«)? Oder einen Gärtner, der auf dem schlechtesten Boden doch noch Pflanzen zum überdurchschnittlichen Wachsen bringt (»grüner Daumen«)? Oder haben Sie schon einmal das Phänomen erlebt, dass Ihnen in einer schwierigen Lebenssituation irgendjemand oder irgendetwas wie ein Wunder zu Hilfe gekommen ist? Zufall? Vielleicht ist es Ihnen aber auch nur deshalb »zugefallen«, weil Sie eine »magnetische« Wirkung ausgestrahlt haben?

Die Mechanik des Gesetzes der Anziehung funktioniert allerdings auch im *Negativen*.

<u>Beispiel:</u>
Vielleicht kennen Sie auch Menschen, denen einfach immer der größte Mist passiert. Jedes Mal denkt man dann: Kann eine Person eigentlich noch mehr Pech haben?

Sehr anschaulich ist die von Paul Watzlawick erzählte Geschichte von Bobby Joe Keese[56]: Er musste eine 20-jährige Gefängnisstrafe verbüßen im Zusammenhang mit der Entführung und Ermordung des amerikanischen Vizekonsuls in Mexiko. Zu seiner Verteidigung sagte er nur: »*I got involved in something I realize was wrong.*« Dies wäre nicht bemerkenswert, wenn man nicht seine Vorgeschichte kennen würde: 1962 desertierte er von der US-Armee, stahl ein Flugzeug und flog nach Kuba. Dafür wurde er nach seiner Rückkehr in die USA zu zwei Jahren Gefängnis verurteilt, obwohl er behauptete, im Auftrag der CIA gehandelt zu haben. 1970 brachte er es fertig, Mitglied einer Gruppe von Geiseln zu sein, die palästinensische Guerilleros in Amman gefangen hielten. 1973 tauchte er zum allseitigen Erstaunen in einer Gruppe von amerikanischen Kriegsgefangenen auf, die von den Nordvietnamesen entlassen wurden. Klingt das noch nach Zufall? Oder doch nach dem bereits erwähnten Nocebo-Effekt?

Das alles klingt abenteuerlich, doch nähern wir uns diesen Fragen Schritt für Schritt: Aufmerksamkeit ist nicht nur ein wahrnehmungspsychologischer Vorgang. Von der Quantenphysik wissen wir: Was Aufmerksamkeit erhält, *materialisiert* sich und *wächst*. Unsere Gedanken tragen dazu bei, dass sich unsere Träume und Ideen realisieren. Wir werden dann zu einem »Magneten«, dessen Energie die von uns angestrebten Ziele »anzieht«. Immerhin sollte uns das bereits erwähnte Experiment der Bishops University mit den Basketballspielern aufhorchen lassen.

Dieses resonanzgestützte Wachsen ist jedoch ein *Prozess* sich aneinanderreihender Schritte. Was sicherlich nicht passieren wird, ist, dass wir wie im Märchen einer Fee drei Wünsche zurufen, die sich dann sofort materialisieren. Es wäre eine riesige Katastrophe, wenn sich jeder unserer Gedanken sofort in unserer Lebenswirklichkeit realisieren würde: Stellen Sie sich vor, Sie hätten einen bestimmten Gedanken (z. B. bei einer Bergwanderung oder während einer Flugreise: »Oh, ich könnte abstürzen«) – und dieser würde sich in Sekundenschnelle materialisieren. Sie würden Ihres Lebens nicht mehr glücklich! Dennoch können sich unsere Träume, Gedanken und Wünsche in einem *langsamen, aber wirkungsmächtigen Prozess* Stück für Stück materialisieren.

Wenn Sie sich mit den Fragen der Resonanz und des Law of Attraction befassen, werden Ihnen natürlich auch viele Kritiker begegnen, die das alles für Schwachsinn halten. Auf Basis der klassischen Physik ist das zugegebenermaßen auch schwer zu verstehen. Bedenken Sie aber: Auch die Wissenschaft hat früher einmal verteidigt, dass die Erde eine Scheibe oder das Zentrum des Universums sei. Mich hat jedenfalls die Beschäftigung mit der Quantenphysik ins Grübeln gebracht. Die Pole der Diskussion bestimmen einerseits eine zuweilen scharlatanhafte Esoterik und andererseits Wissenschaftler, welche die Verbindung zwischen Quantenphysik und Resonanzgesetz für stimmig halten. Dass viele Grundsätze der Quantenphysik und ihrer Konsequenzen für die Erkenntnis der Welt noch nicht Allgemeinwissen sind, erklärte Max Planck wie folgt: »*Irrlehren in der Wissenschaft brauchen 50 Jahre, bis sie ausgemerzt sind, weil nicht nur die alten Professoren, sondern auch ihre Schüler aussterben müssen.*« Andererseits stößt auch die Quantenphysik immer noch an klare Grenzen der letzten Erkenntnis. Wir sind hier erst am Anfang, diese Zusammenhänge wirklich zu verstehen.

Zwei der wesentlichen Einwände der Kritiker eines umfassenden Resonanzgesetzes lauten:

Auch bei den Protagonisten des Law of Attraction sei in ihrem Leben nicht alles rund gelaufen. So ist Bärbel Mohr, eine Protagonistin des Resonanzgesetzes und Autorin des bekannten Buchs *Bestellung beim Universum*, im Alter von 46 Jahren an Krebs gestorben. Das hat sie vermutlich nicht bewusst beim Universum bestellt. Möglicherweise hat aber ihr Unterbewusstsein jenseits ihrer bewussten Wahrnehmung noch andere negative Resonanzen gesetzt. Die Kräfte des Resonanzgesetzes wirken in beide Richtungen: Wenn Ihr Bewusstsein A und Ihr Unterbewusstsein B sagt, dann wird immer das Unterbewusstsein siegen.

Der zweite Einwand ist, dass bei unterstellter Richtigkeit des Law of Attraction jeder Mensch konsequenterweise an seinem Schicksal »schuld« sei – und das sei zynisch, wenn man an das große Leid in der Welt denke. Dies ist meines Erachtens ein falsches Verständnis von »Schuld«. Schuld setzt nach meinem Verständnis immer eine Pflichtverletzung oder ein zurechenbares Versagen voraus. Wenn wir jedoch davon ausgehen, dass unser Leben in vielfältiger Weise von externen, nicht steuerbaren Prägungen wie Genetik, Erziehung, sozialem Umfeld abhängt, so sind viele Entwicklungen in unserem Leben zunächst nicht unserer Steuerung unterworfen. Darüber hinaus leistet jedoch jeder Mensch einen Beitrag zu seinem Schicksal, bewusst und auch unbewusst – allein durch seine Geburt. Und für diesen Beitrag müssen wir Verantwortung übernehmen.

Es liegt nun an Ihnen ganz persönlich, sich mit diesem Phänomen des Resonanzgesetzes und seinen Konsequenzen für Ihren Alltag auseinanderzusetzen. Sollten Sie positive Erfahrungen mit diesem Ansatz machen, so kann dies Ihren Erfolg beflügeln. Und wenn Sie das alles für Humbug halten, ist das völlig in Ordnung. Vergessen Sie aber bitte nicht Henry Ford: »*Ob du glaubst, du schaffst es, oder ob du glaubst, du schaffst es nicht, du hast auf jeden Fall Recht.*«

Unsere Beschränkungen: Von inneren Kritikern, Saboteuren und Meckeraffen

Kommen wir nun zu unseren mentalen Beschränkungen. Der Mensch hat eine abstammungsbedingte Defizitorientierung – für ihn war es in grauen Urzeiten wichtiger, das Rascheln eines Säbelzahntigers zu erkennen als die Schönheit einer Blume am Wegesrand. Das Negative, das Ungewohnte und das Risiko sollten auf jeden Fall vermieden werden, wenn man überleben wollte. Negative Gedanken oder gar Angst sind also nicht immer schlecht: Der Sprung vom Zehnmeterbrett in ein leeres Schwimmbecken ist keine wirklich gute Idee!

Zu einem Problem werden diese negativen Gedanken, wenn sie sich verselbstständigen und zu mentalen Beschränkungen oder Blockaden werden, die uns unabhängig von der jeweiligen konkreten Situation grundsätzlich behindern. Negative oder schmerzhafte Erfahrungen, emotionalen Verletzungen, Traumata etc. werden in unserem Unterbewusstsein zu permanenten mentalen Hindernissen, Blockaden, negativen Glaubenssätzen und stabilisieren unser Ego, welches uns hindert, positive Resonanzen aufzubauen.

Unser Problem im Leben besteht häufig darin, alles Widrige in unserem Leben für äußere Hindernisse zu halten. Viele Hindernisse sind jedoch lediglich Spiegel unserer *inneren (mentalen)* Hindernisse, die uns jedoch nicht bewusst sind. Es sind unsere mentalen Beschränkungen und Blockaden. Sie verbergen sich oft hinter einer inneren Stimme unseres Egos, die wir alle unter Namen wie den »inneren Kritiker« oder unseren »Saboteur« kennen — oder von mir auch gerne unser »Meckeraffe« genannt.

Dieser Meckeraffe ist diese innere Stimme, die uns – meist in ungünstigen Augenblicken — auf die Risiken einer Situation, auf unsere eigenen Unzulänglichkeiten und Ängste und unser mangelndes Selbstvertrauen hinweist – und meist den nötigen Mut zur Tat raubt. Und er hat noch eine ganz unangenehme Eigenschaft: Er möchte immer recht haben. Er argumentiert jede Situation zu Tode und nimmt ihr die Luft zum Atmen. Er ist ein permanenter Pessimist und Angsthase. Er scheut jedes Risiko und auch die Übernahme von Verantwortung (»Ich habe es ja gleich gesagt, dass das nicht gut gehen kann«).

Der Meckeraffe sitzt auf unseren virtuellen Schultern und hat einen ganz bestimmten Wortschatz, den er uns permanent zuflüstert: »Du darfst keine Schwäche zeigen!«, »Sei perfekt!«, »Vertrauen ist gut, Kontrolle ist besser!«, »Du bist nicht gut genug!«, »Ach, ich arme Sau!«, »Nur der Erfolg zählt!«, »Du bist nicht liebenswert!«, »Beeil dich!«, »Wir haben keine Zeit, Pause zu machen«, »Gefühle sind nur etwas für Schwache!«, »Mache es allen recht!«, »Trödle nicht so!«, »Du bist unwichtig!«, »Streng dich an!«, »Mach keinen Fehler!«, »Vermassle es nicht schon wieder!«, »Kriegst du denn gar nichts zustande?«, »Was sollen die anderen sagen?« etc. Das Lieblingswort des Meckeraffen ist »ABER«, insbesondere in der

Form: »Aber, das geht doch nicht, was sollen die Leute denken – und überhaupt …«.

Man kann unter diesen inneren Saboteuren zwischen *beschränkenden* (»Du kannst das nicht!«) und *antreibenden* (»Du musst immer gewinnen«) Imperativen unterscheiden.[57] Es handelt sich um innerlich geprägte Denk- und Verhaltensmuster, die uns immer und immer wieder zu einem bestimmten Denken und Verhalten »zwingen« bzw. von einem beabsichtigten Verhalten abhalten. Wir werden quasi zu Robotern, weil wir in unseren Denk- und Verhaltensmustern gefangen sind. Der Meckeraffe erzählt uns immer die gleichen Geschichten von Selbstsabotage.[58] Wir werden dann zu übertriebenen Kopfmenschen ohne Gefühle, Opfern, Erfolgsjunkies, Kontrollettis, Erbsenzählern, Perfektionisten, Narzissten, Gefallsüchtigen, Angsthasen, Konfliktvermeidern etc. Er wird zu unserem »negativen Bremser«.

Und wenn Sie nun glauben, Sie seien völlig frei von einem Meckeraffen oder Saboteur, dann prüfen Sie sich künftig einmal selbst. Wenn Sie sich mehr als 15 Sekunden über einen Sachverhalt oder eine Person ärgern, raten Sie einmal, wer dann beginnt, sein Programm abzuspulen! Richtig, Ihr Meckeraffe! Und dann geht es um Sie, nicht um die andere Person oder den Sachverhalt. Sie sind dann dabei, eine Projektion auf Ihre Umwelt aufzubauen. Oder umgekehrt: Was ein anderer sagt oder tut, kann Sie nur dann aus dem Gleichgewicht bringen, wenn Sie das (meist unbewusst) zulassen. Eine harte, aber einfache Wahrheit, über die es sich lohnt, bei passender Gelegenheit etwas länger nachzudenken.

Unser Meckeraffe ist ein Teil unserer unterbewussten mentalen und emotionalen Prägungen und oft verantwortlich dafür, wenn wir unsere Ziele nicht erreichen, wenn wir versagen, wieder einmal anders gehandelt haben, als wir eigentlich wollten, oder einfach immer andere Ergebnisse als beabsichtigt erhalten. Jeder kennt die Angst des Fußballers beim Elfmeterschießen. Ein routinierter Stürmer, der im Training stets trifft, tritt zum Elfmeter an. Der psychische Druck ist groß, es ist die vorletzte Spielminute und das Spiel steht 1:1. Mit einem Treffer könnte er seiner Mannschaft den Sieg verschaffen, vielleicht sogar die Meisterschaft sichern. Manche Stürmer sind total cool. Sie sagen sich: »Ich schieße links oben rein«, treten an, schießen – TOR! Andere Stürmer fangen an zu überlegen, wohin sie den Ball diesmal am besten platzieren, und dann meldet sich der Meckeraffe: »Jetzt bloß nicht verschießen« – »Denk dran, was für eine Blamage das wäre« – »Du darfst nicht versagen« – »Weißt du noch, im letzten Jahr hast du auch danebengeschossen« – »Eigentlich hast du in entscheidenden Situationen immer versagt«.[59] Kommen Ihnen diese innere Stimme und dieser innere Dialog aus Ihrem eigenen Leben bekannt vor?

Falls Sie kein Fußballfan sind, probieren Sie ein anderes Beispiel:

Balancieren Sie vor Ihrer Haustür auf einem 30 Zentimeter breiten (imaginären oder mit Kreide eingezeichneten) Streifen über eine Strecke von zehn Metern, ohne außerhalb der Streifenbegrenzung aufzutreten. Ist das ein Problem? Sicher nicht. Nun stellen Sie sich vor, Sie würden im Gebirge bei Windstille auf einem 30 Zentimeter breiten, ebenen Berggrat zehn Meter ohne Geländer laufen müssen und es ginge links und rechts jeweils 1.000 Meter senkrecht in die Tiefe. Ist das ein Problem? Die Antwort müssen Sie sich selbst geben. Rein physisch ist es die gleiche Herausforderung wie vor Ihrer Haustür! Falls Ihre Antwort bzgl. des Grats im Gebirge anders ausfällt, dann hat das mit Ihrem Meckeraffen zu tun. Denn er wird Ihnen im Gebirge permanent zuflüstern: »Pass ja auf und rutsch nicht aus, sonst bist du tot«.

Der Meckeraffe ist ein Repräsentant unseres deformierten Selbstbildes. Wer in dieser Situation mit seinem Bewusstsein souverän umgehen und den Meckeraffen in die Schranken weisen kann, ist immer im Vorteil. Unser Verstand selbst ist dem Meckeraffen ausgeliefert, denn er schaltet den Verstand ein wie einen Computer. Spitzensportler arbeiten damit zunehmend mit Formen des Mentaltrainings, da sie wissen, dass ihre körperliche Fitness allein heute nicht mehr ausreicht. Sie müssen auch mental fit sein, und wenn ihnen das gelingt, dann strahlen sie das sogar körperlich aus: *Sieger erkennt man am Start – Verlierer auch,* lautet daher auch der Titel eines Buches des Trainers Dieter Lange.

Wie kommen wir nun mit unserem Meckeraffen ins Reine? Lassen wir uns ermutigen von Isabel Allende: »*Du allein bist der Erzähler deiner*

Geschichte. Du hast die Wahl, etwas zu erschaffen, das größer ist als du selbst – oder nicht.« Zunächst müssen wir alle akzeptieren, dass wir alle einen ganz persönlichen Meckeraffen haben. Wir sollten ihn nicht bekämpfen, denn er gehört zu uns. Wir können freundlich zu ihm sein, sollten ihn jedoch in schwierigen Situationen in seine Schranken weisen: »Ich sehe dich, aber jetzt gerade bist du nicht gefragt.« Manchmal reicht ihm das jedoch nicht. Dann bedarf er weiterer Aufmerksamkeit, Akzeptanz, Bearbeitung und Transformation. Wenn wir diese Transformation zulassen, werden sich unsere Schatten in neue Kraft verwandeln. Für diese Arbeit mit dem Schatten (egal, ob wir ihn Meckeraffe oder anders nennen) bietet oft schon ein Gespräch mit einem Freund oder einem Coach Erleichterung. Jegliche Psychotherapie hat das Ziel der Befreiung unseres Unterbewusstseins von seinen tiefen Verletzungen, von seinen Traumata, seinen Schatten oder von seinen Dämonen, wie die Schamanen sagen, um dadurch die förderlichen Potenziale unseres Unterbewusstseins freizusetzen. Hier findet sich auch das in der Psychologie immer wieder geforderte »Loslassen«.

Wenn Sie sich auf den Weg der Befreiung Ihres Unterbewusstseins begeben, bleiben Sie seriös. Durch ein paar »Umprogrammierungen« des Unterbewusstseins mit zwei flotten Sprüchen (was im Internet und in der Literatur – vielfach auch unter dem Titel *Positive Thinking* – angeboten wird) werden Sie selten wirklich weiterkommen. Eine wirkmächtige Therapie ist meist mit Ihren unbewussten Schatten und damit häufig mit Ihren verdrängten, meist schmerzhaften emotionalen Verletzungen verbunden.[60] Eine Auflösung wird daher häufig auch nur über diese emotionale Ebene möglich sein. Auch aus diesem Grund ist der Kontakt zu unseren Gefühlen so wichtig. Insofern kommen wir bei dieser Transformationsarbeit mit Gedanken allein meist nicht weiter.

Eine erste praktische Hilfe zur Selbsthilfe erhalten wir alle täglich z. B. durch die Projektionen unserer psychischen Deformationen auf die uns umgebende Außenwelt: Vereinfacht gesagt ist es eine Projektion, wenn wir anderen Menschen Eigenschaften, Schwächen oder Probleme zuschreiben, die wir selbst (meist) versteckt in uns tragen. So ist z. B. alles, was uns an unserer Umgebung und anderen Menschen stört, ein Spiegel unserer eigenen Psyche. Wir erleben in der Außenwelt Situationen, Gefühle, Konflikte etc., welche wir bei uns selbst nicht sehen. Die Außenwelt bringt in uns eine Resonanz zur Schwingung. Es stört uns beim anderen, was uns eigentlich bei uns selbst stört oder verletzt, wir aber nicht bewusst wahrnehmen wollen bzw. können.

Beispiele:
Wenn ich ein mangelndes Selbstvertrauen habe und dann auf einen Menschen treffe, der voller Selbstvertrauen strotzt, dann kann es schnell passieren, dass ich diesen Menschen angeberisch, doof und unsympathisch finde. Weil ich es als unangenehm empfinde, wenn jemand offen Selbstvertrauen zeigt und sich gar selbst positiv präsentiert. Mich stört das, weil ich es mir selbst nicht erlaube. Auch alles, was uns an unseren Lebenspartnern im Laufe der Zeit stört, ist nur eine Einladung zu einer »kostenlosen Therapiestunde«: Werfe ich dem anderen etwas vor, was ich selbst in mir trage oder sogar lebe? Oder: Neide ich dem anderen etwas, was er hat oder kann, und was ich nicht habe oder kann? Verkrampfen Sie nicht – betrachten Sie es als Spiel! Wenn Ihnen nichts einfällt: Fangen Sie doch einmal mit Donald Trump an! Was hassen Sie an ihm am meisten?

Wie die Arbeit mit dem eigenen Unterbewusstsein konkret aussieht, muss jeder selbst für sich entscheiden und verantworten. Dafür gibt es ein mannigfaltiges Angebot auf dem Markt.[61] Nicht jeder benötigt eine Psychotherapie. Und nicht alles passt zu jedem. Ich möchte Ihnen hier nur Mut machen, sich solchen Wegen nicht zu verschließen, wenn Sie das Gefühl haben, irgendwie geht es in Ihrem Leben nicht oder nicht richtig weiter.[62] Sie müssen nicht psychisch krank sein, um Kontakt mit Ihrem Unterbewusstsein aufzunehmen, im Gegenteil, ich glaube, dass die meisten Menschen ein besseres und erfolgreicheres Leben führen könnten, wenn sie bewusster mit sich umgehen würden. Jedes Stück mehr Bewusstsein, macht auch Sie freier. Jedes Stück mehr Bewusstsein, schwächt Ihren Meckeraffen. Wir können mit Bewusstsein zu ihm sagen: »Ja, ich sehe dich – aber dein Programm aus alten Zeiten brauche ich jetzt nicht mehr!« Und schon verliert er seinen zerstörerischen Einfluss als unser Souffleur.

Zum guten Schluss sollten wir uns auch die kollektive Perspektive dieses Kapitels vor Augen führen: Wenn viele Menschen in der beschriebenen Weise an ihrem Bewusstsein arbeiten, wird sehr schnell auch unsere Welt insgesamt ein bisschen besser! Etwas, was wir jetzt dringend brauchen! *We are the World* ist eine gute Botschaft – aber die Veränderung bedarf mehr als nur eines Lieds.

LITERATUR:

- Ankersen, R., *Der Goldmineneffekt*, Börsenmedien (BOOKS 4 SUCCESS), 2016.
- Baschab, Th./Frange, P., *Träume wagen!*, 2. Aufl., Ariston, 2015.
- Byrne, R., *The Secret. Das Geheimnis*, 17. Aufl., Arkana, 2007.
- Chopra, D., *Die heilende Kraft in mir*, 6. Aufl., Driediger, 2020.
- Chopra, D., *Die Rückkehr des Rishi*, Junfermann, 1990.
- Dehner, R./Dehner, U., *Introvision. Die Kunst, ohne Stress zu leben*, Kreuz, 2015.
- Hendricks, G., *The Big Leap, Conquer Your Hidden Fear and Take Life to the Next Level*, HarperCollins, 2009 (Kindle Version).
- Hicks, E./Hicks J., *The Law of Attraction. Das kosmische Gesetz hinter »The Secret«*, Allegria, 2010.
- Murphy, J., *The Power of Your Subconscious Mind*, Simon & Schuster, 2018.
- Watzlawick, P., *Anleitung zum Unglücklichsein*, 18. Aufl., Piper, 1999.

Kapitel 5
Macht der Gefühle

»Man sieht nur mit dem Herzen gut. Das Wesentliche ist für die Augen unsichtbar.« (Antoine de Saint-Exupéry)

Gefühle – ein Mysterium

Gefühle haben die Menschheit schon lange beschäftigt – es gibt kaum ein Drama, ein Film, ein Fußballspiel, eine Scheidung oder ein politischer Wahlkampf, in denen Gefühle keine herausragende Rolle spielen. Auch wenn Gefühle immer schon eine tragende Rolle in unserem Leben gespielt haben, wurden sie doch in langen Epochen der Menschheitsgeschichte eher geleugnet, geringgeschätzt oder verdrängt. Moralische Regeln, Verhaltensnormen oder Gesetze unterdrückten häufig ein bewusstes Er- und Ausleben von Gefühlen. Auch die ansonsten sehr gepriesene Aufklärung statuierte eher eine Dominanz des Verstandes über den Körper und die Gefühle. Heute scheinen Gefühle (und leider auch Pseudo-Gefühlsduseleien) in einer sehr individuell geprägten Welt eine große Rolle zu spielen – oder zumindest ihre fast exhibitionistische Zurschaustellung. Ein richtig ausgewogenes Verhältnis zwischen Verstand und Gefühl herzustellen, ist nach wie vor eine Herausforderung für jeden von uns. Sicher ist heute nur: Wir brauchen Verstand *und* Gefühle.

Gefühle wie Freude oder Schmerz sind nach wie vor ein Mysterium. Zwar ist uns z. B. die Funktion von körperlichem Schmerz klar: Er weist uns auf eine Funktionsstörung in unserem Körper (z. B. Verletzung oder drohende Gefahr – Stichwort: »Heiße Herdplatte«) hin. Aber haben Sie sich schon einmal gefragt, welcher Teil Ihres Körpers Schmerz empfindet? Natürlich können wir biochemisch Körper- und Gefühlsreaktionen nachweisen, z. B. den Anstieg von Dopamin bei Wohlbefinden und Adrenalin bei Stress. Aber wer fühlt dann das Glück oder den Stress?

Die Neurowissenschaften erklären uns, dass es für die Empfindung von Schmerz bestimmte neuronale Schmerzrezeptoren gibt. Nun gut, aber warum spürt der Rezeptor etwas, er ist doch auch nur eine Zelle, also ein biochemisches Aggregat, also weitgehend Protein und Wasser? Unser Auto spürt bei einem Unfall doch ebenfalls nichts. Auch ein toter Körper spürt – nach allem, was wir vermuten – nichts. Wenn wir beobachten, dass zumindest Tiere (wahrscheinlich auch Pflanzen) Schmerz spüren, ist es wohl nicht das selbstreflexive menschliche Bewusstsein, welches Schmerz verspürt, denn ein solches Bewusstsein sprechen wir Tieren ab. Dann bleibt nur noch die Erklärung, dass es eine Seele geben muss, die u. a. den Schmerz verspürt. Damit erklärt sich, warum Tiere Schmerz empfinden können, weil sie auch eine Seele – im Gegensatz zu einem menschlichen Bewusstsein – haben. Und damit kommen wir zu dem erstaunlichen Ergebnis, dass nur die *Kombination* von Seele und Körper ein Gefühl entstehen lässt, weil weder die körperlose Seele noch der seelenlose (weil tote) Körper Schmerz spüren kann. Der Körper erzeugt den Schmerz, aber die Seele spürt ihn. Irgendwo muss es also eine Verbindung zwischen unserer Seele und unserem Körper geben. Aber wo?

Rudolf Virchow wird (wohl fälschlicherweise) der Satz zugeschrieben: »*Ich habe so viele Leichen seziert und nie eine Seele gefunden.*« Das können wir hier nicht klären, wollen aber festhalten: Menschliches Leben erfordert einen Körper sowie eine Seele. Das ist eine ziemlich harte Nuss für alle KI-Freaks und Transhumanisten, die künftig den Menschen durch einen Roboter oder eine Singularität ersetzen wollen.[63]

Und wie hängen Gedanken und Gefühle miteinander zusammen? Und wer steuert unser Verhalten? Viele nehmen an, dass unsere Gedanken unsere Gefühle und unsere Gefühle unser Verhalten beeinflussen. Andere gehen davon aus, dass eher unsere Gefühle unsere Gedanken beeinflussen. Und vergessen wir unser Ego nicht, auch dieses wird immer wieder versucht sein, sich einzumischen. Außerdem kann der Körper ebenfalls Einfluss auf Gedanken und Gefühle nehmen: Wer nach einem stressigen Tag abends eine Stunde spazieren geht oder joggt und sich danach nicht nur körperlich, sondern auch psychisch besser fühlt, weiß das. Alles in allem handelt es sich hierbei um ein komplexes Geflecht an wechselseitigen Beziehungen, welches bisher nicht abschließend geklärt ist.[64] Wer steuert nun wen? Wir lassen das an dieser Stelle offen und unterstellen einfach, dass sich Gefühle und Gedanken gegenseitig beeinflussen können: Ich *fühle* mich mulmig, wenn ich an die Abgabe meiner nächsten Steuererklärung *denke*. Und ich *denke* an eine Arthrose, wenn ich in meinem Knie Schmerzen *fühle*.

Warum befassen wir uns mit Gefühlen im Zusammenhang mit dem Erfolg? Gefühle sind quasi »menschliche Algorithmen« zur Orientierung, Setzung von Zielen, Steuerung unseres Verhaltens und zur Unterstützung bei Entscheidungssituationen. Ohne Orientierung fällt es uns schwer, Ziele zu finden. Und ohne Ziele haben wir keine Erfolge. Wenn wir dann Erfolg haben, brauchen wir Gefühle, um uns über diesen Erfolg zu freuen (und mit diesem Gefühl der Freude zu neuen Ufern aufzubrechen). Das kann ein Computer nicht − oder haben Sie schon einmal einen Computer gesehen, der sich über eine gelöste Rechenaufgabe gefreut hat? Die Steinzeitmenschen gingen auf die Jagd, weil sie Hunger hatten, und sie besorgten sich Felle, weil sie froren. Später erfand der Mensch das Rad und den Ochsenkarren, weil er Schmerzen vom Tragen schwerer Lasten hatte. Immer waren positive oder negative Gefühle die Treiber von Zielen und Fortschritt − und damit des Erfolgs. Wer die Macht der Gefühle geringschätzt, verfehlt eine wichtige Facette des Erfolgs.

Gefühle können uns enorm helfen − wenn wir richtig mit ihnen umgehen. Folgende Erkenntnisse und Fragen stehen für mich dabei im Vordergrund:

- Gefühle sind einfach da!
- Warum haben wir Gefühle?
- Wo helfen uns Gefühle?
- Wie gehen wir mit Gefühlen um?
- Wie gehen wir mit Konfliktfällen um?

Gefühle sind einfach da!

Gefühle sind einfach da, sie kommen und sie gehen. Sie verändern sich laufend und wir können sie nicht konservieren – niemals! Das ist bei den Glücksgefühlen vielleicht schade (ist es das wirklich?), bei den von uns jedoch nicht so positiv wahrgenommen Gefühlen wie Trauer, Zorn, Wut und Eifersucht aber ganz gut. Gefühle haben eine kurze Halbwertzeit und bestehen nicht auf Dauer, sondern sind einem ständigen Wechsel unterworfen.

Beispiel:
Die kleine Laura weint herzzerreißend, weil ihr Stofftier verschwunden ist – eine Viertelstunde später spielt sie fröhlich im Sandkasten mit ihrer Freundin. Diese Fähigkeit, Gefühle fließen zu lassen, verlernen wir leider, je älter wir werden.

Gefühle sind lebendig, komplex, zuweilen schwer oder gar nicht verständlich. Und manchmal haben wir sogar gemischte Gefühle. Und sie sind oft etwas sehr Zerbrechliches: Ist es nicht so, dass ich ein Gefühl zerstöre, wenn ich es beschreibe? Beim Gedanken ist das anders – der wird durch seine Beschreibung eher klarer! Das Wichtigste ist jedoch: Gefühle sind weder gut noch schlecht – genauso wie ein Tiger, ein Auto oder ein Hammer.

Was Gefühle gut oder schlecht erscheinen lässt, sind unsere verstandesmäßigen Bewertungen, insbesondere unser Gewissen, unsere Moral, unsere Glaubenssätze, unsere Regeln sowie unsere Gesetze. Aufgrund dieser Bewertungen bringen uns unsere Gefühle oft in Verlegenheit, weil wir sie als »schlecht«, als »unmoralisch«, als »eigennützig«, als »geringwertig« etc. betrachten. Und wegen dieser »schlechten« Bewertungen beginnen wir dann, uns auch wirklich »schlecht« zu fühlen.

Diese Bewertungen kommen meist von unserem bereits erwähnten Ego namens Meckeraffe. Er versucht, alles um sich herum in Schubladen zu packen, in die Kategorien »Feind« und »Freund« einzuordnen, damit er überleben kann. Das Ego will *überleben*, die Gefühle wollen *erlebt sein!* Und so entsteht zwischen beiden ein Missverständnis. Eine klassische Alltagsszene zeigt dies sehr schön. Wir fragen einen Freund: »Wie fühlst du dich?«, und er antwortet: »Gut«. Und schon ist die Falle zugeschnappt: Ein Gefühl ist weder schlecht noch gut, sondern hat eine bestimmte Charakteristik. »Gut« hingegen ist eine Bewertung. Die Antwort »Gut« ist eigentlich eine Irreführung, denn wir fühlen uns nicht gut oder schlecht, sondern wir sind z. B. froh, munter, glücklich, hoffnungsfroh – oder eben deprimiert, traurig, allein.

Die Antwort »Gut« wird der Frage nach unseren Gefühlen daher nicht gerecht. Unser Alltagsleben hat sprachlich den Unterschied zwischen den Fragen »Wie geht es dir?« (hier könnte man in der Tat »Gut« antworten) und »Wie fühlst du dich?« völlig nivelliert. Die Folge dieser sprachlichen Nivellierung ist jedoch, dass wir den Kontakt zu unseren Gefühlen zunehmend verlieren, weil wir unsere Achtsamkeit nicht nur sprachlich reduzieren. Wenn wir nur noch von »guten« (noch schlimmer: »großen«) Gefühlen sprechen, schneiden wir unseren Zugang zum eigentlichen Erleben unserer Gefühle ab. Interessanterweise können wir die Antwort »Es geht mir gut« meistens mit rationalen Erklärungen begründen, während wir ein Gefühl (»Ich bin froh, hoffnungsvoll, neugierig, …«) oft nicht begründen können – und auch nicht begründen brauchen. Gefühle sind nicht begründungspflichtig und meist auch nicht begründungsfähig – sie sind einfach da![65]

Warum haben wir Gefühle?

Zur Beantwortung dieser Frage müssen wir uns evolutionsbiologisch etwas mit der menschlichen Gehirnstruktur befassen. Während wir unser Gehirn im Alltag vielfach mit der menschlichen Verstandesleistung und der Intelligenz gleichsetzen, müssen wir erkennen, dass wir nicht ein, sondern vier Gehirne im Kopf haben. Zunächst das evolutionsgeschichtlich sehr alte *Reptiliengehirn (Stammhirn)*, das *Säugergehirn (limbisches System)*, das *Bewegungsgehirn (Kleinhirn)* und das *Verstandesgehirn (Großhirn)*.

Das *Stammhirn* kümmert sich um unsere archaischen Reflexe, die uns die bewusste und wahrnehmbare Entscheidung in Situationen abnehmen, wo es z. B. um Leben und Tod geht (Abwehr, Angriff oder Totstellen). Es reagiert, wenn Sie z. B. im Dschungel aus Versehen auf eine Schlange treten. Das Stammhirn nimmt die Gefahr wahr und veranlasst eine ausweichende Körperreaktion, bevor uns überhaupt bewusst wird, was gerade vor sich geht. Weder bewusste Wahrnehmung noch Gefühle spielen hier eine Rolle. Fast alle Nervenbahnen müssen zunächst das Stammhirn durchlaufen, es ist »die Polizei im Hirn«.

Das *Säugergehirn* ist unsere innere Stimme und unsere Intuition, quasi unser »Herz im Hirn« und damit für Gefühle zuständig. Das Säugergehirn ist immer dann gefragt, wenn es um Orientierung und (schnelle) Entscheidungen in unübersichtlichen, komplexen, vom Verstand nicht messbaren Situationen geht (z. B. die Stimmung im Team oder einer dunklen Unterführung). Es lebt in der Gegenwart und denkt nicht an gestern oder morgen und sorgt für das Wohlbefinden einschließlich dem Gefühl von Sicherheit. Und all dies wird über unsere Gefühle »abgewickelt«. Unsere Gefühle veranlassen uns Menschen, das zu tun, was Körper und Seele guttut. Grundsätzlich helfen Gefühle uns, relativ schnell und verlässlich zu erfahren, ob unser Körper, unsere Psyche und unsere sozialen Beziehungen in Ordnung sind. Wenn nicht, haben wir ein »Störgefühl«. Unsere Gefühle vertiefen unser Erfahrungswissen (einmal den Finger auf der heißen Herdplatte verschafft mehr und verlässlicheres Wissen als 1.000 Ermahnungen von Vater und Mutter) sowie unsere Erinnerungen (wir alle erinnern uns nicht nur an unseren ersten Kuss, sondern auch an das Lied, welches dabei gespielt wurde).

Das *Kleinhirn* kümmert sich um unsere Bewegungsabläufe und lässt diese quasi automatisch ablaufen (sonst müssten Sie bei jedem Schritt bewusst Ihre Beinmuskeln aktivieren − was gar nicht möglich ist).[66]

Das *Großhirn* ist für Verstand und Intelligenz zuständig. Das Großhirn ist verantwortlich für Rationalität und wird gespeist aus der Vergangenheit, nämlich aus früheren Erfahrungen: Es eignet sich wunderbar für das Planen, Rechnen, Analysieren, Vergleichen und die Logik, versagt jedoch in komplexen, »nicht-algorithmisierbaren« Situationen. Dann ist unsere innere Stimme (Intuition) gefragt.

Beispiel:
Denken Sie an Ihren letzten Urlaub. Sie schlendern abends die Dorfstraße entlang und suchen ein Lokal für das Abendessen mit Freunden. Wie werden Sie das Lokal aussuchen? Wird Ihr Verstand (virtuell) eine Excel-Liste aller verfügbaren Lokale mit allen Vor- und Nachteilen erstellen und daraus gemäß einem vorgegebenen Algorithmus das beste Lokal aussuchen? Sehr wahrscheinlich nicht. Sie werden das Lokal wählen, wo Sie sich wohlfühlen, wo etwas los ist, wo nette Musik ist, das Essen appetitanregend duftet oder einfach das Ambiente einladend ist. Ihr Verstand kann Ihnen nicht sagen, ob die Musik nett ist, das Essen appetitanregend duftet oder das Ambiente einladend ist. Niemals!

Jonathan Haidt hat zu diesem Aspekt in seinem Buch *The Righteous Mind* das Bild von einem Reiter auf einem Elefanten entworfen: Der Reiter steht für unsere Vernunft/Logik und der Elefant für unsere Gefühle/ Intuition. Unsere Vernunft, sagt Haidt, sei nur der kleine Reiter auf dem großen Elefanten unserer Bauchgefühle, der eigentlich dem Elefanten hilflos ausgeliefert sei. Unser Reiter befinde sich also häufig in der Illusion, die Richtung anzugeben, während in Wirklichkeit einzig und allein der Elefant den Weg bestimme.

Diesen Befund kennen wir bereits von Sigmund Freud oder David Hume. Letzterer hatte die Vernunft schon 1739 eine »Sklavin der Leidenschaften« genannt. Diese Bewertung nehmen viele westliche Menschen vor, die darunter leiden, dass der Mensch kein reines Vernunftwesen ist. Diese Menschen lieben auch klare Regeln, Zeugnisse, Referenzen, behördliche Genehmigungen sowie Gütesiegel und haben natürlich für alles eine Versicherung. In den östlichen Traditionen sieht man hingegen eher den Verstand als Hindernis. Auch der Weg zur »Erleuchtung« geht dort nicht über den Verstand.[67]

Inzwischen ist weitgehend anerkannt: Das Gefühl *entscheidet* und der Verstand *setzt (sozialverträglich) um*.[68] Das gilt bei der Berufs- und Partnerwahl ebenso wie beim Autokauf. Unser Leben wird maßgeblich durch Gefühle bestimmt. Deshalb ist es auch unmöglich, verliebten Menschen mit Argumenten der Vernunft zu kommen. Wenn der Verstand entscheiden könnte: Es wären keine Entscheidungen, die uns glücklich und zufrieden machen würden. Das Gefühl entscheidet und der Verstand setzt (sozialverträglich) um – dieser Satz ist etwas zu präzisieren:

Auch *vor* der Entscheidung kann der Verstand wichtige entscheidungsrelevante Informationen sammeln und auswerten. Wenn wir ein Haus kaufen wollen, besorgen wir uns über den Verstand zahlreiche Informationen zur Vorbereitung einer Entscheidung. Insbesondere wird uns unser Verstand sagen, wie hoch unser maximales finanzielles Budget ist, damit wir uns den Erwerb überhaupt leisten können. Damit scheiden zahlreiche Optionen für unsere spätere Entscheidung von vornherein aus. Insofern trifft der Verstand »Vor-Entscheidungen«. Die *endgültige* Entscheidung trifft jedoch das Gefühl. Natürlich gibt es auch Situationen in unserem Leben, in welchen es so scheint, als ob der Verstand entscheiden würde: Sie gehen über einen Wochenmarkt und möchten Äpfel kaufen. Bei einem Stand kosten diese drei Euro pro Kilogramm, beim nächsten Stand würden Sie genau dieselbe Sorte für zwei Euro pro Kilogramm erhalten. Dann wird der Verstand sagen, dass Sie die Äpfel für zwei Euro pro Kilogramm kaufen sollen. Das ist aber eigentlich keine Entscheidung, sondern das Ergebnis einer rationalen Rechenoperation unter Einbezug des menschlichen Eigennutzes. Hier gibt es im Kern nichts zu entscheiden. Meist liegt der Fall jedoch anders: Die Äpfel unterscheiden sich in der Sorte. Oder die einen kommen aus der Region mit Bio-Siegel (vier Euro pro Kilogramm), die anderen aus Italien (drei Euro pro Kilogramm) und haben damit einen größeren ökologischen Fußabdruck. Wie soll der Verstand das entscheiden? Er kann es nicht.

Nach der Entscheidung kann der Verstand *bei* der Umsetzung noch wertvolle Informationen beisteuern, sozialverträgliche Alternativen finden oder im Einzelfall auch die »Notbremse« ziehen, tut dies aber eher selten.[69] Manchmal ist es sehr gut, auf den Verstand zu hören (z. B. eine Versicherung für Ihr Haus oder eine Berufsunfähigkeitsversicherung abzuschließen). Machen wir uns jedoch klar, dass auch die Umsetzung von grundsätzlichen Entscheidungen nicht immer nur rational ablaufen. Warum? Weil wir auch bei der Umsetzung ggf. wieder kleinere Entscheidungen treffen müssen.

<u>Beispiel:</u>
Sie haben sich für eine Reise nach Mallorca entschieden. Nun muss ein gutes Hotel gefunden werden. Schon geht es wieder los: Selbst die Suche nach dem besten Hotel ist möglicherweise wieder eine emotionale Herausforderung, die der Verstand nicht allein bewältigen kann. Weil z. B. das preisgünstigste Hotel drei Kilometer vom Strand entfernt ist. Also muss wieder eine emotionale Entscheidung her: preisgünstiges Hotel oder günstige Lage des Hotels direkt am Meer? Das sind inkommensurable Größen, die den Verstand definitiv überfordern. Und wenn dann noch die Qualität des Essens, die Größe des Pools und die Sauberkeit der Zimmer ins Spiel kommen … Sie verstehen, was ich meine.

Bleiben Sie also ehrlich: Der Verstand kann gut Informationen sammeln, Entscheidungen vorbereiten und diese später umsetzen, aber die eigentliche Entscheidung trifft das Gefühl. Und damit kommen wir zu der Erkenntnis: Wer mit seinen Gefühlen in Kontakt ist, trifft bessere Entscheidungen! Und wer seinen Verstand einsetzt, ist gut vorbereitet und besser in der Umsetzung seiner Entscheidungen. Diese Arbeitsteilung beim Menschen gilt es nutzbringend für unser Leben einzusetzen.

Wo helfen uns Gefühle?

Bevor wir ins Detail gehen, möchte ich eine philosophische Frage vorausschicken. Gedanken und Gefühle – wir wissen nicht exakt, was sie sind und wo sie herkommen. Gedanken sind *klarer,* haben jedoch vermutlich *weniger Energie,* während Gefühle meist eher *unklarer* und *diffuser* sind, dafür aber *mehr Energie* erzeugen. Wenn wir an die Quantenphysik zurückdenken, erinnern wir uns daran, dass Materie als »durch Information gebundene Energie« verstanden werden kann. Damit könnte man auf der Meta-Ebene vielleicht folgende Gleichung aufstellen:

$$\text{Information (Gedanken)} + \text{Energie (Gefühle)} = \text{Materie.}$$

Dies würde bedeuten, dass das gute Zusammenspiel unserer Gedanken mit unseren Gefühlen auch für die »Materialisierung« unseres Erfolgs von Bedeutung wäre (Stichwort »Turbolader«). Denken Sie einmal darüber nach!

Und nun zu den konkreten Vorteilen von Gefühlen hinsichtlich unseres Erfolgsstrebens. Wir werden in fast allen folgenden Kategorien immer wieder auf die wichtige Rolle unserer Gefühle und unserer Intuition stoßen. So helfen uns unsere Gefühle z. B. dabei, …

- unsere individuellen Werte, Potenziale, Neigungen, Träume, Visionen und Ziele zu finden,
- spontan bei Planabweichungen zu handeln,
- Lust (Antriebsenergie, Motivation) oder Ekel (zur Warnung) als Handlungsorientierung zu spüren,
- achtsam zu sein, in der Gegenwart, im Hier und Jetzt, zu leben, und ggf. einen Flow zu erleben,
- Gefahren (z. B., wenn uns im U-Bahn-Tunnel drei dunkle Gestalten entgegenkommen) oder Geschäftschancen (z. B. bei der Beteiligung an einem Start-Up) besser zu erkennen,
- bessere Entscheidungen zu treffen,
- mehr Balance zu finden,
- Stress zu bewältigen,
- Regeln angemessen anzuwenden,
- Empathie bzw. Mitgefühl und damit intensiveren Kontakt mit anderen zu empfinden,
- emotionale Intelligenz zu entwickeln,
- Vertrauen aufzubauen,
- unser persönliches Charisma zu verstärken,
- ein Gespür für Verhandlungssituationen zu entwickeln und
- Gemeinsamkeit, Begeisterung und Teamgeist in der Gruppe zu schaffen.

Diese Liste ist sicherlich nicht abschließend, gibt jedoch einen ersten Überblick. Alle diese Vorteile unserer Gefühle befördern direkt oder indirekt unseren Erfolg, wie wir in den folgenden Kapiteln sehen werden.

Ich möchte hier einen besonderen Aspekt vorweg herausgreifen: Gefühle und unsere *Intuition (Bauchgefühl)*. Diese wird immer mehr als wichtige Instanz für unser Leben und unsere *Entscheidungen* betrachtet.[70] Werden Sie sich bitte bewusst, wie viele Entscheidungen Sie täglich auf Grundlage Ihrer Intuition fällen: Abends ausgehen oder daheim bleiben? Zum Italiener oder zum Griechen? Sweatshirt in blau oder grau kaufen? Welches Geschenk für die Oma an ihrem Geburtstag? Linke, mittlere oder rechte Warteschlange im Supermarkt nehmen? Ob in der Wirtschaft, der Politik, beim Militär, beim Bewerbungsgespräch oder bei der Partnerwahl – ohne Intuition würden wir regelmäßig schlechtere Entscheidungen treffen, weil wir viele Lebenssachverhalte nicht in eine Excel-Tabelle zwängen können.

Intuition kommt meist dann ins Spiel, wenn wir »am Ende der Informationen«[71] sind und trotzdem entscheiden müssen. Intuition kann uns jedoch auch jenseits von Entscheidungen einfach mehr Informationen verschaffen (z. B., ob in einer Situation etwas nicht stimmt). Wer in gutem Kontakt zu seinem Unterbewusstsein und seinen Gefühlen/Intuition ist, wird nach meiner Überzeugung einen besseren Zugang zum höheren Informationsfeld (morphisches Feld), welches sich unserem Wachbewusstsein verschließt, bekommen und damit über mehr Informationen als andere verfügen.

Beispiel:

Ich musste in meiner Berufszeit als Anwalt viel reisen und in Hotels übernachten. Auf dem Weg zu meinem Zimmer musste ich meist einen Aufzug (von denen es meist mehrere gab) nehmen. Ich machte mir dann immer den Spaß, mit geschlossenen Augen zu fühlen, welcher von den möglichen Aufzügen zuerst auf meinem Stockwerk ankommen würde.[72] Ich lag nicht immer richtig, aber meine Trefferquote lag im Laufe der Jahre deutlich über der statistischen Wahrscheinlichkeit.

Beim Thema *Intuition und Bauchentscheidungen* verstehen darunter jedoch nicht wenige Autoren *nicht* diesen Kontakt zum morphischen Feld, sondern gehen davon aus, dass wir Menschen unsere Entscheidungen häufig auf kognitive Faustformeln aufbauen.[73] Dies hat mit meinem Verständnis von gefühlter Intuition nichts zu tun, welches seine Information und Kraft allein aus unserem Kontakt zu unserer Gefühlswelt (und damit zum morphischen Feld) zieht. Eine solche »Faustformel« hätte mir im Aufzugsbeispiel nicht geholfen, einfach weil es sie nicht gibt. Außerdem gab es nichts zu entscheiden, sondern es ging nur um eine Information, nämlich, welcher Aufzug als nächster kommt. Das Gleiche gilt in der nächsten Situation.

Beispiel:
Als meine Mutter in der Endphase ihres Lebens mit ihrer Krebserkrankung im Krankenhaus lag, besuchte ich sie an einem Sonntag und machte mich nach dem Besuch auf eine von Montagmorgen bis Mittwochabend geplante Geschäftsreise auf. Beim Aufwachen am Dienstagmorgen im Hotel spürte ich, dass meine Mutter an diesem Tag sterben würde und machte mich unverzüglich auf den Weg zu ihr. Ich traf sie noch lebend (wenn auch nicht mehr ansprechbar) an. In der Nacht von Dienstag auf Mittwoch verstarb sie. Mir war es zumindest noch vergönnt, sie in ihren letzten Stunden zusammen mit meiner Familie begleiten zu dürfen. Hier ging es nicht um Heuristik oder kognitive Faustformeln – hier ging es um wahre, gefühlte Intuition. In diesem Fall habe ich nichts intuitiv entschieden, sondern intuitiv zusätzliche Informationen erhalten, die dann zu meiner vorzeitigen Heimreise führten.

Wir halten fest: Intuition kann uns bei der *Informationsbeschaffung* (ggf. im Vorfeld von Entscheidungen) und im *Entscheidungsprozess* am »Ende der Informationen« helfen. Wenden wir uns ein paar praktischen Tipps zur Nutzung unserer so verstandenen Intuition zu[74]:

- Auf unsere Intuition können wir nur zugreifen, wenn uns unser Ego bzw. unser Meckeraffe nicht im Weg steht. Ich selbst scheitere im Supermarkt häufig an meinem Meckeraffen bei der Frage, welche

Warteschlange ich nehmen soll. Warum? Weil mein Verstand via »virtueller Excel-Tabelle« versucht zu berechnen, wo es am schnellsten geht. Nehme ich dann diese Warteschlange, hat ein Kunde prompt Probleme mit seiner elektronischen Bezahlung oder der Kassierer muss nochmals zum Gemüse-Nachwiegen.

- Am besten funktioniert unsere Intuition, wenn wir unseren Verstand »geleert« haben (wie man dies z. B. mit der Meditation erreicht). Dann wird sich unser Verstand nicht allzu sehr einmischen können. Ferner dürfen wir nicht in der zu entscheidenden Frage persönlich involviert bzw. mental befangen sein: Wenn Sie einen Tipp für das Spielergebnis eines Fußballspiels abgeben sollen, ist es für Ihre Intuition hinderlich, wenn Sie Fan einer der beteiligten Mannschaften sind.

- Unsere Intuition kann nur Fragen beantworten, die man schlicht mit »Ja« oder »Nein« beantworten kann. Intuition kann nur sagen »Es passt« oder »Irgendetwas stimmt nicht«. Intuition kommt zu klaren Ergebnissen – ein bisschen Intuition ist wie ein bisschen schwanger. Wenn Sie glauben, Ihre Intuition würde Ihnen wachsweich antworten, hat sich längst Ihr Verstand und Ihr Ego eingeschaltet.[75]

Wie gehen wir mit Gefühlen um?

Die »Innenwelt«

Wir können unsere Gefühle nicht kontrollieren, allenfalls unterdrücken. Wenn wir traurig sind, fühlen wir uns traurig, und wenn wir verliebt sind, fühlen wir uns verliebt. Punkt. Seien Sie ehrlich zu Ihren Gefühlen, denn Ihre Gefühle sind auch immer ehrlich zu Ihnen! Ihre Gefühle sind in unserer Zeit von Lügen und Täuschungen ein seltenes, kostbares Gut. Denn Ihre Gefühle sind Ihr ausschließlicher Besitz, den Ihnen niemand wegnehmen kann. Dieser ist etwas Kostbares, selbst wenn es einmal ein Gefühl der Trauer, Enttäuschung oder gar Depression sein sollte. Leider ist man heute viel zu schnell mit Psychopharmaka zur Hand. Problematisch wird es nämlich, wenn wir Gefühle nicht wahrnehmen oder sie (mit oder ohne Drogen) verdrängen wollen – und damit Impulse unterdrücken und Energie blockieren.

Beispiel:
Haben Sie schon einmal versucht, einen mit Luft gefüllten Ball unter Wasser zu drücken? Sicherlich. Und dann mussten Sie zwei Dinge feststellen: Es kostete viel Kraft, den Ball unter Wasser zu halten. Außerdem war Ihre Handlungsfähigkeit eingeschränkt, weil Sie keine Hände mehr frei hatten. Und es kostete Konzentration: Wenn Sie den Ball nicht exakt in der Mitte herunterdrückten, kam er an einer anderen Stelle des Wassers mit explosionsartiger Energie wieder nach oben und Sie verloren die Kontrolle über den Ball. Wie wollen Sie da entspannt, gelassen und energiegeladen sein?

So ist es auch mit unseren Gefühlen: Unterdrücken oder verdrängen wir sie zu lange, kommen sie an anderer Stelle wieder mit voller Kraft und ohne Kontrolle zum Vorschein. Während der »Verdrängungsphase« nagen unsere Gefühle an unserer Energie und während der »Explosionsphase« (die eigentlich heilsam für unseren Emotionalhaushalt ist!) verlieren wir die Kontrolle. Menschen zerstören dann oft gerade die Dinge, die ihnen eigentlich lieb sind: ihren Job, ihre Beziehungen, ihren eigenen Körper, sie reißen Stadiongelände heraus oder zünden Häuser an etc.

Kriminalität, Gewalt und Suchtverhalten sind häufig die Folge unterdrückter und nicht erlöster Gefühle. Gefühle sind also paradox: Sie behindern uns, wenn wir sie unterdrücken, genauso wie, wenn wir ihnen (nach vorhergehender Unterdrückung) unkontrolliert freien Lauf lassen. Sie helfen uns nur dann, wenn wir sie *nicht unterdrücken*. Dann verschwenden wir keine Energie mehr für ihre Unterdrückung *und* schaffen keinen Raum mehr für die nachfolgende »Explosion«.

Versuchen wir also erst einmal, mit unseren Gefühlen in direkten und ehrlichen Kontakt zu kommen. Wir sollten unsere Gefühle bewusst wahrnehmen, zulassen und anerkennen und sie weder bewerten noch verdrängen. Dann gehen wir »durch das Gefühl hindurch«, um es am Ende loszulassen, wenn es schwächer wird und schließlich verschwindet, auch wenn dies eine bestimmte Zeit in Anspruch nehmen kann. Grundsätzlich sollten wir wertungsfrei alle unsere Gefühle willkommen heißen, weil sie wichtige Botschaften für uns bereithalten. Sind wir äußerst glücklich, dann ist das eher einfach. Auch dann lohnt sich allerdings ein Blick darauf, was genau dieses Glück verursacht hat. Da sich Gefühle nicht perpetuieren lassen, können wir immerhin auch in Zukunft diese Glücksgefühle mehr wertschätzen und sie künftig aktiver ansteuern. Sind wir hingegen traurig und deprimiert, so können wir der Traurigkeit nachgehen und ihre Ursache erforschen. Wenn ein nahestehender Mensch gestorben ist oder man gekündigt wurde, dann ist man traurig. Trauer ist dann die emotionale Bewältigung dieses Schicksalsschlags. Das benötigt Zeit und die sollten Sie sich dann auch nehmen. Wichtig ist vor allem: Wenn Gefühle gehen wollen, ist es sehr wichtig, sie auch wieder gehen zu lassen.

Was dieses Vorgehen so schwer macht, ist die Einmischung unseres Meckeraffen: Nehmen wir an, Sie sind traurig. Dann sind Sie nicht permanent im Gefühl der Trauer, sondern Ihr Meckeraffe mischt sich via Verstand ein und funkt dauernd den Gedanken: »Jetzt bist du traurig – und wirst es auch bleiben, weil die Situation ja so hoffnungslos ist.« Das ist dann wie eine festgefahrene Schallplatte. In dieser Situation verlassen Sie den Kontakt zu Ihren wahren Gefühlen und lassen sich von Ihrem Meckeraffen Ihr Gefühlsprogramm diktieren und emotional »herunterziehen«. Auch wenn Ihre Gefühle bereits wieder ganz woanders sind, hält Ihr Meckeraffe Sie fest in seinem »Verlies«. Dann hängen Sie fest – wie in einer mittelalterlichen Burg, bei der die Zugbrücke hochgezogen ist. Man spricht hier auch von »trapped emotions«.[76] Gefühle werden, wenn wir sie nicht vollständig wahrgenommen und dann auch wieder gehen lassen haben, in unserem Körper quasi »eingekerkert«. Häufig materialisiert sich ein eingesperrtes Gefühl in einem bestimmten Körperteil. Damit können uns sowohl negativen Gedanken und Glaubenssätze (»Meckeraffe«) wie auch unbewältigte Gefühle blockieren.

Wer hier seine Gefühle wahr- sowie ernstnimmt und nicht verdrängt, hat schon einen wichtigen ersten Schritt gemacht. Darüber hinaus gibt es viele Angebote der Unterstützung, um über emotionale Krisen hinwegzukommen. Sich hier professionelle Hilfe zu holen, ist ein Zeichen von Stärke und nicht von Schwäche! Eigentlich sollte jeder an seinem »Emotionalhaushalt« arbeiten, um nicht langfristig vom Kurs seines Lebens abzukommen. Und noch ein kleiner Trost zum Abschluss: Nicht jede Depression muss in einer Katastrophe enden. Viele Künstler haben aus depressiven Phasen heraus unvergessliche Meisterwerke geschaffen! Es gelang ihnen, ihre Depression in höchste Kunst zu transformieren. Auch das kann kein Roboter, sondern nur ein Mensch!

Die »Außenwelt«

Ein »gestörter Emotionalhaushalt« behindert die positive Entwicklung unseres Potenzials und damit unseren Erfolg. Wir müssen also den Umgang mit unseren Gefühlen lernen. Dies gilt nicht nur für die »Innenwelt«, sondern auch für die »Außenwelt«. Auch wenn wir unsere Gefühle nicht kontrollieren können, so können wir doch Einfluss nehmen auf unser *Verhalten in der Außenwelt,* nachdem wir unsere Gefühle wahrgenommen und gewürdigt haben. Jedenfalls dann, wenn wir bewusst bleiben.

Was das *Zeigen von Gefühlen* angeht, gilt es, die richtige Balance zu finden. Natürlich gibt es überwältigende Gefühle (z. B. Trauer oder Schmerz), die man kaum nach außen verbergen kann. Dann sollte man das auch nicht krampfhaft versuchen. Und erfreulicherweise akzeptiert unsere Gesellschaft dies heute auch in weit größerem Maße als in früheren Zeiten. Andererseits ist unser Alltag von zahlreichen Gefühlen geprägt, die andere Menschen nichts angehen. Stellen Sie sich vor, alle Menschen würden alle ihre Gefühle in uneingeschränkter Form nach außen tragen und ihre Mitmenschen damit konfrontieren. Ein sozialverträgliches Miteinander wäre dann im Alltag nicht mehr möglich!

Im Hinblick auf unser Verhalten in der Außenwelt ist es von großem Vorteil, wenn wir in der Lage sind, unsere Gefühle in einem ersten Schritt erst einmal wahrzunehmen und zu spüren, bevor wir uns in einem zweiten Schritt zu bestimmten Äußerungen oder Handlungen entschließen. Das sorgt nicht nur für emotionale Stabilität, sondern auch für Kontrolle über das aus den Gefühlen resultierende Verhalten. Wir verhindern damit, unsere Launen an anderen auszuleben oder (schädigende) Handlungen im Affekt vorzunehmen. Auch wenn wir einmal wütend sind, ist es ein Unterschied, ob wir diese Wut erst einmal wahrnehmen und reflektieren oder ob wir sofort die ganze Wohnung kurz und klein schlagen. Vielleicht reicht auch Holzhacken oder 2.000-Meter-Brustschwimmen? Die beiden letzten Alternativen sind deutlich gesünder und preiswerter.

Gerade im gesellschaftlichen Kontext führt das Ausleben von Gefühlen keineswegs immer zu guten und sozialverträglichen Ergebnissen (denken wir an den gewalttätigen Ehestreit, die Wirtshausschlägerei, Straßenschlachten, Internethass oder im Extremfall sogar Krieg). Sobald Gefühle den Kontakt mit anderen Menschen (in der Familie, im Freundeskreis, im Beruf, im Verein etc.) tangieren, ist immer der Verstand als Kontrollinstanz gefragt, ein *sozialadäquates* Verhalten sicherzustellen. Oder als Bild: Wenn wir in den Zirkus gehen, wollen wir die Tiger sehen, aber auch das schützende Gitter. So ist es auch mit uns selbst: Unsere Gefühle sind die Tiger, unser Verstand das Gitter! Allerdings gilt auch: Ist der Gitterkäfig zu eng, geht es den Tigern nicht gut!

Manche meinen, dass sie besonders authentisch seien, wenn sie in jeder Situation ihren Gefühlen freien und unkontrollierten Lauf ließen. Das ist ein Irrtum – das ist mentale Schwäche. Mentale Stärke ist es hingegen, unsere Gefühle zwar wahrzunehmen, aber unser Verhalten zu steuern. Und wenn unser Zorn, unsere Wut oder was auch immer vorbei sind, können wir uns immer noch entscheiden, ob wir dann nur jammern oder unser Schicksal in die Hand nehmen und mit Bedacht handeln.

Wie gehen wir mit emotionalen Konfliktfällen um?

Im Leben gibt es häufig emotionale Konfliktfälle, und sie bedürfen vielfach einer Entscheidung. Drei Konfliktfälle möchte ich etwas genauer beleuchten:

Konflikt I: Regel I contra Regel II

Diesen klassischen Konflikt zwischen zwei rationalen Handlungsbefehlen kennen wir von Antigone, einer Tragödie des antiken griechischen Dichters Sophokles. Kreon, Tyrann von Theben, verbietet die Bestattung des Polyneikes, da dieser gegen die eigene Stadt Krieg geführt hat. Die

Gesetze der Götter der Unterwelt gebieten jedoch die Beerdigung eines Menschen. Antigone, Polyneikes Schwester, steht nun einem Konflikt gegenüber: Folgt sie den Gesetzen des Königs oder der Götter? Rational ist dieser Konflikt nicht zu entscheiden, nur emotional. Antigone folgt ihrem Herzen und übertritt das Verbot, zur Strafe wird sie lebendig eingemauert.

Konflikt II: Gefühl contra Regel (bzw. Befehl, Moral und Gesetz)

Ein Bomberpilot erhält in den letzten Tagen des Zweiten Weltkriegs den Befehl, ein Dorf zu bombardieren, was militärisch völlig sinnlos ist und zahlreiche zivile Opfer verursachen würde. Eine sinnlose formale Regel steht gegen sein Mitgefühl mit der Bevölkerung, seine Soldatenehre gegen seine Humanität. Immerhin könnte er sich auf die formale Position berufen, dass er als Soldat dienstrechtlich verpflichtet ist, den Befehl auszuführen, und dass in einer solchen Situation kein Raum für Gefühle ist: Gesetz schlägt Gefühl. Aber wie weit trägt diese Rechtfertigung? Was macht sie mit unserer Seele? Und ist durch die Einnahme einer solchen formalen Position und durch das »Handeln nach Befehl« nicht weltweit viel Leid erzeugt worden?

Ich überlasse Ihnen die Entscheidung. Mir ist nur wichtig, dass wir auch in diesem Fall sehen, wie häufig unsere Gefühle in unserem Leben (selbst in rechtlich klar geregelten Situationen) eine Rolle spielen. Und dass wir uns immer bewusst sein sollten, wenn wir unsere Gefühle ausblenden wollen! Die Emotionalität unseres Lebens übersteigt seine Rationalität bei Weitem!

Konflikt III: Gefühl 1 contra Gefühl 2

Bei diesem Konflikt stehen sich zwei nicht miteinander vereinbare Gefühle gegenüber, es sind typische Situationen gemischter Gefühle:

- Eine alleinerziehende Mutter hat zwei Kinder und muss sich gleichzeitig um ihren alten Vater kümmern. Die Liebe zu beiden Generationen bringt sie immer wieder in Konfliktsituationen.

- Ein Mann, der seine Familie liebt, verliebt sich in die Kellnerin seiner Stammkneipe und gefährdet damit seine Ehe.

Wie lösen Sie nun diese zwei Konflikte »Gefühl 1 contra Gefühl 2«? Hier lässt Sie jegliche Rationalität im Stich. Es gibt nur persönliche Entscheidungen. Wichtig ist jedoch, dass Sie diese Entscheidungen sehr bewusst und im Kontakt mit Ihren Gefühlen (und ggf. auch Werten) treffen. Machen Sie Ihr Herz groß und Ihren Verstand klein!

Beim ersten Fall lässt sich – vielleicht sogar mithilfe des Verstandes – eine Lösung finden, um beiden Seiten gerecht zu werden (z. B. für Vater und Kinder werden jeweils bestimmte Zeiten der Zuwendung seitens der überforderten Mutter/Tochter reserviert und je nach aktueller Bedarfslage angepasst).

Der zweite Fall ist mit dem Verstand kaum zu lösen. Vielleicht löst sich der Konflikt mit der Zeit, weil ein Gefühl schwächer wird, vielleicht spitzt er sich aber auch zu und erfordert eine definitive Entscheidung. Neben den Gefühlen spielen hier auch die persönlichen Werte eines Menschen eine große Rolle (wobei Werte immer mit Emotionalität verbunden sind). Im vorliegenden Fall kommen sich z. B. Treue und Unabhängigkeit sowie Familiensinn und Erotik in die Quere. Aber letztlich entscheidet das Gefühl: Schauen Sie sich in einer solchen Situation nach einer vorläufigen Entscheidung zwei Minuten lang ununterbrochen im Spiegel in die Augen und denken Sie an die Konsequenzen Ihrer vorläufigen Entscheidung – wenn Sie dann weinen müssen, war die vorläufige Entscheidung falsch! Ihr Gefühl hat gesiegt – Tränen lügen nicht! Leider stehen viele Menschen bei solchen Entscheidungen erst hinterher vor dem Spiegel des Lebens – und weinen zu spät.

LITERATUR:

- Damasio, A. R., *Descartes' Irrtum*, dtv, 1997.
- Fuchs, J., *Willkommen in der Gehirn-WG*, Frankfurter Allgemeine Buch, 2018.
- Fuchs, Th., *Verteidigung des Menschen – Grundfragen einer verkörperten Anthropologie*, Suhrkamp, 2020.
- Gigerenzer, G., *Bauchentscheidungen*, 6. Aufl., C. Bertelsmann, 2007.
- Kahnemann, D., *Thinking, Fast and Slow*, Penguin, 2012.
- Moestl, B., *Das Shaolin Prinzip – Tue nur, was du selbst entschieden hast*, Knaur, 2012.
- Nelson, B., *The Emotion Code*, Random House, 2019.

Kapitel 5: Macht der Gefühle

Kapitel 6
Werte

»Wir haben alle unsere Maßstäbe in uns selbst. Nur suchen wir sie zu wenig.«
(Sophie Scholl)

Werte: Extrinsisch oder intrinsisch?

Werte bezeichnen im allgemeinen Sprachgebrauch ethisch gut bewertete Eigenschaften bzw. Qualitäten, welche Ideen, sittlichen Idealen, Handlungsmustern, Charaktereigenschaften oder auch Gütern beigemessen werden. Werte sollen dem Menschen für sein Verhalten Orientierung verleihen und »gute« Denk- und Verhaltensweisen befördern. Je abstrakter ein Wert ist, desto größer ist meist seine Bedeutung. So ist »Freiheit« nicht nur ein großes, sondern auch ein gewichtiges Wort. Einen Wert kann man nie erreichen, man kann sich nur immer wieder an ihm orientieren. Werte verbrauchen sich nicht, Ziele schon.

Traditionellerweise denken wir beim Wort »Werte« an bestimmte ethische (wie Aufrichtigkeit, Gerechtigkeit, Treue), religiöse (wie Gottesfurcht, Nächstenliebe), politische (wie Toleranz, Freiheit, Gleichheit) und materielle (wie Wohlstand) Werte. Wir denken an Begriffe wie Tugend, Ethik und Moral. *Tugend* ist eine idealisierte hervorragende Eigenschaft oder vorbildliche Haltung. *Ethik* ist eher eine philosophische Praxis, welche sich mit dem sittlich guten Handeln befasst. *Moral* hingegen ist ein praktischer Handlungskodex, der in einer bestimmten Gesellschaft jenseits von philosophischen Überlegungen festlegt, was als »moralisch« falsch oder richtig, als gut oder böse gilt. Während Tugend und Ethik von Philosophen aus geistigen Prinzipien entwickelt werden, wird die Moral in einer Gesellschaft von einer herrschenden Elite oder einer Mehrheit definiert. Das gilt heute genauso wie im Mittelalter oder in der Antike: Wurde früher die Ehebrecherin aus der Gesellschaft verstoßen (oder verbrannt), muss sich heute moralische Vorwürfe gefallen lassen, wer ein Schnitzel isst oder mit dem Flugzeug fliegt.

Alle diese traditionellen Begriffe von Werten sind »extrinsische Werte«, also Regeln, Vorschriften und Empfehlungen, welche dem Menschen »von außen« (extrinsisch) vorgegeben werden. Kluge und manchmal nicht so kluge Philosophen, Glaubensgemeinschaften und Gesellschaften haben sie definiert und für Menschen als verbindlich erklärt. Extrinsische Werte sind nie absolut, sondern *relativ* und häufig *lokal* begrenzt. In manchen Ländern ist die Todesstrafe abgeschafft, in anderen wird sie vollstreckt. Manche essen kein Schweinefleisch, andere kein Rindfleisch. Pünktlichkeit wird regional unterschiedlich definiert: Wer bei einer Verabredung um zwölf Uhr im Schwabenland um 11:55 Uhr kommt, ist gerade noch pünktlich, während er sich in Berlin auch um 12:20 Uhr noch innerhalb des gesellschaftlich akzeptierten Rahmens von Pünktlichkeit befindet. Die Relativität von Werten hat zudem auch eine zeitliche Dimension: Im Mittelalter wurde bei uns gefoltert, heute ist Folter verboten. Homosexualität war bis vor nicht allzu langer Zeit noch strafbar, heute ist sie gesellschaftlich akzeptiert. Viele Veränderungen dieser Welt haben mit einem Wertewandel zu tun. Dies alles soll nicht gegen extrinsische Werte sprechen, sondern uns die Brüchigkeit von extrinsischen Werten bewusstmachen.

Diesen extrinsischen Werten stehen die »intrinsischen Werte« gegenüber, also Werte, die »von innen«, von uns selbst kommen.[77] Anders als bei den extrinsischen Werten geht es um sehr persönliche innere Bewegründe, die unser Denken, Fühlen, Entscheiden und Handeln ganz grundsätzlich beeinflussen. Während extrinsische Werte Gebote und Verbote aufstellen, beantworten intrinsische Werte die Frage nach dem *Warum* unseres Tuns. Warum denken, fühlen, entscheiden und handeln wir, wie wir es tun? Es sind Werte, die uns am Herzen liegen, uns antreiben, emotional berühren, für die wir »brennen« und für die wir im Zweifel bereit sind, alles zu opfern, manchmal sogar zu sterben. Sie werden für uns – jedenfalls, wenn wir ehrlich zu uns selbst sind – immer die Messlatte für unsere persönliche Ausrichtung und für schwierige Entscheidungen in unserem Lebens sein. Intrinsische Werte sind nicht brüchig – sonst sind es keine. Umgekehrt können Menschen allerdings auch an ihren intrinsischen Werten zerbrechen. Intrinsische Werte sind die Ausprägung unserer Individualität und gelten auch noch, wenn sich Moral und Gesetze geändert haben.

Intrinsische Werte stehen nicht immer im Einklang mit den extrinsischen Werten. Unter diesen Umständen kommt es dann zum Konflikt. Gerade bei bewussten und tapferen Menschen werden die intrinsischen Werte im Zweifel die extrinsischen Werte im Falle des Konflikts *ausstechen*. Die Geschwister Scholl folgten ihren intrinsischen Werten, nämlich ihrem inneren persönlichen Bestreben, Menschen von einem Terrorregime zu befreien – und handelten sogar gegen die in ihrer Zeit extrinsisch herrschende öffentliche Moral. Ihre »innere« Moral war so stark, dass sie dafür ihr Leben opferten. Aber wir sind nicht alle Helden. Manchmal zwingen uns extrinsische Werte, unsere intrinsischen Werte zu verraten. Darüber sollten wir nicht herablassend urteilen, solche Konflikte können von existenzieller Natur sein. Wir müssen uns jedoch bewusst machen, welchen Preis wir bezahlen müssen, wenn wir gegen unsere intrinsischen Werte leben.

Manchmal deckt sich ein extrinsischer Wert auch mit einem intrinsischen Wert: So kann »Gerechtigkeit« für uns ebenso ein intrinsischer Wert sein (z. B., wenn ein Polizist Kriminalfälle aufdeckt, um der Gerechtigkeit zum Sieg zu verhelfen). In diesem Fall hat er sich den extrinsischen Wert »Gerechtigkeit« als intrinsischen Wert zu eigen gemacht. Auch das Verbot, Menschen zu töten, ist stets ein extrinsischer Wert, für die meisten Menschen handelt es sich hierbei aber auch um einen intrinsischen Wert.[78]

Sieben Dinge unterscheiden die extrinsischen Werte von den intrinsischen Werten:

1. Extrinsische Werte werden uns entweder durch Einsicht, Überredung bzw. Versprechung oder durch Autorität, Druck und drohende Sanktionen von *außen* vermittelt. Wir erwerben sie von *außen*. Intrinsische Werte hingegen kommen von *innen* und drücken unsere inneren Werte, Sehnsüchte, Leidenschaften, Sinnerfüllung oder Ideale aus.

2. Extrinsische Werte sind sehr stark von *objektiver Rationalität* und kollektiven Erfahrungen (oft vieler Generationen) geprägt. Die Grundlage von extrinsischen Werten ist daher oft die Vernunft.[79] Intrinsische Werte sind dagegen von *subjektiver Emotionalität*, zuweilen auch Irrationalität, geprägt.

3. Extrinsische Werte sind *Derivate* fremder Erfahrungen. Intrinsische Werte sind selbst erschaffene *Originale*.

4. Extrinsische Werte begrenzen unser Verhalten, während intrinsische Werte uns öffnen, motivieren und antreiben.

5. Intrinsische Werte geraten immer wieder mit extrinsischen in Konflikt. Diesen muss jeder ganz persönlich entscheiden. Verstoßen wir gegen extrinsische Werte, können wir immer noch mit unseren intrinsischen Werten im Reinen sein (so die Geschwister Scholl). Wenn wir jedoch auf Dauer gegen unsere intrinsischen Werte leben, zerstören wir unser inneres Glück.

6. Während unser Verhalten von extrinsischen Werten nicht selten situativ beeinflusst wird (z. B., wenn wir eine Geschwindigkeitsbegrenzung kurzfristig wegen einer Radarkontrolle einhalten), treibt uns eine intrinsische Motivation permanent an – allerdings nur dann, wenn wir unsere intrinsischen Werte leben. Tun wir dies nicht, blockieren uns unsere intrinsischen Werte.

7. Während die extrinsischen Werte grundsätzlich für jeden Menschen in gleicher Weise Geltung beanspruchen, stellen wir fest, dass unterschiedliche Menschen von ganz unterschiedlichen intrinsischen Werten Antrieb und Energie für ihr Handeln erhalten. Extrinsische Werte sind *generell*, intrinsische Werte sind *individuell*.

Noch ein Wort zu der heutzutage vielfach geforderten »Haltung«. Wahre Haltung ist nie ein extrinsischer Wert, immer ein intrinsischer. Es kann nicht anders sein, denn Haltung – wenn sie ehrlich gemeint und nicht nur geheuchelt wird – ist immer persönliche Verantwortung. Wenn wir unsere Haltung nicht persönlich verantworten, werden wir zu (womit auch immer bestochenen) Claqueuren. Verantwortungslos einfach zu rufen, was andere rufen, hat uns in der Geschichte meist ins Verderben geführt.

Ein Letztes: Wer sich mit Werten befasst, wer sich auf Werte stützt, muss sich immer bewusst sein, dass alle (intrinsischen und extrinsischen) Werte eine inhärente *Ambivalenz* in sich tragen. Sie sind im Hinblick auf ihre Absolutheit bestimmten Schranken unterworfen, weil sie in ihrer übertriebenen Form eine negative Ausprägung erhalten. Kein Wert – außer der Liebe – ist absolut. Alle anderen Werte verwandeln sie sich ab einem bestimmten Grad ins Negative: So wird z. B. die Sparsamkeit zum Geiz, das Selbstbewusstsein zur Prahlsucht und das Harmoniebedürfnis zur Unfähigkeit, Entscheidungen zu treffen oder Konflikte auszutragen. Ein nicht immer leicht zu greifender Grundsatz der Verhältnismäßigkeit überlagert daher unsere Werte. Deshalb sagten die alten Griechen und Römer schon: »*Ne quid nimis*« – »*Nichts im Übermaß*«. Dies sei insbesondere allen Ideologen dieser Welt ins Stammbuch geschrieben!

Kardinaltugenden, Sekundärtugenden und intrinsische Werte

Kardinaltugenden

Bei den Tugenden unterscheiden wir die *Kardinaltugenden*, die quasi den anderen Tugenden übergeordnet sind. So werden als die klassischen Kardinaltugenden bezeichnet: Klugheit, Gerechtigkeit, Tapferkeit und Mäßigung. Nachgeordnete Tugenden sind u. a. die sog. *Sekundärtugenden* (wie z. B. Fleiß, Pünktlichkeit, Sauberkeit, Gehorsam, Disziplin – z. T. auch als die »preußischen Tugenden« bezeichnet).

Kardinaltugenden dienen in erster Linie der Entwicklung eines Menschen im Sinne einer *persönlichen Vervollkommnung*. Kardinaltugenden sind nur dann solche, wenn sie um ihrer selbst willen und nicht wegen eines gesellschaftlich gesetzten regulatorischen Zweckes gelebt werden. Nicht umsonst ging man in der Antike davon aus, dass eine Orientierung an den Tugenden der Weg zur »Glückseligkeit« sei. Darunter verstand man aber nicht ein subjektives hedonistisches Glücksgefühl, sondern ein geglücktes, erfülltes Leben. Dieses werde dann erreicht, wenn der Mensch die in ihm angelegten Möglichkeiten verwirkliche (wir nennen das heute Potenzialentwicklung). Kardinaltugenden sind also zwar extrinsisch auferlegt, dienen aber in erster Linie der persönlichen Vervollkommnung und allenfalls reflexiv dem sozialverträglichen Zusammenleben.

Während die klassischen Kardinaltugenden Klugheit, Gerechtigkeit, Tapferkeit und Mäßigung noch auf einem relativ hohen Abstraktionsniveau angesiedelt sind, sind die klassischen *Todsünden* der katholischen Kirche[80] – quasi als negative Blaupause – sehr viel plastischer beschrieben und damit für viele alltagstauglicher: Hochmut (Stolz, Eitelkeit, Übermut), Geiz (Habgier, Habsucht), Wollust (Ausschweifung, Begehren, Unkeuschheit), Zorn (Jähzorn, Wut, Rachsucht), Völlerei (Gefräßigkeit, Maßlosigkeit, Unmäßigkeit, Selbstsucht), Neid (Eifersucht, Missgunst) und Faulheit (Feigheit, Ignoranz, Überdruss, Trägheit des Herzens). Diese Todsünden klingen heute etwas veraltet – sind aber zeitlos. Man muss sie einfach ins 21. Jahrhundert übersetzen:

Hochmut:	»Ich bin etwas Besseres und trage nur Markenartikel.«
Geiz:	»Geiz ist geil« oder auch das Stichwort »Gammelfleisch«
Wollust:	SUV und Kreuzfahrtschiff fahren[81]
Zorn:	Hasskommentare im Internet
Völlerei:	Manche Boni erfolgloser Investmentbanker und Vorstände
Neid:	Negativimage des erfolgreichen Unternehmers
Faulheit:	Mangelnde Zivilcourage, Gleichgültigkeit, Verantwortungslosigkeit, Drogenkonsum

Zufällig fand ich im Internet neulich einen »Sieben-Todsünden-Katalog«[82], der sich auf das Internet und seine Ausprägungen bezog. Auch im Internet begegnen uns also die Sieben Todsünden. Ich möchte sie Ihnen nicht vorenthalten:

Hochmut:	LinkedIn
Geiz:	Amazon
Wollust:	Tinder

Zorn:	Twitter
Völlerei:	Lieferando
Neid:	Instagram
Faulheit:	Netflix

Ich möchte hier nicht den Moralapostel spielen (wir alle sind nur Menschen). Mir ist nur wichtig – wie in diesem ganzen Buch –, Sie zur eigenständigen Erweiterung Ihres Bewusstseins zu animieren.

Sekundärtugenden

Alle Tugenden und extrinsischen Werte, die nicht der persönlichen Vervollkommnung dienen, sind Sekundärtugenden. Sekundärtugenden sind extrinsisch auferlegt und dienen gezielt der Gewährleistung sozialverträglichen Zusammenlebens. Dazu gehören sozialer Umgang, Kommunikation, Kooperation, gegenseitige Unterstützung, gemeinsames Arbeiten, Pflege der Kultur und alles, was den Zusammenhalt einer Gemeinschaft fördert. So haben z. B. Höflichkeit, Pünktlichkeit, Respekt, Rücksichtnahme, Gastfreundschaft, Bescheidenheit, Zuverlässigkeit, Ehrlichkeit, Toleranz und gute Manieren nur im sozialen Umgang eine Funktion. Auf einer einsamen Robinson-Crusoe-Insel sind sie bedeutungslos. Wo allerdings Menschen zusammenleben, haben diese Tugenden einen durchaus praktischen Nutzwert, der heute vielfach unterschätzt wird. Gerade im aktuellen Zeitalter von Globalisierung, Klimawandel und Digitalisierung wird ein gelingendes Miteinander der Menschen immer wichtiger.

Wer diese Tugenden als unwichtige Sekundärtugenden abqualifiziert, verkennt, dass sie in Wahrheit das »Schmieröl« eines funktionierenden Gemeinschaftslebens und erfolgreicher Kooperation von Menschen sind. Den allermeisten Ihrer Mitmenschen sind Ihre intrinsischen Werte egal, sie haben genug damit zu tun, ihre eigenen Werte für sich umzusetzen. Wichtig für Sie ist jedoch, dass Ihnen Ihre Mitmenschen nicht nur keine Steine in den Weg legen, sondern Sie in bestimmten Situationen hilfreich unterstützen. Vergessen Sie nie: Erfolg im Leben können Sie nur mit und durch andere haben!

Selbst die dominanten Menschen, die Führungspersönlichkeiten und die Alphatiere sind nur so groß, weil andere Menschen deren Erfolg begleiten und unterstützen. Und um sich diese Unterstützung anderer zu sichern, müssen Sie sich auf zahlreiche Sekundärtugenden verlassen können. Hier gilt jedoch das Prinzip der Reziprozität: Wenn Sie unfreundlich zu anderen sind, können Sie nicht erwarten, dass diese Ihnen gegenüber freundlich sind. Wenn Sie andere hängen lassen, werden diese Ihnen in der Not ebenfalls nicht helfen. Wenn Sie über andere lästern, werden diese auch nichts Gutes über Sie sagen. Dies gilt für alle anderen Sekundärtugenden (wie z. B. Bescheidenheit, Ehrlichkeit, Fleiß, Gastfreundschaft, Geradlinigkeit, Pflichtbewusstsein, Toleranz, Pünktlichkeit, Unbestechlichkeit, Zielstrebigkeit, Zuverlässigkeit) in gleicher Weise. Machen Sie sich zu jeder dieser Sekundärtugenden selbst ein Bild, wie diese Werte Ihr persönliches Leben, Ihren Erfolg und Ihren Kontakt mit anderen Menschen beeinflussen – und in welcher Weise Sie diesen Werten Geltung verschaffen möchten oder nicht.

Sie verstehen vielleicht jetzt, warum ich glaube, dass die Praktizierung von Sekundärtugenden nicht nur eine Frage von Anstand, sondern insbesondere von *sozialer Intelligenz* ist. Wenn Sie erfolgreich sein wollen, müssen Sie »sozial intelligent« sein! Sekundärtugenden sind kein Almosen, sondern ein wichtiger Erfolgsfaktor. Oder anders formuliert: Ohne Sekundärtugenden von Menschen ist kein (persönlicher oder kollektiver) Erfolg möglich!

Zur Vermeidung von Missverständnissen: Die vorstehenden Ausführungen bedeuten nicht, dass Sie den Bückling machen und sich einschleimen sollen. Manchmal habe ich allerdings den Eindruck gewonnen, dass bestimmte Menschen nicht erkannt haben, dass es zwischen barschem Auftreten und Einschleimen noch einen Mittelweg gibt. Wer sich einschleimt, der verrät seine Seele. Wer sich barsch und provokant gibt, der verrät seine Mission. Weil er wertvolle Hilfe in den Wind schlägt.

Interessanterweise gelangen in neuerer Zeit Begriffe wie »Anstand« und »Würde« wieder mehr ins Bewusstsein der Menschen. Bereits der Ex-Bundeskanzler Helmut Schmidt hat vor vielen Jahren schon einmal formuliert, was auf seinem Grabstein stehen sollte: »*Das war einer, der hat versucht, seine Pflicht anständig zu tun.*« Daran könnten wir uns ein Beispiel nehmen. Bei Anstand und Würde geht es letztlich um Respekt gegenüber seinen Mitmenschen. Es fällt vielen heute jedoch schwer, einen Menschen zu respektieren, wenn er unsere Meinung nicht teilt oder einer anderen Gruppe innerhalb unserer Gesellschaft angehört. Beim Respekt geht es wie bei der Toleranz nicht darum, alles gutzuheißen, was ein anderer tut oder denkt. Vielmehr ist es wichtig, einen Raum für ein gegenseitiges Verstehen im Sinne von intellektuellem und auch emotionalem Austausch zu schaffen.

Gerade harte Verhandlungen können z. B. nur erfolgreich sein, wenn sie von gegenseitigem Respekt getragen sind.

Beispiel:
Ex-Bundeskanzler Helmut Schmidt attestierte auch seinem Erzgegner, Helmut Kohl, 2015 in einem Interview: »*Ich möchte Kohl zugutehalten, dass er im Grunde ein anständiger Politiker gewesen ist.*«

Wir sehen: Wenn wir andere respektlos behandeln, zwingen wir sie zu einer eher emotional unkontrollierten Verhaltensweise – und geben damit die Steuerungsmöglichkeit weiterer Kommunikation und Verhandlungen weitgehend aus der Hand. Respektlosigkeit ist im Kern nicht nur wenig moralisch, sondern insbesondere ein Beleg für mangelnde soziale Intelligenz – und damit alles andere als ein Erfolgsrezept.

Und zu guter Letzt noch ein psychologisches »Goodie«: Wir haben bereits das Phänomen der »Projektion« kennengelernt. Dieses Phänomen können wir auch auf alle Sekundärtugenden anwenden: Alle Sekundärtugenden, deren Beachtung uns schwerfällt (oder die wir gar ablehnen), sind es wert, dass wir sie einmal unter der Perspektive der Projektion betrachten: Warum sind wir immer unpünktlich? Halten wir es mit der Ehrlichkeit nicht so genau? Warum fällt uns Geradlinigkeit schwer? Lassen wir uns leicht »bestechen«? Verweilen Sie bei diesen Fragen einen Moment!

Intrinsische Werte

Nun kommen wir zu den *intrinsischen Werten*. Im Rahmen der Motivationsforschung stellt sich nämlich die Frage, was Menschen wirklich antreibt. Hier sind Ihre eigene Suche und Bewertung gefordert. Ihre Recherche sollte aber nicht bei den »klassischen Werten« (die uns natürlich häufig beeinflussen) haltmachen, sondern auch Ihre Träume, Sehnsüchte, Leidenschaften, Sinnerfüllung oder Ideale einbeziehen. Es geht um das, was uns wirklich wichtig ist, etwas, wofür für wir bereit wären, »unser Leben zu geben«. Ken Robinson nannte es das »Element«.[83] Wir nennen sie in diesem Buch unsere »intrinsischen Werte« oder »Treiber«.

Unser Glück und unser Erfolg im Leben hängen wesentlich davon ab, inwiefern wir uns an diesen intrinsischen Werten orientieren und unser Leben mit unseren Werten zur Deckung bringen. Unsere intrinsischen Werte sind quasi der Richter über unsere Erfolge und unser Glück – wer an seinen intrinsischen Werten vorbeilebt oder gar gegen sie lebt, wird (trotz eventueller äußerer Erfolge) innerlich scheitern. Jetzt verstehen wir, warum Jesus zu seinen Jüngern sagte: »*Was hülfe es dem Menschen, wenn er die ganze Welt gewönne und nähme doch Schaden an seiner Seele?*«[84]

Unsere Treiber sind verantwortlich für das, was uns motiviert, was unsere Ziele bestimmt und was uns Energie verleiht. Und unsere Treiber sind die Grundlage dafür, was wir lieben. Deshalb führt in diesem Buch der Weg von den Treibern zu unserer Potenzialentwicklung, dann zu den Stationen *Life Purpose*, *Visionen* und *Zielen*. Und von dort zu *Umsetzung* und *Erfolg*. Wenn wir erfolgreich sein wollen, müssen wir lieben, was wir tun. Liebe definiert unser Ziel und gibt uns die Energie, es zu erreichen. Liebe ist das Fundament unseres Erfolgs.

Unsere Treiber verschaffen uns sehr viel Klarheit und Orientierung über uns selbst (»Was gibt mir Sinn und Erfüllung?«, »Was ist mein Leitstern in meinem Leben?«). Nehmen Sie nochmals das Beispiel der Geschwister Hans und Sophie Scholl: Sie sind für die Werte, von denen sie überzeugt waren, in den Tod gegangen. Nicht, weil sie lebensmüde waren, sondern weil sie bereit waren, ihr Leben für die von ihnen als richtig erkannten Werte zu opfern. Insofern war ihr Einsatz nicht umsonst, sondern gemessen an ihren Werten, die ihr Leben überdauern, ein Erfolg!

Wahre Werte halten wir hoch, selbst wenn unser Bekenntnis zu ihnen uns Nachteile verschafft. Gerade dann zeigt sich die Stärke von Werten. Sie sind die beste Mauer gegen Opportunismus und feige Nachgiebigkeit. Nun sind wir nicht alle zum Märtyrer geboren, aber die Suche nach unseren Werten sollten wir nie aufgeben. Wir machen uns selbst und die Welt damit etwas besser. Deshalb erscheint es mir so wichtig, dass wir auf die Frage nach unseren inneren Werten (»What is your dream? What gets your juices flow? What drives you?«) eine Antwort haben! Nur dann haben wir ein solides Fundament für unser Handeln! Wenn wir gegen unsere intrinsischen Werte leben, leben wir emotional im Ungleichgewicht, das kann auf Dauer nicht gut gehen! Vernachlässigen wir hingegen extrinsische Werte, haben wir vielleicht Stress mit anderen, mit Vorgesetzten, mit unserem Freundeskreis, mit unserer Familie oder gar mit dem Gesetz – aber nicht mit uns selbst, weil wir mit unseren intrinsischen Werten in Harmonie leben.

Die intrinsischen Werte geben uns nicht nur Erkenntnis (»Was soll ich tun?«), sondern verleihen uns eine fast unerschöpfliche Energie, diese Werte zu leben und tatkräftig umzusetzen. Haben Sie schon einmal erlebt, welche Energie ein Kleinkind entwickeln kann, wenn es unbedingt etwas erreichen oder haben möchte? Und jeder Bergsteiger weiß: Wenn der Berg ausgesucht ist und alle Vorbereitungen getroffen sind, ist Energie und Motivation zur Besteigung kein Problem mehr. Falls das nicht der Fall sein sollte, ist es der falsche Berg. Ausfluss dieser Energie werden sein: mentale Stärke, Disziplin, Durchhaltvermögen, Mut und starker Willen. Dazu kommt inhärent ein gutes Gewissen (uns selbst gegenüber!) und ein bestätigter Selbstwert, weil man gemäß seinen Lebensmotiven lebt.

Der »heilige Gral«, nach dem die Menschen seit Jahrtausenden im Außen suchen, liegt in uns selbst verborgen. Unsere intrinsischen Werte sind hinsichtlich der emotionalen Schubkraft und der zeitlichen Nachhaltigkeit immer stärker und dauerhafter als extrinsische Werte. Nicht alle Menschen sind sich jedoch ihrer intrinsischen Werte bewusst und viele Menschen laufen deshalb blind durch ihr Leben. Und wenn sie sich dieser bewusst sind, heißt das noch nicht, dass sie dazu stehen. Durch entsprechende individuelle Prägung können Menschen so konditioniert sein, dass sie sich selbst verleugnen und lieber extrinsischen Werten den Vorrang einräumen. Sie zahlen dafür allerdings meist einen hohen Preis.

Das Fantastische ist nun, dass diese Informationsquelle in Ihnen bereits vorhanden ist. Sie müssen diese »Goldmine« nur freilegen. Werden Sie sich Ihrer intrinsischen Werte bewusst und setzen Sie diese um! Alle Bücher, Anleitungen, Seminare und Kurse, die sich mit Erfolg im Allgemeinen, aber nicht mit den intrinsischen Werten im Besonderen auseinandersetzen, können Sie in Zukunft in die Tonne werfen. Es wird für Sie vielleicht jetzt nachvollziehbar, warum am Apollotempel in Delphi in früheren Zeiten einmal der Spruch stand: »*Gnōthi seautón*« – »*Erkenne dich selbst!*«[85] Wie man nun seine Treiber findet und erkennt, werden wir in einigen nachfolgenden Kapiteln in Band 2 (insbesondere in den Kapiteln *Individualität* und *Potenzialentwicklung*) näher betrachten.

Um nicht missverstanden zu werden: Die Heraushebung der intrinsischen Werte bedeutet in keinem Fall, dass wir uns jetzt einem hemmungslosen Egoismus und Narzissmus hingeben sollen: Egoismus und Narzissmus sind gerade keine erlösten Formen unserer intrinsischen Werte, sondern das Gegenteil: Sie hindern uns daran, unsere wahren intrinsischen Werte – oft zum Nachteil unserer Mitmenschen – zu leben.

Zusammenspiel von extrinsischen und intrinsischen Werten

Während unsere intrinsischen Werte eine wesentliche Grundlage unserer Zufriedenheit und unseres Glückes im Leben sind, fällt den extrinsischen Werten die Aufgabe zu, unser Verhalten quasi wie Leitplanken zu steuern, und zwar in *dreifacher* Weise:

- um uns selbst vor jeglicher Art von *Exzessen* (z. B. jeder Art von Abhängigkeit) zu schützen,
- um uns *anzuspornen,* wenn unsere mentalen Energien einmal schwach werden (»*Der Geist ist willig, das Fleisch ist schwach*«) und

- um andere Menschen in ihrer persönlichen (psychischen oder physischen) *Integrität* zu bewahren und ein sozialverträgliches Zusammenleben zu sichern (»Anti-Wirthaus-Schlägerei-Funktion«).

Intrinsische Werte dienen der persönlichen Vervollkommnung – und extrinsische Werte dem sozialverträglichen Zusammenleben. Daraus können immer wieder Konflikte entstehen. Viele Theaterstücke, Romane und Filme leben von solchen Konflikten. Im Konfliktfall zwischen zwei Werten wird sich am Ende eine Hierarchie herausbilden, sodass ein Wert den anderen im konkreten Fall ausstechen wird – oder wir in lähmender Unentschiedenheit verharren. Die wichtigen Momente unseres Lebens bestehen oft darin, solche Konflikte zu lösen. Das ist manchmal schwierig, weil Werte (egal, ob ex- oder intrinsisch) schon aus sich heraus immer relativ und nie absolut sind. Die Auflösung solcher Konflikte mag nicht immer einfach sein, noch schlimmer ist es jedoch, diese Konflikte zu verdrängen.

Das richtige Zusammenspiel beider Ebenen, intrinsische und extrinsische Steuerung, ist daher eine ganz wichtige Basis für unseren Lebenserfolg. Ich nenne dieses Zusammenspiel den »wertebasierten Erfolg«. Aus unseren intrinsischen Werten kommt die Kraft, von unseren extrinsischen Werten kommt die (sozialverträgliche) Steuerung. Nur beide Dimensionen zusammen ergeben die richtige Schubkraft. Das kommt uns bekannt vor: Schon im Kapitel *Macht der Gefühle* kamen wir zu dem Ergebnis, dass das Gefühl entscheidet und der Verstand ausführt! Hier werden die Gefühle lediglich durch die intrinsischen Werte ersetzt. Diese werden damit auch zum Treiber unserer Erfolgsorientierung.[86]

Betrachten wir das Konzept des wertebasierten Erfolgs noch aus einer negativen Perspektive: Auch der Dieb, der Mörder und selbst der Selbstmörder haben für ihr Tun regelmäßig ein für sie valides, jedoch meist verborgenes intrinsisches Motiv.[87] Das Handeln dieser Menschen ist jedoch insofern unerlöst, da sie ihre (meist unbewussten) intrinsischen Werte in einer Weise ausleben, die ihnen selbst und anderen Menschen schadet: Sie suchen Liebe und verbreiten Leid, sie lechzen nach Anerkennung und erniedrigen ihre Mitmenschen. Viele Kriege auf dieser Welt wären uns erspart geblieben, wenn die Verantwortlichen nicht eine fehlgeleitete Artikulation ihrer intrinsischen Werte gewählt hätten.

Das biblische Gleichnis von Kain und Abel hilft uns hier vielleicht weiter: Entgegen mancher Fehlinterpretation soll es nicht die Welt in gute und schlechte Menschen aufteilen. Vielmehr soll es uns zeigen, wie die unerfüllte Sehnsucht von Kain nach Anerkennung sowie seine Eifersucht ihn zu verbitterten Gedanken und schließlich zum Brudermord treiben. Er hätte auch einen anderen Weg wählen und der Frage nachgehen können, warum sein Opfer nicht von Gott akzeptiert wird (leider gab es damals noch keine Psychotherapie). Kain ist nicht per se ein schlechter Mensch, er hat nur den falschen Weg gewählt und muss sich für sein Tun verantworten. Dennoch ist nicht sein intrinsischer Wert (Streben nach Anerkennung), sondern seine praktische Umsetzung sein Problem. Die Funktion jeglicher Sanktion von Menschen sollte daher immer anstreben, dass Menschen sich ihrer intrinsischen Werte bewusst werden und in Zukunft andere (für die Gemeinschaft verträgliche) Wege für ihre Artikulation wählen können. Nur so werden Sie einem anderen Menschen helfen, ein besserer Mensch zu werden – und lassen ihn in seiner Verantwortung.

Ist Ethik uneigennützig?

Ethische Werte genießen im Alltag, aber auch und gerade in Politik und Wirtschaft oft nur eine oberflächliche Anerkennung. Viele sind der Auffassung, dass ethische Werte eine »Schönwetterveranstaltung« sind, letztendlich aber der Erreichung der eigenen Ziele eher im Wege stehen. Sehr schön zusammengefasst wurde das von Bertolt Brecht in der Dreigroschenoper: »*Erst kommt das Fressen, dann kommt die Moral.*« Ethischen Werten hing schon immer ein gewisser Beigeschmack der Uneigennützigkeit an, etwa nach dem Motto: »Wenn ich mich ethisch verhalte, verstoße ich eigentlich gegen meine eigenen Interessen zugunsten eines anderen«. Eine oberflächliche Betrachtung scheint diese Einschätzung zu tragen. Gräbt man tiefer, so gelangt man meiner Meinung nach zu anderen Ergebnissen: Wer ethisch lebt, tut sich etwas Gutes, handelt insgesamt betrachtet aber immer eigennützig – und zwar aus drei Gründen:

1. Direkte Gegenseitigkeit

Zunächst gibt es das Prinzip der *direkten Gegenseitigkeit*: Wenn Sie freundlich zu anderen sind, werden diese Ihnen gegenüber meist auch freundlich sein. Das, was Sie ausstrahlen, wird Ihnen spiegelartig zurückgegeben. Oder: Wie wollen Sie als Führungskraft Loyalität von Ihren Mitarbeitern einfordern, wenn Sie nicht selbst loyal sind? Der Volksmund sagt: »*Wie man in den Wald hineinruft, so schallt es heraus.*« Ihr Verhalten ist nicht uneigennützig, weil Sie daraus direkt einen Vorteil erlangen. Unabhängig davon, ob Ihnen sofort Ihre freundliche oder loyale Art von anderen gespiegelt wird, sind Sie auch Vorbild für andere und ermutigen diese, sich ebenfalls freundlich oder anständig zu verhalten. Viele Menschen lassen sich durch das gute Vorbild anderer motivieren – leider durch das schlechte Vorbild anderer auch. Zugegebenermaßen funktioniert diese direkte Gegenseitigkeit in der Praxis nicht immer, aber Sie müssen sich nie den Vorwurf machen, es habe an Ihnen gelegen.

2. Indirekte Gegenseitigkeit

Jenseits der direkten Gegenseitigkeit gibt es auch eine *indirekte Gegenseitigkeit*. Viele betrachten Gegenseitigkeit zu sehr als direktes Tauschgeschäft. Wir denken, dass A dem B die Ware gibt, und B dafür dem A das Geld. Das ist nicht falsch und so funktioniert weitgehend unsere kapitalistische Wirtschaft. Zieht man den Bogen für die Betrachtung unseres Lebenserfolges weiter, so wird man erkennen, dass die Kausalkette viel umfassender ist: Jenseits des typischen Warengeschäfts gibt es oft im Leben Situationen, in denen B dem A entweder gar nichts (z. B., weil er mittellos ist) oder nicht sofort etwas zurückgeben kann. Dann ist es dennoch möglich, dass eine weitere Kausalkette in Gang gesetzt wird: A erweist B einen Gefallen, B dem C, C dem D, D dem E und E hilft wiederum A. Dann ist der Kreis wieder geschlossen. In diesem energetischen Kreis wird also alles, was ich an positiver Energie in die Welt hinausgebe, auf

Ist Ethik uneigennützig?　　　　　151

irgendeine Weise zu mir zurückkommen. Dies ist eine Art von Resonanz und Energieerhaltung in einem großen, aber in sich geschlossenen System. Insofern bekommt der Satz »*Alles ist mit allem verbunden*« über die esoterische und quantenmechanische Bedeutung eine umfassendere Bedeutung für unser aktives Handeln und unser Streben nach Erfolg.

3. Steigerung des eigenen Glücksgefühls

Gehen wir über die Ebene der Gegenseitigkeit hinaus. Für andere etwas zu tun, einen Beitrag zu einem größeren Ganzen zu leisten, ist für viele Menschen eine deutliche Verstärkung ihres Gefühls von Sinn und innerer Befriedigung. Das ist sozusagen der Turbolader bei der eigenen Sinnerfüllung. Hierzu eine kleine Geschichte:

> *Drei Steinmetze arbeiten auf einer Baustelle. Ein Wanderer kommt vorbei und fragt jeden: »Was tust du?« Der erste Steinmetz ist recht mürrisch und antwortet: »Ich verdiene meinen Lebensunterhalt.« Der zweite Steinmetz klopft stolz auf seine Steine und sagt: »Ich bin der beste Steinmetz im Lande.« Der dritte Steinmetz aber blickt den Wanderer mit glänzenden Augen an und sagt: »Ich baue eine Kathedrale.«*

Alle drei Steinmetze sehen in ihrer Arbeit einen Sinn. Der dritte zieht aus seiner Arbeit wahrscheinlich jedoch wohl die größte persönliche Befriedigung, weil er einen Beitrag zu etwas Größerem und damit auch für andere Menschen leistet. Marx hatte also nicht recht, denn nach seiner Theorie (»*Das Sein bestimmt das Bewusstsein*«) müssten alle Steinmetze das Gleiche denken. Jedoch hat der letzte Steinmetz eine andere Grundeinstellung als die anderen. Er macht sich und andere glücklich – und sein Glück ist umso größer, je größer das Glück der anderen ist!

Ich möchte daher behaupten: Es gibt keine wirkliche Uneigennützigkeit im überkommenen Sinne. Alles, was wir tun, ist eigennützig. Anders können wir Menschen gar nicht handeln. Auch eine Mutter Teresa nahm ihre Handlungen der Fürsorge und Hilfe in Übereinstimmung mit ihren intrinsischen Werten und ihrem Gewissen vor. Alles, was sie tat, war kein Tauschgeschäft, sondern die Erfüllung ihrer intrinsischen Werte. Materielle Werte waren nicht wichtig für sie, aber ihre Werte bedeuteten ihr viel. Sie machte andere, aber auch sich selbst glücklich! Damit handelte auch sie eigennützig! Jede – aus konventioneller Betrachtung – uneigennützige erscheinende Handlung (Seenotrettung im Mittelmeer, medizinische Versorgung im Krisengebiet, Rockkonzert für Aidskranke) ist insofern eigennützig, als sie z. B. intrinsische Werte ihrer Protagonisten (z. B. Idealismus) erfüllt.

Wenn Sie das nächste Mal eine Spende machen, denken Sie über Ihre Motive nach! Ihre Spende ist trotz der Uneigennützigkeit im äußeren Sinne eigennützig, weil Sie sich nach der Spende besser fühlen. Vielleicht ist Ihr Motiv »Mitmenschlichkeit«, ein »Beitrag für die Umwelt« oder einfach »Lebensfreude«. Es geht immer um Ihr Motiv! Ihre Spende ist immer mit einem Ihrer intrinsischen Werte verknüpft!

So gesehen ist das Streben nach Sinnerfüllung ein von der Natur genial konzipierter Mechanismus: Wir erhöhen unsere eigene Sinnerfüllung dadurch, dass wir für etwas Größeres – und damit für andere – einen Beitrag leisten. Dies ist auf den ersten Blick uneigennützig, auf den zweiten Blick jedoch in zweifacher Weise eigennützig im positiven Sinne:

Erstens steigern wir – was die Psychologie nachgewiesen hat – unser persönliches Glücksgefühl, wenn wir für andere etwas tun oder einen Beitrag für etwas leisten, was größer ist als wir selbst.

Zweitens ist der Schenker immer glücklicher als der Beschenkte. Das mag Sie verwundern, ist aber so. Probieren Sie es einmal bewusst aus. Der Schenker baut Energie auf und fühlt sich gut, ja, er kann sich noch zusätzlich an der Freude des Beschenkten erfreuen, während der Beschenkte zwar ein Geschenk erhält, jedoch in der Beziehung zum Schenker psychologisch eher »belastet« ist (üblicherweise muss er sich bedanken und es wird von ihm häufig »moralisch« erwartet, irgendwann auch etwas zurück zu schenken).

Was wir eigentlich meinen, wenn wir umgangssprachlich von »Eigennützigkeit« sprechen, ist Selbstbezogenheit, Narzissmus und Egoismus zum Schaden anderer bzw. der Gemeinschaft. Diese Form menschlichen Verhaltens wird jedoch deshalb kritisiert, weil der Handelnde nur an sich und nicht an die anderen denkt (z. B. Hasskommentare im Internet, Stalking, Missbrauch, Korruption, Betrug, Cyberkriminalität, Raubmord).

Hier wird der altrömische Grundsatz des »neminem laedere« – »niemandem schaden« verletzt. Diese Form von Selbstbezogenheit und Egoismus muss in einer Gesellschaft sanktioniert werden – nicht wegen des Eigennutzes, sondern wegen der Schädigung. Ob auf Grundlage dieser schädigenden Eigennützigkeit langfristig ein wahrer persönlicher Erfolg erzielt werden kann, wage ich zudem zu bezweifeln. Denn diese selbstbezogenen Egomanen sind zum tieferen Kern ihrer intrinsischen Werte und Lebensmotive noch gar nicht vorgedrungen. Wer Bestechungsgelder annimmt, hat sich mit seinen intrinsischen Werten meist noch nicht befasst. Wahrer Erfolg ist nachhaltig und schädigt nicht Dritte oder die Umwelt. Nur mit diesem Ansatz werden Sie langfristig Erfolg haben – weil Sie die Kräfte des Resonanzgesetzes auf Ihrer Seite haben.

Die von mir dargelegte Eigennützigkeit ist anders, weil sie niemandem schadet. Adam Smith wies bereits auf die »unsichtbare Hand des Marktes« hin, bei welcher der Eigennutz des einen (z. B. Verkauf von Brötchen, um Geld zu verdienen) auch dem Eigennutz des anderen (Erwerb von Nahrungsmitteln) dient. Dies mag in unserer komplexen Welt sehr simpel klingen, ist jedoch meines Erachtens ein ganz elementarer Grundsatz einer funktionierenden Gesellschaft, die auf dem Erfolg ihrer Mitglieder beruht. Es ist unbestritten, dass dies nicht das Ende der Betrachtung ist und dass eine moderne Politik, z. B. im Bereich der Ordnungspolitik, der Regulierung privaten und staatlichen Handelns oder der Sozial- und Umweltpolitik, für angemessenen Ausgleich und Sicherheit zu sorgen hat. Das ist hier nicht mein Punkt. Entscheidend für die vorliegende Betrachtung ist, dass eine Veränderung unseres Bewusstseins erforderlich ist: Wir orientieren uns an ethischen Werten nicht aus einer altruistischen Grundhaltung heraus, die uns anderweitig (z. B. wirtschaftlich) schadet, sondern wir orientieren uns deshalb daran, weil diese Werte letztlich unserem wohlverstandenen und positiv zu bewertenden Eigennutz dienen.

Wir müssen die Ethik von ihrer traditionellen »Opferhaltung« der Uneigennützigkeit befreien und sie zu einer Basis eines allseits gelingenden, erfolgreichen Lebens machen. Ethik ist nicht uneigennützig – nie. Weil wir uns immer selbst schlecht behandeln, wenn wir andere schädigen. Diese wohlverstandene Eigennützigkeit ist die Basis unseres Erfolgs. Denn diesen haben wir nur mit anderen und nicht gegen sie. Ethik hilft uns dabei. Verabschieden wir die »Uneigennützigkeit« der Ethik als Heuchelei! Lassen wir uns von Oscar Wilde ermutigen: »*Auf seine eigene Art zu denken, ist nicht selbstsüchtig. Wer nicht auf seine eigene Art denkt, denkt überhaupt nicht.*«

Praktischer Umgang mit intrinsischen und extrinsischen Werten

Nun haben wir die Theorie des wertebasierten Erfolgs verstanden: Aus unseren intrinsischen Werten kommt die Kraft, von unseren extrinsischen Werten kommt die (sozialverträgliche) Steuerung. Kommen wir nun zur Praxis. Ich habe für Sie folgende Anregungen:

1. Werden Sie sich über Ihre intrinsischen Werte klar – erkennen Sie sich selbst! Werden Sie sich bewusst, was Ihnen wirklich wichtig im Leben ist, wer Sie wirklich sind!
2. Nehmen Sie sich viel Zeit für die Arbeit und Auseinandersetzung mit Ihren intrinsischen Werten. Denn, wenn Sie hier nachlässig arbeiten, wird Ihr ganzes »Haus des Erfolgs« auf einem schiefen, seichten Untergrund aufgebaut werden.
3. Betrachten Sie Ihr Leben als Entdeckungsreise oder Abenteuer! »You ain't seen nothing yet!« Erkennen Sie die Wirkkraft intrinsischer Werte für die Entwicklung Ihrer Potenziale!
4. Klären Sie, inwieweit Ihr bisheriges Leben zu Ihren intrinsischen Werten passt und wo es Korrekturbedarf gibt. Entwickeln Sie eine Umsetzungsstrategie für Ihre neuen Erkenntnisse.
5. Werden Sie sich bewusst, dass Sie auch Erfolg nur mit und durch andere haben können.
6. Werden Sie sich bewusst, wie Sie mit Ihren Mitmenschen umgehen und ob es hier auch Korrekturbedarf gibt. Lernen Sie den großen Wert von Sekundärtugenden für die Steuerung Ihres Verhaltens und Ihres Erfolgs schätzen und arbeiten Sie an ihnen!

7. Werden Sie sich der möglichen Konflikte zwischen Ihren intrinsischen Werten und manchen extrinsischen Werten um Sie herum bewusst. Stellen Sie sich bei Bedarf diesen Konflikten!

8. Nehmen Sie sich auch einmal Zeit, sich mit störenden Sekundärtugenden zu befassen. Auch hier liegt vielleicht das eine oder andere Geheimnis für Sie bereit.

9. Entwickeln Sie ein umfassenderes Verständnis von ethischem Verhalten als grundsätzlich eigennützigem Verhalten, welches nicht nur anderen, sondern auch Ihnen selbst dient.

10. Gehen Sie all dies nicht mit tierischem Ernst, sondern spielerisch und mit Humor an – vor allem dann, wenn es gerade nicht so gut läuft.

LITERATUR:

- Covey, S., *The Seven Habits of Highly Effective People*, Simon & Schuster, 1992 (Reprinted 1994) (insb. Habit 2).
- Hacke, A., *Über den Anstand in schwierigen Zeiten und die Frage, wie wir miteinander umgehen*, 5. Aufl., Kunstmann, 2018.
- Hüther, G., Würde, *Was uns stark macht - als Einzelne und als Gesellschaft*, 3. Aufl., Knaus, 2018.
- Peterson, J. B., *12 Rules for Life: An Antidote to Chaos*, Allen Lane, 2018 (insb. Rule 7).
- Robinson, K./Aronica, L., *The Element: How Finding Your Passion Changes Everything*, Penguin, 2009.
- Middelhoff, Th., *Schuldig. Vom Scheitern und Wiederaufstehen*, Adeo, 2019.

Kapitel 7
Wahrheit und Mut

»Niemand ist weiter von der Wahrheit entfernt als derjenige, der alle Antworten weiß.« (Zhuangzi)

»Zwischen Hochmut und Demut steht ein Drittes, dem das Leben gehört, und das ist ganz einfach der Mut.« (Theodor Fontane)

Wahrheit

Was ist Wahrheit? Wer sich mit dem Wert »Wahrheit« befasst, wird zunächst auf eine verwirrende Fülle von Begriffen, Definitionen und Abgrenzungen stoßen. Insbesondere, weil die Wahrheit nicht erörtert werden kann, ohne sich mit dem Begriff der »Wirklichkeit« auseinanderzusetzen. Heerscharen von Philosophen und Wissenschaftlern haben sich an diesen Begriffen schon manchen Zahn ausgebissen und immer noch gibt es keine endgültige Wahrheit über »Wahrheit« und »Wirklichkeit«. Schlimmer noch: Die Begriffe gehen bunt durcheinander, wo der eine »Wahrheit« sagt, meint der andere »Wirklichkeit«. Sie werden also um eine persönliche Auseinandersetzung mit diesen Werten nicht herumkommen. Um Sie völlig zu verwirren, möchte ich noch den Begriff der »Ehrlichkeit« ins Spiel bringen, der sich von »Wahrheit« und »Wirklichkeit« ebenfalls abhebt. Sortieren wir ein wenig aus:

Wirklichkeit

Wirklichkeit wird für mich auf einer höheren Stufe dadurch beschrieben, dass alles, was im Großen und Kleinen auf der Welt, im All und im gesamten Universum existiert und passiert, unabhängig von irgendeiner subjektiven Perspektive, Beobachtung oder Bewertung *objektiv* – und ohne Zweideutigkeit und Unsicherheit – existiert und passiert. Zudem würde diese Wirklichkeit den menschlichen Traum realisieren, dass alles, was je war und ist, in einer »virtuellen Bibliothek« (quasi einer allumfassenden »Blockchain«) für ewig objektiv gespeichert wird.[88] Diese reine »objektive Wirklichkeit« wäre für mich absolut, d. h. unabhängig von irgendetwas, es wäre ein Realismus, der die Existenz einer beobachterunabhängigen Welt für möglich hält.[89] Sie wäre letztlich ein Synonym für Gott (oder eine sonstige höhere nicht religiös verortete Intelligenz). Für uns Menschen ist diese objektive Wirklichkeit auf keinen Fall erfahrbar, aber für unser praktisches Leben auch nicht besonders relevant. In dieser Sphäre spielt die Wahrheit keine Rolle, denn das, was objektiv existiert, braucht sich an der Wahrheit nicht messen lassen, denn es ist immer wahr.

Auf einer tieferen Stufe ist Wirklichkeit etwas *subjektiv Wahrnehmbares* und *Erfahrbares*. Was wir wahrnehmen und erfahren, ist unsere »Wirklichkeit«. Ich nenne dies die »subjektive Wirklichkeit«. Sie ist auch die Grundlage unserer Wissenschaft. Diese subjektive Wirklichkeit ist subjektiv in viererlei Hinsicht:

Erstens haben wir durch die Quantenphysik gelernt, dass allein die Beobachtung eines Vorgangs seinen Verlauf beeinflussen kann. Subjektive Beobachtung verändert Wirklichkeit. Auf der Ebene des Erfahrbaren bringt das eine gewisse Unsicherheit mit sich.

Zweitens wird unsere subjektive Wirklichkeit dadurch geprägt, dass wir durch den Vorgang des individuellen Wahrnehmens eine subjektive Verfälschung der objektiven Wirklichkeit bewirken. Das Wahrnehmen wird beeinflusst durch *sieben* Faktoren: Sehen, Hören, Riechen, Schmecken, Tasten, Empfinden/Fühlen und schließlich durch unsere (bewusste oder unbewusste) innere Einstellung. Diese subjektive Verfälschung führt dazu, dass wir Menschen (und zwar alle Menschen!) denselben objektiven Sachverhalt in subjektiver Hinsicht unterschiedlich wahrnehmen und bewerten können, weil wir nur den (wie auch immer von uns gefilterten) Schein (nicht das Sein) der uns umgebenden Welt erfahren.[90] Was wir landläufig als objektive Wirklichkeit bezeichnen, ist daher nur die Zusammenschau von zahlreichen subjektiven Wirklichkeiten.

Drittens müssen wir bei der Beobachtung der subjektiven Wirklichkeit auch jenseits der mikroskopischen Ebene der Quantenmechanik stets kritisch vorgehen und zwischen Korrelation und Kausalität unterscheiden: Schon David Hume hat uns gelehrt, dass wir nur beobachten können, dass B auf A folgt, aber nicht, dass A die Folge B verursacht hat. Wir können sehen, dass ein Apfel vom Baum fällt – aber wir können nicht sehen, dass er wegen der Schwerkraft fällt. Wir können Kausalität denken, aber nicht wahrnehmen.

Viertens entfernen wir Menschen uns in allen Geschmacksfragen (»Der Pudding schmeckt gut«) und Bewertungsfragen (»Ich finde das Buch langweilig«) ohnehin von einer festen objektiven Wirklichkeit. Und nicht selten ist es nicht ganz einfach, eine Bewertung von einer Tatsache zu unterscheiden (»Das Auto fuhr schnell«).

All diese unterschiedlichen Wahrnehmungswelten sind in vielen Fällen die Grundlage für eine misslungene Kommunikation, weil jeder in seiner »Welt« recht hat und gar nicht verstehen kann, dass ein anderer einen bestimmten Sachverhalt völlig anders wahrnimmt bzw. bewertet. Unser Problem ist also häufig, dass wir unsere subjektiv wahrgenommene Wirklichkeit für eine objektive Wirklichkeit halten – es ist uns häufig ein Rätsel, warum andere Menschen unsere (subjektive) Wirklichkeit ganz anders sehen und bewerten. Werden wir uns also bewusst, dass die Unterschiede in der Wahrnehmung und Bewertung unserer Welt einen wesentlichen Einfluss auf unsere Kommunikation und Kooperation mit anderen Menschen nimmt! Ich bin für mich daher auch zu dem Schluss gekommen: »*80 Prozent unserer Probleme sind Kommunikationsprobleme!*«

Wahrheit

Was ist nun Wahrheit? Wahrheit ist ein *menschliches Konstrukt*. Wahrheit kommt nur dann ins Spiel, wenn wir die Übereinstimmung einer Aussage, einer Behauptung, einer Theorie etc. mit einer Tatsache, einem Sachverhalt oder der (subjektiven) Wirklichkeit prüfen.[91] Die Natur kennt keine Wahrheit, sie existiert einfach. Das Universum braucht keine Wahrheit, es existiert einfach. Damit wird Wahrheit für uns Menschen zu einer nicht einfachen Angelegenheit: Eine subjektive Aussage wird daraufhin geprüft, ob sie mit einer subjektiv wahrgenommenen Wirklichkeit übereinstimmt. Sowohl unsere Aussagen also auch unsere subjektiv wahrgenommenen Wirklichkeiten sind daher von Unschärfen geprägt.

Das soll uns nicht veranlassen, der Wahrheit keine Bedeutung für unser Leben beizumessen. Wir sollten aber mit Wahrheiten behutsam umgehen, uns selbst und anderen gegenüber – denn manchmal können wir uns auch irren! Und vielfach ist Wahrheit auch ambivalent, wie schon Hannah Arendt erkannte: »*Wahrheit gibt es nur zu zweien.*« Deshalb könnte im Einzelfall das Gegenteil von einer Wahrheit eventuell auch neben einer anderen Wahrheit bestehen. Und vielleicht ist wegen dieser Ambivalenz die Wahrheit auch nicht immer so wichtig? Ein Zen-Spruch geht sogar noch weiter: »*Suche nicht nach Wahrheit, hör' einfach auf, über alles eine Meinung zu haben.*«

Ehrlichkeit

Kommen wir zur Ehrlichkeit: Sie ist eine rein subjektive Betrachtungsebene. Warum? Ich kann ehrlich sein und doch die Unwahrheit sprechen, weil ich mich z. B. in meiner Wahrnehmung oder Erinnerung getäuscht habe.

<u>Beispiel:</u>
Wer vor Gericht im Zusammenhang mit einem Verkehrsunfall aussagt, dass das von rechts kommende Auto blau war (obwohl es tatsächlich rot war), wird nur bestraft, wenn er sich der Unrichtigkeit seiner Aussage bewusst ist. Spinnt man diesen Gedanken weiter, kann paradoxerweise

sogar der unehrliche Zeuge die Wahrheit sagen (z. B., wenn der Zeuge sich fälschlicherweise dahingehend erinnert, dass das Auto blau war, und dennoch bewusst abweichend davon aussagt, es sei rot gewesen – was ja objektiv richtig ist). Obwohl er unehrlich ist, wird er nicht bestraft – denn er hat ja »objektiv« die Wahrheit gesagt.

Unsere Unfähigkeit, letzte Wahrheiten über die Wirklichkeit – und manchmal auch über Wahrheit und Ehrlichkeit – zu erlangen, sollte uns in unserem Leben in manchen Fällen etwas demütig werden lassen. »Demut« wird hier zur Stärke. Und damit wären wir auch schon beim »Mut«.

Mut

Mut bedeutet, etwas zu wagen, ein Risiko einzugehen, sich in eine mit Gefahren verbundene Situation zu begeben, um dadurch ein höheres Ziel zu erreichen. Mut kann sich in einer Handlung (z. B. Selbstständigmachen eines Angestellten) oder in einer Handlungsverweigerung (z. B. einem sozialen Zwang zu widerstehen, indem man Nichtraucher bleibt, obwohl alle in der Clique rauchen) zeigen. Der Leitsatz von Immanuel Kant zur Aufklärung lautete: »*Sapere aude! – Habe den Mut, dich deines eigenen Verstands zu bedienen!*« Aufklärung hatte also nicht nur mit Erkenntnis, sondern auch mit *Mut* zu tun. Mit Mut eigenständig zu erkennen, zu handeln sowie auch aus dem Schatten hervorzutreten und sich zu zeigen. Deshalb sollte ein Satz im *III. Flugblatt* der Geschwister Scholl vom Sommer 1942 uns immer wieder wachrütteln: »*Verbergt nicht Eure Feigheit unter dem Mantel der Klugheit.*« Wir sollen also nicht unklug handeln, aber auch nicht durch vorgeschobene Klugheit mutlos sein.

Fünf Elemente des Mutes sind meines Ermessens nach hervorzuheben:

1. Der mutige Mensch *überwindet* eine innere Hemmschwelle, er begibt sich aus der Komfortzone seines Lebens heraus. Auch der Mutige hat Zweifel und Angst – aber er überwindet sie. Wenn Sie also Gefühle von Zweifel und Angst verspüren, heißt das noch lange nicht, dass

Sie nicht zu mutigem Handeln in der Lage wären. Doch der Mutige ist von einer inneren Zuversicht getragen, er glaubt an ein Gelingen seines Schrittes. Seine Seele bezwingt seine Angst und sein Geist seine Zweifel.

Beispiel:
Viele Schauspieler und Künstler haben noch nach vielen Jahren beruflicher Praxis bei jedem Auftritt Lampenfieber. Aber sie überwinden es jedes Mal von neuem.

Neben dieser eher intrinsischen Angst kann die Angst auch durch den Verstoß gegen extrinsische Grenzen (z. B. Ver- und Gebote) begründet werden. Mut ist damit meist auch ein Stück *Ungehorsam*! Ungehorsam ist die Verbindung von Individualität und Mut. Wir erkennen, dass wir persönlich etwas anders machen wollen als die anderen, und wir haben den Mut, dies auch gegen Widerstände umzusetzen. Viele als erfolgreich betrachtete Menschen rebellierten gegen etablierte Systeme: Nelson Mandela gegen politische, Albert Einstein gegen wissenschaftliche, Karl Marx gegen wirtschaftliche, Robert Bosch gegen soziale, Pablo Picasso gegen kulturelle, Martin Luther gegen religiöse und Sokrates gegen philosophische Systeme.

Ich selbst verdanke mein Leben einem mutigen Wehrmachtssoldaten: Hauptmann Engel (Nomen est Omen!) war der Chef der Batterie an der Ostfront, der mein Vater als junger Flakhelfer mit seinen Klassenkameraden in den letzten Kriegsmonaten angehörte. Als im Januar 1945 die Russen unmittelbar dabei waren, die Stellung zu überrollen, gab er seinen Flakhelfern entgegen anderslautendem Befehl von oben die Anweisung, die Munition zu verschießen, die Geschütze zu sprengen und dann »stiften zu gehen«. Ohne diese Befehlsverweigerung hätte mein Vater den Krieg wohl nicht überlebt – die Flakhelfer galten damals als nicht-offizielle Truppen (und damit als Partisanen) und waren vogelfrei. Sie hätten dieses Buch ohne Hauptmann Engel nie in die Hände bekommen.

2. Der mutige Mensch kann seine Gedanken kontrollieren. Denn unsere Gedanken sind meist verantwortlich für unsere geistige Antizipation der möglichen negativen Konsequenzen unseres Handelns, welche uns zurückhält. Die Macht der Gedanken kann uns mutlos machen – oder auch zu Helden. Und oft bringen Menschen den größten Mut auf, wenn sie – z. B. in einer akuten Stresssituation oder Bedrohungslage – gar keine Zeit zum Nachdenken haben.

3. Der Mutige geht ein Risiko ein, d. h., er kann auch scheitern. Mutig kann nur sein, wer die Möglichkeit dieses Scheiterns als mögliche Konsequenz seines Handelns nicht nur sieht, sondern auch (innerlich) akzeptiert. Aber vergessen wir auch nicht: Wer Mut hat, geht ein Risiko ein. Wer keinen Mut hat, auch.

4. Der Mutige braucht eine real existierende Chance des Erfolgs. Wenn diese nicht besteht, wird Mut eher zur sinnlosen Verzweiflungstat. Wer diese Chance nicht hat, sollte sich dies ehrlich eingestehen, sonst wird sein nach außen als mutig dargestelltes Verhalten nur zur Selbstzerstörung führen.[92]

5. Auch wenn der Mutige eine Chance hat, dann wird er abwägen, was er gewinnen und was er verlieren kann. Der Gewinn muss für ihn (in seiner ganz persönlichen Bewertung) höherwertiger sein als der Verlust. Ist die Bilanz negativ, mutiert der Mut zur Dreistigkeit, der Mutige wird zum Hasardeur (ein Mensch setzt beim Roulette sein ganzes Vermögen auf Zero).[93] Dabei ist die Bewertung immer eine individuelle, da nicht nur der Gewinn, sondern auch die Realisierungschancen in der Praxis meist unterschiedlich eingeschätzt werden: Philippe Petit balancierte 1974 achtmal auf einem Drahtseil ohne Sicherung von einen zum anderen Turm des alten World Trade Center hin und her. Für ihn war es Mut, für mich (und wohl auch für viele andere) wäre es Selbstmord gewesen.

Wie hängen Wahrheit und Mut zusammen?

Wahrheit und Mut sind miteinander eng verbunden. Der *Mutige* braucht die Wahrheit, denn nur mit ihr kann er ein verlässliches Risikoprofil erstellen und sein Ziel gegen das Scheitern abwägen. Mit jeder Trickserei betrügt sich der Mutige selbst. Der *Wahrheitssuchende* demgegenüber braucht den Mut, um die Wahrheit zu suchen, zu finden, sie zu artikulieren, für sie geradezustehen und sich für sie einzusetzen. Denn die Wahrheit ist den Menschen oft unangenehm und es erfordert häufig Mut, die Wahrheit auszusprechen, zu hören oder zu akzeptieren.[94]

Die Wahrheit auszusprechen, kann bedeuten, einen Shitstorm zu erhalten, seinen Ruf zu verlieren, »gecancelt« oder im Netz gelöscht zu werden, materielle Nachteile zu haben oder gar zu sterben (jede historische oder aktuelle Diktatur liefert hierfür zahlreiche traurige Beispiele). Die Wahrheit zu hören und zu akzeptieren, ist oft schwer, denn sie beeinträchtigt unser Bild von der Welt oder von uns selbst.

Mut verhält sich zur Feigheit wie die Wahrheit zur Lüge. Damit passt auch die Beziehung von Wahrheit und Mut im Negativen zusammen, denn meist ist der Lügner auch feige, weil er sich nicht traut, die Wahrheit zu sagen, zu hören oder ihre Konsequenzen zu ertragen.

Wahrheit und *Mut* sind daher zwei zentrale Werte für unseren Lebenserfolg. Mut und Wahrheitsliebe hängen miteinander zusammen und langfristig ist ohne beide kein Erfolg möglich. Wenn Sie das ganz anders sehen: Wunderbar! Nur glaube ich nicht, dass Sie den Gipfel Ihres Erfolgs erreichen werden, wenn Sie sich mit diesen beiden Werten nicht intensiv auseinandergesetzt und Ihr Bewusstsein geschärft haben.

Wahrheit und Erfolg

Realitäten anerkennen

Wahrheit bedeutet, Realitäten anzuerkennen. »Was ist, ist – was nicht ist, ist nicht«. Dale Carnegie berichtete in seinem Buch *Sorge dich nicht – lebe*

von einer zerfallenen Kirche in Amsterdam, welche in flämisch die Inschrift trug: »*So ist es. Es kann nicht anders sein.*« Diesen kraftvollen Satz
sollten Sie verinnerlichen, und zwar insbesondere für die Fälle, in denen
es nicht gut läuft. Die Realität kann hart sein – noch härter ist es jedoch,
wenn wir sie verleugnen!

Diese Fälle sind schon unangenehm genug. Aber wenn Sie sich dann
auch noch weigern, die Realität anzuerkennen, wird es umso schwerer
sein, wieder ins Lot zu kommen. Hier gilt es dann, Realität und Bewertung scharf zu trennen. Wenn Sie ein Rennen verloren haben, haben
Sie verloren. Punkt. Wenn die Vase heruntergefallen ist, ist sie kaputt.
Punkt. Wenn Sie jedoch ein anderer Mensch »komisch« anschaut, ist es
zunächst das, nicht mehr und nicht weniger. Punkt. Wie Sie all diese Fälle
dann individuell bewerten, ist eine völlig andere Sache. Wir sollten also
die Realität anerkennen, aber auch nicht mehr: Alle unsere Bewertungen sind willkürlich. Vielfach lassen wir uns jedoch (insbesondere auch
von unserem Meckeraffen) verleiten, unsere Bewertungen als Realität zu
betrachten. Das ist fatal, weil es die Realität verzerrt und damit unsere
Handlungsmöglichkeiten beschränkt.

Die Akzeptanz der Realität ist Selbstermächtigung: Sie sind dann
nicht nur in der Lage, eine eigene subjektive Interpretation und Bewertung der Lage zu wählen, sondern auch eine angemessene Lösung für
Ihr Problem zu finden und umzusetzen. Mit dieser Vorgehensweise ist
das Fundament für eine Verbesserung und für Erfolg langfristig gelegt.
Erst, wenn wir ehrlich unsere Schwächen, Niederlagen und Schatten
akzeptieren, können wir Konsequenzen ziehen, daran arbeiten und uns
verbessern.

Vorteile der Wahrheit

Wahrheit und Ehrlichkeit erlauben uns zudem, geradlinig zu sein bzw.
zu werden. Wahrheit reduziert die Komplexität in Ihrem Leben, wenn
Sie sagen, was Sie denken, tun, was Sie sagen, und sind, was Sie tun. Sie
sparen damit eine immense Energie, die Sie sonst in »Vertuschungsaktionen« aller Art stecken müssen.[95] Das ist durchaus eine Herausforderung,
denn viele Menschen lügen manchen Studien zufolge (z. T. gar nicht

wirklich bewusst) mehrmals am Tag, meist aus Angst, Egoismus oder bloßer Höflichkeit.

Wenn Sie eine Lüge in die Welt setzen, müssen Sie viel Energie aufbringen, um diese auf Dauer glaubwürdig aufrechtzuerhalten, weil die »wirkliche« Welt immer gegen Sie spielt. Schlimmer noch, wenn Sie verschiedene Versionen eines Vorfalls erzählen: Sie müssen dann nicht nur in Erinnerung behalten, wem Sie was erzählt haben, sondern auch dafür sorgen, dass sich bestimmte Adressaten zu diesem Thema nie untereinander austauschen. Wer lügt, füllt seinen Lebensrucksack mit immer mehr Steinen. Und am Ende heißt es: »*Lügen haben kurze Beine*«.

Auch sonst ist die Wahrheit sehr praktisch: Weniger Stress (insb. im »Informationsmanagement«), psychische Klarheit und Gesundheit, erhöhte Glaubwürdigkeit und Vertrauen bei anderen (weil ehrliche Körpersprache), mehr Selbstbewusstsein und Selbstwertgefühl, Stabilität in Beziehungen (privat und beruflich) etc. – das alles sind Elemente für den Erfolg![96] Lügen sind langfristig nie ein guter Weg zum Erfolg. Goethe fasste es in einem Satz zusammen: »*Habt ihr gelogen in Wort und Schrift, Andern ist es und euch ein Gift.*«

Die Selbstlüge

Während bei einer »normalen« Lüge immerhin (meist auch nur kurzfristig) noch ein kleiner Vorteil für den Lügner (zum Nachteil des Belogenen) entstehen kann, sind wir bei der Selbstlüge *immer* selbst der Geschädigte. Wie wollen wir erfolgreich werden, wenn wir uns bei unseren Stärken und Schwächen belügen? Wie wollen wir erfolgreich sein, wenn wir uns bei unseren Sehnsüchten, Träumen, intrinsischen Werten und Zielen belügen oder wenn wir unsere wahren Bedürfnisse, Werte und Ansichten unterdrücken sowie verleugnen? Wie wollen wir erfolgreich sein, wenn wir uns bei der Umsetzung unserer Pläne selbst hinters Licht führen? Glauben Sie mir: Das funktioniert nie!

Auch wenn wir ehrlich zu uns selbst sein wollen, müssen wir achtsam sein. Oft haben wir von anderen (Eltern, Lehrer, Freunde) oder auch durch eigene frühere Erfahrungen »Wahrheiten«, Glaubenssätze oder Perspektiven für uns erworben, die wir für unumstößlich halten. Meist sind dies ganz spezifische Glaubenssätze, die uns positiv – und oft auch leider negativ – beeinflussen. Und oft sind uns diese Wahrheiten und ihre eventuelle Fragwürdigkeit für uns persönlich gar nicht richtig bewusst. Wir sollten uns daher immer wieder kritisch fragen: Sind diese »Wahrheiten« auch meine Wahrheiten oder eher die Wahrheiten anderer? Sind diese »Wahrheiten«, die früher vielleicht einmal stimmten, heute immer noch zutreffend oder längst überholt – weil ich mich oder meine Umwelt sich verändert hat? Tun mir diese »Wahrheiten« heute noch gut oder schaden sie eher meiner Fortentwicklung? Haben sich alte Wahrheiten bei mir in der Zwischenzeit als mein Meckeraffe etabliert? In diesem Zusammenhang kann also die »echte« Wahrheit auch bedeuten, alte »Wahrheiten« über Bord zu werfen. Das wäre dann die »Wahrheit hinter der Wahrheit«! Denn die alte »Wahrheit« ist möglicherweise inzwischen eine (unbewusste) Lüge geworden!

Treiben wir diesen Gedanken der Selbstlüge noch etwas weiter. Belügen wir uns nicht auch immer *selbst*, wenn wir *andere* belügen? Die Frage mag überraschen. Jeder, der lügt, sollte sich immer auch fragen, *warum* er lügt. Offenbar, weil er sich mit der Lüge besser positionieren möchte, als es mit der Wahrheit möglich ist. Meist geht das dann auch mit dem Eingeständnis einher, dass man in Wahrheit unter einer Schwäche leidet, die mit einer Lüge kaschiert werden soll. Oder weil man vor anderen ein gutes Bild abgeben will (und damit von diesen eigentlich abhängig ist). Oder weil man sich einen Vorteil (z. B. eine gute Note) verschaffen will, der einem eigentlich nicht zusteht. Oder weil man Konflikte (z. B. aus Feigheit oder Bequemlichkeit) vermeiden will. Oder, oder, oder.

Mit der Zeit werden unsere Selbstlügen sog. »Lebenslügen«.[97] Aus kleinen Lügen werden größere, aus einmaligen Lügen werden dauerhafte. Und diese Lebenslügen sind eines der größten Hindernisse für unsere Potenzialentwicklung. Wenn wir also lügen, sollten wir uns immer mit der Frage nach dem »Warum« und mit unseren verdrängten Potenzialen und den im Einzelfall bestehenden Alternativen zur Lüge auseinandersetzen. Jordan B. Peterson sagt daher: »*If you will not reveal yourself to others, you cannot reveal yourself to yourself.*«[98]

Die Lüge als Taktik

Nun wird der Einwand kommen, dass es im Leben immer wieder Situationen gibt, in denen man täuschen und lügen muss – die klassische Notlüge. Aus dem Sprichwort »*Ehrlich währt am längsten*« wird dann »*Ehrlich dauert es am längsten*« gemacht. Das wollen wir genauer untersuchen.

Unterstellen wir einmal, dass in manchen Situationen die Notlüge sinnvoll erscheint, dann sollten wir recht frühzeitig einhaken: Was ist denn wahr oder unwahr? Ich komme montagmorgens ins Büro mit Übelkeitsgefühlen wegen einer Darmgrippe. Meine Kollegin fragt mich routinemäßig: »Wie geht's?«. Ist es die Unwahrheit, wenn ich sage »Alles gut«? Was ist die Realität, an der ich den Wahrheitsgehalt meiner Aussage messen lassen muss? Ist es die (nicht-existente) perfekte Welt, in der alles funktioniert und alle gesund und reich sind? Wohl nicht. Ist es mein Befinden vor zwei Tagen, als ich keine Grippe hatte? Vielleicht. Oder ist es unsere existierende Welt in Deutschland insgesamt, wo es den meisten von uns vergleichsweise gut geht (die meisten haben ein Dach über dem Kopf und genug zu essen) und wir eben ab und zu einen verstauchten Fuß, Kopfweh oder eine Darmgrippe haben? Wenn die zuletzt genannte Welt der Maßstab ist, ist dann meine Antwort »Alles gut« wirklich eine Lüge? Geben Sie sich selbst die Antwort!

Spinnen wir das Beispiel fort: Sie haben sich dafür entschieden, meine Antwort als Lüge zu klassifizieren. Dann ist es vielleicht immer noch möglich, eine Rechtfertigung für meine Lüge zu finden. Will meine Kollegin wirklich wissen, wie es mir gerade geht? Oder ist es nicht vielmehr eine höfliche Frage, um den sozialen Kontakt am Montagmorgen herzustellen, d. h., sie ist an einer ehrlichen Antwort gar nicht interessiert? Und wahrscheinlich schon gar nicht an einer detaillierten Schilderung meiner Magen-Darm-Symptomatik! Dies würde bedeuten, meine »Lüge« hat keine Relevanz. Mehr noch: Sie unterstützt ein gedeihliches soziales Miteinander und hat insofern sogar positive Aspekte. Eine andere Relevanz hat meine Antwort nach einer schweren Operation auf die Frage meines Arztes nach meinem Befinden, wo dieses ggf. lebenswichtig für die weitere Therapie ist.

Nehmen wir ein anderes Beispiel, welches diesen Aspekt unterstützt: Eltern lesen oder erzählen ihren kleinen Kindern gerne Gute-Nacht-Geschichten. Dabei handelt es sich oft um Märchen oder Fantasiegeschichten. Sind diese Geschichten von Dornröschen, Schneewittchen oder Harry Potter eigentlich Lügen, denn sie sind ja nicht »wahr«? Doch auch sie dienen einem guten Zweck: Sie beruhigen die Kinder am Abend und regen gleichzeitig ihre Fantasie an. Wenige würden dies wohl als Lügen verdammen, oder?

Lügen haben andererseits auch Kriege angezettelt, aber sie haben auch Leben gerettet. Ich war vor einiger Zeit bei einem beeindruckenden Vortrag des inzwischen leider verstorbenen Sally Perel. Er war der Autor des Buches *Ich war der Hitlerjunge Salomon*, in dem er uns in beeindruckender Weise seine Lebensgeschichte erzählt. Als er während der Flucht vor den Deutschen von deutschen Soldaten aufgegriffen worden war, antwortete er auf die Frage, ob er Jude sei: »*Ich bin kein Jude, ich bin Volksdeutscher!*« Diese Lüge rettete dem Juden Sally Perel das Leben. Er hatte keine andere Wahl. Die Wahrheit (Jude zu sein) wäre der sichere Tod gewesen. Die Lüge diente als Notwehr, um sein Leben zu retten. Perels Lüge war eine bewusste, lebensrettende Lüge. Dieser Aspekt der *Bewusstheit* und der *Lebensrettung* unterschied Perels Lüge von vielen Selbstlügen und Lebenslügen. Wir sehen, dass auch Lügen eine janusköpfige Natur haben.

Zurück zur Praxis: Brauchen wir die Lüge für den sozialen Zusammenhalt, für unser Fortkommen oder gar für unser Überleben? Ein Jurist würde antworten: Es kommt darauf an. Ich glaube, wir müssen diese Frage in der Tat situativ beantworten. Stellen Sie sich vor, Sie gehen in Ihr Büro und treffen Ihren Chef, mit dem Sie am Vortag einen heftigen Streit hatten. Sie lächeln und grüßen freundlich. In Wahrheit aber denken Sie sich: »Du blöder Hund!« Auch wenn der Chef es vielleicht verdient hätte, die Wahrheit zu hören, wäre es taktisch sehr unklug zu sagen, was Sie denken. Und zwar aus *drei* Gründen:

- Die Lüge dient in diesem Fall als *sozialer Schmierstoff*. Wenn wir stets anderen Menschen (oft ohne Not) die harte Wahrheit ins Gesicht brüllen, wäre ein normales Leben wohl kaum mehr möglich.

- Gerade in emotional aufgeladenen Situationen, die sich einen Tag später schon wieder ganz anders darstellen, ist es manchmal sehr klug, zunächst zu schweigen. Am nächsten Tag ist oft wieder viel mehr möglich im sozialen Umgang und unser Schweigen relativiert sich.
- Wir sollten uns im Leben immer fragen, ob wir überhaupt etwas sagen müssen. Natürlich ist bekannt, dass auch ein Schweigen eine Lüge sein kann (wenn ein Mensch in einer geselligen Runde übel beleidigt wird, dann wird unser Schweigen zur Lüge, wenn wir die Beleidigung nicht für akzeptabel halten). Aber davon abgesehen gibt es viele Situationen, in denen wir nicht gezwungen sind, einen Kommentar abzugeben. Dann gilt die kluge Empfehlung in Anlehnung an Voltaire: *»Sage immer die Wahrheit, aber die Wahrheit nicht immer.«* Wir müssen die Kraft haben, bestimmte Situationen auch einmal auszuhalten – und nichts zu sagen. Umgekehrt gilt: Je mehr sich eine prekäre Lage verstetigt, desto größer wird das Gewicht einer Lüge durch Schweigen.

Praktische Aspekte der Lüge

Wahrheit und Lüge sind zwei Pole, zwischen denen Menschen sich immer bewegen.[99] Ausgehen sollten wir immer von der Wahrheit. Ob und inwiefern eine Lüge eine Option ist, wird heftig debattiert.[100] Wenn Sie mit einer Situation konfrontiert werden, in denen eine Lüge eine Option sein könnte, sollten Sie gestaffelt vorgehen und sich folgende Fragen stellen:

- Ist eine Lüge überhaupt von Vorteil? Manchmal ist die blanke Wahrheit unglaublich kraftvoll! Oder denken wir an Max Frisch: *»Die beste und sicherste Tarnung ist noch immer die blanke und nackte Wahrheit. Die glaubt niemand.«*
- Ist es überhaupt eine Lüge, was ich sage (»Mir geht es gut«)? Was ist der Maßstab?
- Ist die Lüge überhaupt relevant für einen anderen?
- Wird durch meine Lüge einem anderen ein Schaden zugefügt oder eher ein Konflikt vermieden bzw. eine Situation/Beziehung stabilisiert?

- Tangiert die Lüge (bei Offenlegung) meine Vertrauenswürdigkeit oder gefährdet sie eine Beziehung?
- Gibt es eine Rechtfertigung zur Aufrechterhaltung des sozialen Friedens, des beruflichen Fortkommens oder gar zur Rettung des eigenen Lebens?
- Liegt eine einmalige Lüge vor oder befinde ich mich bereits im »Dauermodus«?

Wenn Sie diese Eskalationsstufen in entsprechenden Situationen durchgehen, werden Sie ein sehr viel besseres Gefühl dafür entwickeln, ob eine Lüge angemessen ist oder nicht. Auf jeden Fall sollten Sie bewusst – nicht berechnend! – handeln. Und vergessen Sie nie: Die meisten Lügen fliegen irgendwann auf! Die Lüge ist also oft nur ein Zeitgewinn mit einem später evtl. schwer abschätzbaren Schaden – letztlich also ein Risikogeschäft. Und Lügen sind wie eine Droge: Sie fangen klein an und werden im Laufe der Zeit immer größer. Je mehr Lügen man in die Welt gesetzt hat, desto weniger kommt man von diesem Gestrüpp von Lügen wieder weg. Andauerndes Lügen ist wie Drogenabhängigkeit.

Mut und Erfolg

Mut hat in der Regel keinen Selbstzweck, sondern meist die Funktion eines Katalysators. Mut benötigen wir bei der Erkenntnis wie beim Handeln. In vielen Kapiteln wurde Mut bereits direkt oder indirekt angesprochen. Wir haben gesehen, wie er eine ganz wichtige Charaktereigenschaft ist, um in vielfältiger Weise unseren Erfolg zu befördern. So benötigen wir z. B. Mut …

- um dem Leben einen Sinn zu geben und uns selbst zu erkennen,
- um für unsere Werte einzustehen,
- um unseren eigenen Weg außerhalb der Fußstapfen anderer zu gehen, anders zu sein, gegen den Strom zu schwimmen oder gegen die Regeln zu verstoßen und die vorherrschende Meinung und Autoritäten

infrage zu stellen (vgl. in Band 2 die Kapitel *Individualität*, Kapitel *Neugier*, Kapitel *Kreativität*, Kapitel *Potenzialentwicklung*),

• um Risiken einzugehen, um damit Wachstum, Entwicklung und letztlich Erfolg zu ermöglichen.

Nicht nur in diesen vorhergehenden Kapiteln, sondern auch in den folgenden werden wir sehen, dass wir ohne Mut als Katalysator nur geringe Chancen haben werden, unseren Erfolg im Leben zu finden. Verweilen Sie an dieser Stelle etwas. Wo waren Sie mutig in Ihrem Leben? Wo hat Sie der Mut verlassen? Wo bereuen Sie heute, nicht mutig genug gewesen zu sein? Bei welchen Misserfolgen war Mutlosigkeit eine wesentliche Ursache?

Wie stärken wir unseren Mut?

Mut ist bei vielen Menschen nicht automatisch vorhanden. Mut ist eher unangenehm und Mut bedeutet Überwindung von inneren Widerständen. Wie können wir unseren Mut trainieren? Von Eleanor Roosevelt stammt der Satz: »*Mache jeden Tag etwas, was dir Angst macht.*« Man muss diesen Satz nicht wörtlich nehmen, aber er enthält zwei tiefgehende Wahrheiten über den Mut:

• Um unsere Angst zu besiegen, müssen wir ihr *aktiv* und *bewusst* die Stirn bieten.
• Man kann den eigenen Mut regelmäßig wie einen Muskel *trainieren*.

Beides zusammen versetzt uns in die Lage, nach und nach immer mutiger zu werden und unsere Angst zu besiegen. Darüber hinaus entdecken wir langsam andere Facetten unseres eigenen Wesens, wenn wir etwas tun, was uns Angst macht. Zudem wächst unser Selbstvertrauen. Lassen wir uns ermutigen von Artur Dieckhoff: »*Du fragst mich, was soll ich tun? Und ich sage: Lebe wild und gefährlich, Artur.*«

Wie bei einem Training können wir mit leichten Trainingseinheiten beginnen: Wir starten mit den kleinen Ängsten. Wenn wir zum Beispiel Angst vor der Dunkelheit haben, können wir uns für ein paar Minuten in die vollkommene Dunkelheit setzen. So überwinden wir Stück für Stück unsere Ängste und fühlen uns jedes Mal ein bisschen stärker. Wir können auch einfach an einem uns unbekannten Ort spazieren gehen, der bei uns Beklemmung hervorruft.[101] Jeder hat seine eigenen Ängste. Und wer keine Ängste zu haben glaubt, hat sie wahrscheinlich bestens verdrängt. Es gibt in brenzligen Situationen auch körperliche Unterstützungsmöglichkeiten für den Mut. Bewusstes Atmen hilft, Mut zu fassen. Es ist auch bekannt, dass Singen hilft, Ängste zu überwinden. Wer singt, hat keine Angst: Dies wissen alle Kinder (»Pfeifen im Walde«) und das wussten schon die alten Römer, weshalb sie ihre Soldaten auf langen Märschen in den Krieg dazu veranlassten, zu singen. Außerdem kann es den Mut stärken, die Thymusdrüse zu klopfen (weil dies das Immunsystem aktiviert). Wir kennen das nicht nur von den Menschenaffen, sondern auch aus alten Tarzan-Filmen.

Bei aller Verehrung des Mutes sollten wir jedoch nicht die *Demut* vergessen. Denn in manchen Situationen des Lebens hilft uns auch der größte Mut wenig. Dann ist es an der Zeit, gewisse Dinge demütig zu akzeptieren und in unser Leben zu integrieren.[102] Der demütige Mensch erkennt und akzeptiert, dass es eine höhere Ordnung gibt, welcher auch er sich unterordnen muss. Es ist auch die Erkenntnis, dass man – entgegen mancher Erfolgsphilosophie – nicht alles erreichen kann.

LITERATUR:

- Blanton, B., *Radical Honesty, How to Transform Your Life by Telling the Truth*, Sparrowhawk, 2005.
- von Foerster, H./Pörksen, B., *Wahrheit ist die Erfindung eines Lügners. Gespräche für Skeptiker*, 13. Aufl., Carl-Auer, 2022.
- Holiday, R., *Courage is Calling*, Profile, 2021.
- Jacobs, A. S., *Mensch bist du dick geworden! Wie ich einmal immer die Wahrheit sagte und andere Selbstversuche*, List Taschenbuch, 2010.
- Osho, *Mut. Lebe wild und gefährlich*, Allegria, 2004.
- Peterson, J. B., *12 Rules for Life: An Antidote to Chaos*, Allen Lane, 2018 (ins. Rule 8).
- Tolle, E., *The Power of Now: A Guide to Spiritual Enlightenment*, New World Library, 2010 (Kindle-Version).
- Watzlawick, P., *Wie wirklich ist die Wirklichkeit?*, 10. Aufl., Piper, 2011.

Kapitel 8
Entscheiden

»Die schlimmste Entscheidung ist Unentschlossenheit.« (Benjamin Franklin)

Wir entscheiden immer

Wir entscheiden immer. Wenn wir nicht entscheiden, verweigern wir uns dem Fluss des Lebens und treiben in die Erstarrung. Noch tragischer: Wir können gar nicht *nicht* entscheiden. Denn selbst wenn wir eine (bewusste) Entscheidung verweigern, dann ist auch dies eine Entscheidung! Nur mit dem Unterschied, dass wir dann nicht aktiv selbst entscheiden, sondern uns passiv treiben lassen und häufig andere für uns entscheiden.

Das Leben ist eine permanente Aneinanderreihung von Entscheidungen und besteht aus der Summe von »guten« und »nicht so guten« Entscheidungen. Jeder Mensch trifft täglich zahlreiche (wenn auch oft unbewusste) Entscheidungen. Die erste Entscheidung am Tag ist, nach dem Aufwachen die Augen zu öffnen und aufzustehen, die letzte, nach dem Löschen des Lichts in den Schlaf zu fallen. Dazwischen liegen täglich Tausende von Entscheidungen, die jedoch in unsere tägliche Routine eingebettet sind und uns daher nicht mehr bewusst werden: Zähne putzen, Kleidung anziehen, frühstücken, ins Büro fahren, an jeder roten Ampel halten, Mails lesen und beantworten, sich mit Kollegen unterhalten, Termine planen, beim Lunch den Salat aussuchen, danach noch die Hemden in die Reinigung bringen, Besprechungen arrangieren, daran teilnehmen, Vorschläge machen oder ablehnen etc. Oft handeln wir aus Gewohnheit, aus Reflex oder Bequemlichkeit. Das ist grundsätzlich gut so, weil uns das entlastet.

Unbewusste Entscheidungen erleichtern unser Leben. Allerdings ist das nur die halbe Wahrheit. Die andere Hälfte der Wahrheit ist: Nur bewusste Entscheidungen machen uns erfolgreich, weil wir nur durch sie unser Leben sowie unseren Erfolg steuern können. Wir werden sehen, dass es keine »guten« oder »schlechten«, sondern nur »bewusste« und »unbewusste« Entscheidungen gibt. Mit bewussten Entscheidungen können wir unser Leben verbessern und insbesondere vermeiden, dieselben Fehler zu wiederholen. Auch eine »falsche« Entscheidung hilft uns, künftig »bessere« Entscheidungen zu treffen.

Bewusst entscheiden können, ist ein Privileg, aber ein eingeschränktes. Mein Vater sagte immer: »*Das Leben ist wie eine Straßenbahn, sie ist an ihre Gleise gebunden, aber ab und zu kann sie entscheiden, ob sie links oder rechts abbiegen möchte.*« Die Gleise sind unsere Einschränkungen durch unsere Gene, unsere Herkunft, unsere Erziehung, unsere Bildung, unsere Kultur etc. Die Straßenbahn selbst gleicht dem Fluss der Zeit, es geht stets nach vorn und es gibt auch kein (dauerhaftes) Anhalten. Betrachten Sie doch einmal Ihr Leben als Straßenbahnfahrt! Einiges ist vorgegeben, aber vieles ist auch eine Chance, unser Leben durch bewusste Entscheidung zu verbessern. Entscheiden heißt nicht nur Freiheit, sondern auch mehr Lebensqualität.[103] Das Leben ist also die Summe von wahrgenommenen und verpassten Gelegenheiten. Und Entscheiden macht den Unterschied.

Wir haben immer eine Wahl – und damit Freiheit und Kontrolle

Wir haben immer eine Wahl, nichts ist alternativlos (tut mir leid, Angela!).[104] Wir können immer »Ja« oder »Nein« sagen bei den Weggabelungen des Lebens. Jede Entscheidung hat Vor- und Nachteile. Wenn es immer nur eine optimale Entscheidung gäbe, müssten wir nämlich nie wählen! Immer, wenn wir meinen, eine Situation sei alternativlos, dann hat unser Verstand unser Wertesystem bereits so kalibriert, dass nur eine Lösung denkbar ist. Wer immer alternativlos lebt, fährt irgendwann einmal in eine Sackgasse. Wenn wir erkennen, wie viel wir in unserem Leben tatsächlich entscheiden können, lösen wir uns von scheinbaren Handlungszwängen, die tatsächlich gar nicht bestehen. Entscheiden ist Freiheit und führt zu gelebter Selbstverantwortung. Selbstverantwortliche Menschen lieben es, Entscheidungen zu treffen und die Kontrolle über ihr Leben zu gewinnen. Sie packen die Dinge an und wollen nicht mehr Opfer sein.

Entscheidungen haben Konsequenzen

Nicht wenige versuchen (oft ein Leben lang), vergangene Entscheidungen ungeschehen zu machen (also quasi mit der Straßenbahn rückwärtszufahren). Das wird nicht gelingen. Wir können allenfalls die Zukunft beeinflussen. Entscheidungen schauen immer nach vorne, um Zukunft zu gestalten. Deshalb haben alle Entscheidungen Konsequenzen – alle! Jede Entscheidung für etwas ist eine Entscheidung gegen etwas anderes! Wer sich für A entscheidet, verzichtet auf B – die Amerikaner sagen: »*You can't have the cake and eat it.*« Wenn Sie ein erfolgreicher Extremsportler werden wollen, werden Sie aller Voraussicht kein Starpianist werden. Picasso konnte nicht gleichzeitig Reinhold Messner sein, Donald Trump nicht gleichzeitig Dalai Lama und Angelina Jolie nicht gleichzeitig Weltmeisterin im 100-Meter-Lauf.[105]

Gibt es »gute« Entscheidungen?

Ich habe bisher »gute« und »falsche« Entscheidungen bewusst in Anführungszeichen geschrieben. Es stellt sich nämlich die Frage, ob es überhaupt »gute« und »richtige« oder »schlechte« und »falsche« Entscheidungen gibt. Ja, es gibt »gute« Entscheidungen – aber wahrscheinlich anders als Sie denken. Doch der Reihe nach.

Subjektive Bewertung

Objektiv gibt es keine »guten« Entscheidungen. Ob eine Entscheidung »gut« oder »schlecht« war, ergibt sich immer aus unserer eigenen subjektiven Bewertung. Und dabei kann sich unsere Bewertung sehr von derjenigen eines anderen Menschen unterscheiden. Wenn die Tochter Extremsportlerin werden und der Sohn Kunstgeschichte studieren möchte, betrachten dies viele Eltern als Fehlgriff, weil es ihrer Meinung nach nicht »karriere-tauglich« ist. Die Kinder mögen das subjektiv ganz anders beurteilen. Erfolg und Glück werden immer subjektiv bemessen. Es gibt kein Gesetz, welches besagt, dass jeder Mensch CEO eines DAX-Unternehmens werden muss. Manche Menschen mit einem solchen Job sind am Ende todunglücklich, weil sie subjektiv betrachtet eine falsche Entscheidung getroffen haben. Wir sollten also mit unserem Anspruch, eine »gute« Entscheidung zu treffen, etwas bescheidener sein. Viel wichtiger erscheint mir, dass wir bewusst die Konsequenzen unserer subjektiven Entscheidungen erkennen und tragen. Dann können wir mehr lernen, weniger jammern und sind am Ende zufriedener mit unseren Entscheidungen.

Bewertungszeitpunkt

Es ist häufig sehr schwierig, den richtigen Zeitpunkt für die Bewertung eines Ereignisses bzw. einer Entscheidung zu finden. Oft stellt sich erst hinterher heraus, ob ein Ereignis bzw. eine Entscheidung als Glück oder Pech einzustufen ist. Die Ex-Ante-Perspektive weicht nicht selten von der Ex-Post-Perspektive ab.

Beispiel:
Wenn wir uns am 18. Dezember 2004 in Thailand bei einer Dschungelwanderung das Bein gebrochen und den Urlaub frühzeitig abgebrochen hätten, wären wir von dem Tsunami am 26. Dezember 2004 verschont worden. Wenn wir am 20. Dezember 2004 an der Rückreise als einer guten Entscheidung noch gezweifelt hätten, wären wir am 27. Dezember gottfroh über diese Entscheidung gewesen.

Zu dieser Betrachtungsweise gibt es eine schöne Zen-Geschichte:

Ein alter Bauer in einem armen Dorf galt als reich, weil er ein Pferd besaß. Eines Tages lief es davon. Die Nachbarn kamen, um ihr Bedauern auszudrücken, doch der Bauer sagte nur: »Woher wisst ihr, dass dies ein Unglück ist?« Ein paar Tage später kehrte das Pferd zurück und brachte ein Wild-

pferd mit. Die Nachbarn freuten sich alle über sein günstiges Geschick, aber der Bauer antwortete erneut: »Vielleicht.« Am nächsten Tag versuchte der Sohn des Bauern, das Wildpferd zu reiten, wurde abgeworfen und brach sich ein Bein. Wieder bemitleideten die Nachbarn den Mann, doch der alte Bauer sagte nur: »Wer weiß?« Kurz darauf kam es zu kriegerischen Auseinandersetzungen, doch da der Sohn verletzt war, wurde er nicht als Soldat einberufen. Als die Nachbarn ihm sagten, was für ein Glück er habe, antwortete der Bauer nur: »Mag sein.«

Und was will uns diese Geschichte sagen? Wir alle erleben hin und wieder ein Missgeschick oder gar ein Unglück und hadern mit unserem Schicksal. Oft wird diese Geschichte dahingehend gedeutet, dass sich im Nachhinein gelegentlich als Glück herausstellt, was wir zunächst als Unglück oder Pech empfunden haben. Dann ist das eine Geschichte zur zeitlichen Relativität von Bewertungen.

Manchmal kann man also erst nachträglich die »Güte« einer Entscheidung bewerten – allerdings nur, wenn man den Alternativverlauf kennt. Dieser Rückblick auf eine Entscheidung hilft jedoch zum relevanten Zeitpunkt der Entscheidung nichts, weil wir nach vorn leben und entscheiden. Für eine »gute« Entscheidung müssten wir also dafür sorgen, dass unsere Entscheidung zum Zeitpunkt der Entscheidung »gut« ist. Das werden wir nie erreichen, und zwar aus *drei* Gründen: Wir besitzen *erstens* nur selten alle relevanten Informationen für einen Entscheidungsprozess. Selbst wenn uns das gelänge … wir wissen *zweitens* nie, wie sich unsere Entscheidung langfristig auf uns und andere auswirken wird. Und selbst dann wissen wir *drittens* nie, wie wir das endgültige Ergebnis zu einem späteren Zeitpunkt bewerten werden. »Gute« Entscheidungen im Sinne des allgemeinen Sprachgebrauchs werden wir also immer erst zu einem Zeitpunkt erkennen, der für das Treffen der Entscheidung selbst irrelevant ist – nämlich zu spät. Das ist das Paradox der »guten« Entscheidung. Schlimmer noch: Häufig gibt es jedoch Fälle, in denen Sie nicht einmal nachträglich bemessen können, ob sich das Risiko der Entscheidung realisiert hat.

<u>Beispiel:</u>
Sie haben sich für den Beruf als Architektin oder Rechtsanwalt entschieden und wissen später nicht, ob Sie als Steuerberaterin oder Immobilienmakler nicht doch besseren Erfolg gehabt hätten und glücklicher geworden wären. Es fehlen Ihnen die Informationen über den tatsächlichen Verlauf einer möglichen Alternative. Oder: Wenn wir uns für den Urlaub in Italien entscheiden, können wir nicht wissen, wie der Urlaub zur gleichen Zeit in Griechenland verlaufen wäre. Selbst wenn wir den Urlaub in Italien als unbefriedigend empfinden, wissen wir nicht, was uns in Griechenland erwartet hätte. Vielleicht war in Italien das Hotel zwar schlecht, aber in Griechenland hätten wir uns vielleicht eine Hepatitis zugezogen.

Prozess statt Ergebnis

Auch wenn es objektiv keine »guten« oder »schlechten« Entscheidungen als solche gibt, so können wir dennoch technisch »gut« oder »schlecht« entscheiden, wenn wir einen guten Entscheidungsprozess durchlaufen. Wenn wir später das Ergebnis unserer Entscheidung als nicht »gut« qualifizieren, dann ist das immerhin insofern nicht tragisch, da wir uns nicht selbst vorwerfen müssen, wir hätten technisch »schlecht« entschieden. Dann haben wir unser Bestes getan und können aus diesen »falschen« Entscheidungen lernen. Ärgerlich sind Entscheidungen, wenn wir »technisch« nicht sauber entschieden haben und ein »schlechtes« Ergebnis erzielen. Diese Entscheidungen sind dann »doppelt-schlecht«.

»Technisch« gut herbeigeführte Entscheidungen sind keine Garantie für ein »gutes« Ergebnis, aber für die Qualität des Entscheidungsprozesses. Je bewusster wir »technisch« gute Entscheidungen treffen, desto weniger treffen wir unsere Entscheidungen zwanghaft oder unbewusst/automatisch (aufgrund von Illusionen, Verhaltensmustern, Gewohnheiten, Bequemlichkeit etc.) und erhöhen damit die Wahrscheinlichkeit von befriedigenden Entscheidungsergebnissen.

Entscheiden heißt bewusst Verantwortung tragen. Alle, die diese Verantwortung ablehnen, haben ein Problem: Sie können sich schlecht oder gar nicht entscheiden, sie fühlen sich als Opfer, schieben Probleme lieber vor sich her, wollen vor einer Entscheidung alles absichern oder warten ihr Leben lang auf eine »bessere Welt«. Sie leiden unter »FOMO« (Fear of Missing Out). Sie verschlafen ihr Leben.

Intuition

Wenn Sie die Literatur zur Entscheidungsfindung studieren, wird daher eigentlich immer auch dem Bauchgefühl und der Intuition ein Kapitel gewidmet. Wir haben im Kapitel 5 *Macht der Gefühle* gelernt: Das Gefühl entscheidet und der Verstand setzt um. Der Einsatz unserer Intuition bedeutet nicht, auf relevanten Informationen zu verzichten oder keine zu sammeln. Umgekehrt wird ein Schuh daraus: Je mehr relevanten Informationen wir haben, desto besser wird unsere intuitive Entscheidung am »Ende der Informationen«.

Intuition ist kein Ersatz für Informationen, sondern eine Ergänzung. Intuition liefert uns also zusätzliche Informationen jenseits der Rationalität (z. B., ob etwas in einer Situation nicht stimmt). Wer in gutem Kontakt zu seiner Intuition ist, wird nach meiner Überzeugung einen besseren Zugang zum höheren Informationsfeld (morphisches Feld) bekommen und damit über mehr Informationen als andere verfügen.

Der Entscheidungsprozess

Prioritäten und Relevanz

Nähern wir uns der technisch »guten« Entscheidung Schritt für Schritt. In jeder Entscheidungssituation sollten wir uns zunächst über unsere grundsätzlichen Prioritäten klar sein. Warum? Weil wir nur bei relevanten Entscheidungssituationen Energie in einen tiefergehenden Entscheidungsprozess investieren sollten. Alles andere ist Zeitverschwendung oder gar gefährlich. Prioritätensetzung kommt also vor der Entscheidung. Wir sollten unsere Zeit überwiegend für relevante Entscheidungen nutzen – und Irrelevantes einfach ignorieren.

Beispiel:
Wenn Sie das Flugzeug von Frankfurt nach New York um 13 Uhr rechtzeitig bekommen wollen und Sie ohnehin schon zeitlich knapp dran sind,
ist es einfach irrelevant, ob Sie jetzt noch den Rasen mähen oder nicht.
Wenn Sie im afrikanischen Busch bei einer Safari plötzlich einen Meter vor einer Giftschlange zu stehen kommen, sollten Sie sich nicht mit
Frage befassen, ob Sie sich mit Sonnencreme einschmieren sollten (eine
Frage, die am Morgen vor dem Beginn der Safari durchaus ihre Berech-
tigung hätte). Auf diese Weise können Sie einfach vermeiden, sich mit
allzu viel Unwesentlichem zu befassen.

Außerdem erlaubt Ihnen die Definition Ihrer Prioritäten, den Fokus für
die anschließend einzuholenden Informationen zu schärfen. Wenn Sie
Ihren Urlaub am Meer verbringen wollen, müssen Sie keine Informationen zu einem Urlaub in den Bergen sammeln. Nun werden Sie einwenden, dass jede Prioritätensetzung auch eine Entscheidung sei. Das
stimmt. Mit Prioritätensetzung meine ich hier allerdings Vorab-Entschei-
dungen, die offensichtlich wegen des großen Unterschieds der Prioritäten leicht zu treffen sind. Ich habe nicht wenige Menschen kennengelernt, die sich um wichtige Entscheidungen zu drücken versuchten,
indem sie »unlösbare« unwesentliche Entscheidungen vorschoben.

Analyse der Entscheidungssituation

Ist die Entscheidungssituation relevant, müssen wir die relevanten Informationen analysieren, d. h., sammeln, ordnen und bewerten.

1. Informationen sammeln

Wenn wir die Entscheidungssituation erfasst haben, müssen wir alle relevanten, entscheidungserheblichen Informationen in ausreichendem Umfang sammeln – aber auch nicht mehr als diese. Dabei sollten wir immer
eine gewisse Demut praktizieren, denn die Möglichkeiten des Handelns
übersteigen bei weitem die Möglichkeiten der Erkenntnis. Beim Sam-

meln der Informationen können wir drei Fehler machen: *nicht zutreffende, zu viele* und *zu wenige* Informationen sammeln.

Die gesammelten relevanten Informationen sollten *zutreffend* sein.

Beispiel:
Die Erbauer der Titanic hielten ihr Schiff für unsinkbar. Deshalb hatte die Titanic zu wenige Rettungsboote und der Kapitän ignorierte die Eisbergwarnungen. Diese Entscheidungen von Erbauer und Kapitän basierten auf Fehlinformationen.

Zu viele Informationen dagegen lähmen den Entscheidungsprozess oder machen ihn gar unmöglich.

Beispiel:
Kennen Sie das berühmte »Marmeladen-Paradoxon«? Bei einer Studie aus dem Jahr 2000 kamen Wissenschaftler zu dem Ergebnis, dass eine größere Auswahl von Marmeladensorten zu einer Reduzierung der Kauflust führe.[106] In Ihrer Studie stellten sie an zwei Samstagen Probiertische mit verschiedenen Marmeladensorten in einem ausgewählten Supermarkt auf, mit dem Zweck, diese den Kunden später zu verkaufen. Die Anzahl der Sorten variierte dabei nach der jeweiligen Versuchsanordnung zwischen sechs und 24 Auswahlmöglichkeiten. Bei einer großen Auswahl von 24 Sorten probierten 60 Prozent der Kunden zwar mindestens eine Sorte, aber nur drei Prozent waren bereit, die Marmelade zu kaufen. Bei sechs Sorten probierten nur 40 Prozent der Kunden, jedoch kauften 30 Prozent der Kunden eine Marmelade. Wir sehen: Zu viel Angebot (= zu viele Informationen) sind eher hinderlich für den Entscheidungsprozess.

Manchmal sammeln wir auch *zu wenige* Informationen. Wir neigen leider gelegentlich auch dazu, bei deren Sammlung allzu schnell voranzuschreiten und damit ggf. relevante Informationen zu übersehen.

<u>Beispiel</u>:
Wir sind von einem Freund in eine Pizzeria zum Lunch eingeladen worden. Unser Problem ist, dass wir kein Gluten vertragen und daher viele der Gerichte (Pizza, Pasta) eigentlich nicht für uns infrage kommen. Der Kellner kommt und fragt nach unserer Bestellung. Wir könnten nun einfach einen Salat bestellen und damit unser Problem lösen. Wir könnten allerdings auch den Kellner fragen, ob es die Pizza- bzw. Pasta-Gerichte nicht auch in glutenfreier Form gibt. Heute ist das nicht einmal so unwahrscheinlich. Sollte der Kellner unsere Frage bejahen, hätten wir unsere Auswahlmöglichkeiten für unsere Entscheidung durch Einholung von mehr Informationen enorm vergrößert.

Unsere Prioritäten sind quasi wie ein Filter für die relevanten, zu beschaffenden Informationen. Allerdings sollten wir beim Sammeln noch nicht ordnen, sondern einfach Informationen (ggf. auch wahllos durcheinander) zusammentragen, damit wir innerhalb des durch unsere Prioritäten definierten Fokus möglichst viele relevante Informationen haben. Wir sind noch beim »Brainstorming«.

Je bedeutender und tiefgreifender eine Entscheidung für unser Leben ist, desto mehr relevante und desto bessere Informationen sollten wir haben. Wenn wir im Restaurant ein Gericht bestellen, benötigen wir oft nicht viele Informationen. Anders kann es sein, wenn wir unter einer eventuell lebensbedrohenden Nussallergie leiden – dann erkundigen wir uns sehr genau nach den Zutaten des Gerichts. Die Konsequenzen der Entscheidung (Umzug mit der ganzen Familie in eine andere Stadt wegen eines Jobwechsels), der Zeitraum der Bindung (z. B. Hauskauf mit langfristiger Finanzierung) bzw. sogar die mögliche Unwiderruflichkeit (Vornahme einer Beinamputation) spielen eine große Rolle, ebenso wie der maximal mögliche Verlust (z. B. Totalverlust des Vermögens bei einer riskanten Börsenspekulation).

Oft ist es nicht möglich (gerade bei komplexeren) Entscheidungssituationen alle relevanten Informationen selbst zu sammeln. Das müssen wir auch nicht. Es ist oft klug, andere sammeln zu lassen oder andere um Rat zu fragen.[107] Das ist keine Schande, dennoch scheuen sich manche davor, ja sie sehen es als Schwäche an. Bekannt ist das Klischee, dass Männer in einer fremden Stadt oft davor zurückschrecken, nach dem

Weg zu fragen. Dafür besteht kein Grund. Die meisten Menschen fühlen sich sogar geschmeichelt, wenn man sie um Rat fragt. Außerdem ist es oft intelligenter, andere mit einzubeziehen. Denn von anderen erhalten wir oft nicht nur hilfreiche »Daten, Zahlen, Fakten«, sondern vielfach auch Erfahrungswissen.

Beispiel:

Wenn Sie in Afrika als Tourist mit dem Auto unterwegs sind, zeigt das Navi oft den kürzesten Weg, sagt aber nichts zum Zustand einer Straße (die kürzere Strecke ist vielleicht nur mit 4x4-Antrieb und Spezialausrüstung zu schaffen, bringt Kontakt mit Tropenkrankheiten, gefährlichen Tieren etc.).

Nach dem Weg zu fragen kann somit lebensrettend sein. Demgegenüber sollte man anderen nie die eigentliche Entscheidung überlassen. Wenn man das tut, ist es nicht mehr die eigene Entscheidung, man gibt seine Selbstverantwortung ab. War es eine »gute« Entscheidung, kann man sich diese nicht zu eigen machen und stolz darauf sein. War die Entscheidung »falsch«, wird man immer einem anderen Menschen Vorwürfe machen und selbst in die Rolle des Opfers und des Machtlosen fallen.

2. Ordnen

Um mehr Übersicht herzustellen, ist es gut, die gesammelten Informationen nach einem bestimmten Raster zu ordnen. Wenn wir den Urlaub am Meer verbringen wollen, können wir unsere gesammelten Informationen nach den drei infrage kommenden Orten (ggf. auch noch nach Hotel und konkreter Lage) sortieren. Das Ordnen ist kein Selbstzweck, sondern erleichtert uns den raschen Zugriff auf Information im Rahmen des Entscheidungsprozesses. Informationen, die nicht geordnet sind, gehen im Zweifelsfall irgendwann verloren.

3. Bewerten

Nun müssen wir die Informationen bewerten. Ein großer Fehler vieler Entscheidungen ist es, nicht zwischen Fakten und Bewertungen zu unterscheiden. Fakten sind »hart«, Bewertungen sind »weich«. Umgekehrt sind Fakten emotionslos, Bewertungen nicht. Zuerst müssen wir die Fakten so anerkennen, wie sie sind. Wir dürfen uns die Situation nicht »schönreden«, sonst wird uns deren Härte abstrafen. Das ist zuweilen eine Herausforderung, weil die Unterschiede zwischen Tatsache und Bewertung schnell verschwimmen können. Manchmal gibt es keine verlässlichen Tatsachen, sodass der Bewertung der Situation eine noch größere Bedeutung zukommt. Auch aus diesem Grund waren z. B. in der Corona-Pandemie die Bekämpfungsmaßnahmen der einzelnen Länder z. T. sehr unterschiedlich.

Auch der Ausstieg aus der Kernenergie war in Deutschland darauf gegründet, dass die Entscheidungsträger eine bestimmte subjektive politische Perspektive eingenommen hatten (die von anderen Ländern nicht geteilt worden war). Gerade bei der Bewertung von »Eintrittswahrscheinlichkeiten« bestimmter Risiken spielt die subjektive Bewertung eine erhebliche Rolle. Für »gute« Entscheidungen ist es daher ratsam, bei der Bewertung, möglichst viele Perspektiven mit einzubeziehen. Das hilft, eine gewisse »Eigenblindheit« zu vermeiden. Aus diesem Grund sagt man auch, dass ein Anwalt sich in eigener Sache von einem Kollegen vertreten lassen soll, statt sich selbst zu vertreten. Denn die (emotionale) Verstrickung mit der eigenen Angelegenheit wird leicht zur Grundlage von fehlerhafter Wahrnehmung und einseitiger rechtlicher Bewertung. Auch bei Entscheidungen von Gremien ist es besser, wenn verschiedene Perspektiven und Aspekte einer Entscheidung artikuliert und diskutiert werden. Wenn sich alle sofort einig sind, muss das nicht unbedingt zu einer guten Entscheidung führen.

Beispiel:
Ich erinnere mich an die Erzählung eines Aufsichtsratsmitglieds. Man war sich im Aufsichtsrat sehr schnell einig über die Beschlussfassung zu einem Tagesordnungspunkt. Da sprang ein Mitglied auf und rief:

»Halt – wir haben noch nicht genug gestritten!« In der sich anschließenden Diskussion stellten sich noch einige Aspekte heraus, die man zu Beginn übersehen hatte.[108]

Optionen der Entscheidung

Nach diesen Vorbereitungsschritten kommen wir nun zur Definition von Entscheidungsoptionen. Aus den vorliegenden Informationen (Fakten und Bewertungen) ergeben sich bestimmte Entscheidungsoptionen. Diesen Optionen sind alle relevanten Informationen zugeordnet, die für die endgültige Entscheidung heranzuziehen sind. Damit wird der Entscheidungsprozess kanalisiert und übersichtlicher. Es gilt hier nun zu unterscheiden zwischen Entscheidungssituationen mit nur zwei Optionen (»bi-optional«) und mit mehreren Optionen (»multi-optional«).

Bi-optionale Entscheidungen klären die Frage »JA oder NEIN« oder »ganz oder gar nicht«. Wer sich für ein Leben im Kloster entscheidet, muss der Welt entsagen. Wer Fleisch essen möchte, kann kein Veganer sein. Hier gibt es keinen Kompromiss. Dies sind alles die Entscheidungssituationen, in denen es keine faulen Kompromisse gibt. In diesen Fällen ist jede Entscheidung eine klare, »harte« Entscheidung: Der Stein fällt links – oder er fällt rechts.

Multi-optionale Entscheidungen entstehen bei mehreren Handlungsoptionen. Denken Sie an die vielen Situationen im Geschäftsleben, im Privatleben, in der Kindererziehung, bei der Auswahl eines geeigneten Urlaubsortes oder bei der Gestaltung einer Familienfeier oder eines Kindergeburtstags etc. Hier geht es nicht um Ja oder Nein, sondern um »weiche« Entscheidungen, um verschiedene Optionen (ggf. mit Kompromissen).

Dies ist bedeutsam, weil wir uns angesichts unseres menschlichen »Optimierungsbestrebens« im Regelfall beim Bestehen von zahlreichen Optionen viel schwerer tun als bei klaren bi-optionalen Entscheidungssituationen. Wir sollten uns bewusst sein, dass wir meistens nicht bi-optionalen, sondern multi-optionalen Entscheidungssituationen begegnen.

Auch scheinbar bi-optionale Entscheidungen sind in Wahrheit oft multi-optional!

Wenn ich vor der Frage stehe, eine bestimmte Person zu heiraten, scheint dies zunächst eine Ja/Nein-Option zu sein. Ist es aber nicht: Denn, wenn ich nein sage, eröffnet das viele Optionen, nach einer anderen Person fürs Leben zu suchen. Auch wenn mir nachts auf einer Landstraße auf meiner eigenen Spur ein Wagen entgegenkommt, habe ich nicht nur die Wahl, rechts oder links auszuweichen. Ich kann genauso gut meine Spur beibehalten (in der Hoffnung, dass der andere ausweicht), ich kann bremsen, ich kann Gas geben (z. B. um noch eine rettende Parkbucht zu erreichen) oder versuchen, meinen Wagen zum seitlichen Überschlagen zu bringen, um einen Totalzusammenprall zu vermeiden. Das macht schon sechs Optionen!

Wenn wir erkennen, ob wir es mit einer bi-optionalen oder einer multi-optionalen Entscheidung zu tun haben, steigert das die Qualität des Entscheidungsprozesses. Die verfehlte Verengung auf eine bi-optionale Situation beraubt uns möglicherweise weiterer Optionen, die wir durch Nachlässigkeit, Unachtsamkeit oder Bequemlichkeit außer Acht gelassen haben. Auch wenn es »technisch« schwieriger erscheint, eine multi-optionale Entscheidung zu treffen, sollten wir tendenziell immer eine multi-optionale Entscheidungssituation anstreben.

Haben wir dann eine solche multi-optionale Situation hergestellt, sollten wir uns umgekehrt darum bemühen, anhand unserer Prioritäten die Zahl der Optionen wieder zu reduzieren. Hier können wir nach der »Subtraktionsmethode« bestimmte Optionen ausscheiden, die angesichts unserer Prioritäten grundsätzlich ausscheiden. So können wir bei der Suche nach einem geeigneten Urlaubsort z. B. nach Kriterien wie »Preisgrenze« oder »ungünstige Lage« die Angebote für eine Wohnung reduzieren. Bei einer vorhandenen Glutenunverträglichkeit wird im Normalfall eine Pizzeria nicht als bevorzugtes Restaurant gewählt, weil im Zweifel dort außer Salat keine glutenfreien Gerichte angeboten werden. Manchmal helfen hierbei auch sog. KO-Kriterien: Wer nicht schwindelfrei ist, wird bei der Wohnungssuche eine Wohnung im 28. Stock von vornherein ausschließen, wer Probleme mit dem Trommelfell hat, wird einen Tauchkurs eher meiden, und der Hellhörige wird keine Wohnung neben der Bushaltestelle wählen.

Dieses bewusste Herausarbeiten von Optionen, also zunächst den Fokus zu erweitern (multi-optionale statt bi-optionale Lage) und danach zu verengen (Ausscheiden von nicht mit unseren Prioritäten kompatiblen Optionen), verbessert den abschließenden Entscheidungsprozess. Die Vorbereitungen für die endgültige Entscheidung sind dann damit abgeschlossen (insbesondere haben wir das »Ende der Informationen« erreicht).

Endgültige Entscheidung

Die klassischen Techniken

Die Suche nach einer »rationalen« und »guten« Entscheidung war schon immer ein Menschheitstraum. Im wissenschaftlichen Bereich kursieren zahlreiche Entscheidungstheorien, deren Darstellung den Rahmen dieses Buches definitiv sprengen würden. Die Befassung mit diesen Techniken überlasse ich daher Ihrem Selbststudium.[109]

Auf eine klassische Entscheidungstechnik von Benjamin Franklin, einer der Gründungsväter der Vereinigten Staaten von Amerika, möchte ich wegen ihrer Bekanntheit allerdings hinweisen.[110] Er hat sie gegenüber dem Wissenschaftler Joseph Priestley in einem Brief erläutert. Bei geschlossenen, also bi-optionalen Entscheidungen wird sie heute wie folgt interpretiert: Man soll auf einem Papier zwei Spalten (T-Konto) einrichten und die Pro- und Contra-Argumente jeweils in der entsprechenden Spalte vermerken. Anschließend wird jedem Argument eine Punktzahl gegeben, die seiner Wichtigkeit entspricht. Diese Punktzahlen werden mit ihrer Eintrittswahrscheinlichkeit multipliziert. Daraus ergibt sich für jedes Argument ein Wichtigkeitsfaktor. Gleiche Wichtigkeitsfaktoren auf Pro- und Contra-Seite werden »gekürzt«, d. h. sie können eliminiert werden. Zum Schluss werden die verbliebenen Wichtigkeitsfaktoren auf Pro- und Contra-Seite addiert. Die höhere Summe soll den Ausschlag über Pro oder Contra geben.

Eine ähnliche Methode bei mehreren Optionen, also multi-optionalen Entscheidungen, wird ebenfalls Franklin zugeschrieben.[111] Danach werden nur Pro-Argumente für die einzelnen Optionen notiert und bewertet. Dann wird die Summe der einzelnen Werte addiert und durch die Zahl der Argumente geteilt. Die Option mit dem höchsten Faktor obsiegt.

Diese und viele andere »rationale« Methoden haben den Charme, das Gefühl zu vermitteln, man könne eine gute Entscheidung mit quasi-mathematischer Genauigkeit ganz rational berechnen. Eine solche Rationalität gibt es jedoch nicht. Warum? Weil wir wissen: Das Gefühl entscheidet und der Verstand setzt (sozialverträglich) um. Unser Bauchgefühl trifft im Regelfall die Entscheidung des »WAS« und unser Verstand die Entscheidung des »WIE«.

Beispiel:[112]
Einer der Neffen von Franklin soll sich nicht in der Lage gesehen haben, sich zwischen zwei Frauen zu entscheiden. Franklin riet ihm, nach seiner Liste mit mehreren Optionen vorzugehen, also die Vorzüge der beiden Damen nach der gerade beschriebenen Methode in einer Tabelle nebeneinander aufzulisten und zu bewerten. Der Neffe tat genau das und – wenig überraschend – schnitt eine der Damen bei diesem Vergleich am Ende besser ab. In diesem Moment wurde dem Neffen jedoch klar, dass er die andere wirklich liebte.[113]

Dennoch sind diese Methoden nicht nutzlos. Was sie zweifellos leisten können, ist die Sammlung einer (weitgehend) vollständigen Liste von relevanten, »objektiven«[114] Aspekten, insbesondere von Risiken, aber auch Chancen. Es wird nichts vergessen, was allerdings noch nicht heißt, dass man alle relevanten Informationen besitzt! Was diese Techniken ebenfalls bewirken können, ist eine (bewusste) Vorab-Bewertung von Tatsachen, Argumenten und Bewertungen für und wider die einzelnen Optionen, insbesondere auch unter Einbezug von (eigenen oder fremden)

Erfahrungen. Was diese »rationalen« Techniken jedoch nie sicherstellen können, ist die Erzielung eines subjektiv befriedigenden Entscheidungsergebnisses.

Nun komme ich nochmals zurück auf die bi-optionalen bzw. multioptionalen Situationen. Bei diesen sind Sie entweder in einer Situation, in der Sie alle relevanten Informationen haben oder eben nicht.

Bi-optionale Entscheidungen und die relevanten Informationen sind vorhanden

Beginnen wir mit der einfachsten Situation: Sie befinden sich in einer bi-optionalen Situation und haben alle relevanten Informationen.

Beispiel:
Das klassische Beispiel ist der bereits im Kapitel 5 *Macht der Gefühle* angesprochene Fall der Antigone. Sie muss sich zwischen der Befolgung des Gesetzes der Götter und des Königs entscheiden. Es gibt nur Ja (= Beerdigung) oder Nein (= keine Beerdigung). Selbst wenn sie nichts tut, ist dies eine Nein-Entscheidung. Antigone hat auch alle relevanten Informationen (das einzig Ungewisse ist, was die Götter tun, wenn sie ihren Bruder nicht beerdigt).

Antigone fällt ihre Entscheidung anhand einfacher Prioritäten: Die Achtung vor den Göttern (und auch die Liebe zu ihrem Bruder) ist größer als die Achtung der königlichen Gesetze und die Rettung des eigenen Lebens. Im Bewusstsein dessen entscheidet sie. Natürlich sind die Konsequenzen ihrer Entscheidung gravierend (nämlich der eigene Tod), aber ihre Entscheidung ist dagegen einfach für sie zu treffen.

Wir lernen daraus, dass Entscheidungen am einfachsten zu treffen sind, wenn sie bi-optionaler Natur sind, alle relevanten Informationen vorhanden sind und die eigenen Prioritäten (oft unsere intrinsischen Werte) klar sind. Wenn ich hier von »einfachen« Entscheidungen spreche, bezieht sich das nur auf die Entscheidungstechnik, nicht den Inhalt der Entscheidung.[115] Eine technisch »einfache« Entscheidung ist daher nicht zwangsläufig eine moralisch »leichte« Entscheidung.

Multi-optionale Entscheidungen und die relevanten Informationen sind vorhanden

Nehmen wir die nächste, mögliche Situation: eine multi-optionale Situation, in der wir über alle relevanten Informationen verfügen. Dies ist eine Situation, die selten eintritt, denn je mehr Optionen wir haben, desto unwahrscheinlicher ist es, dass wir alle relevanten Informationen besitzen. Letztlich unterscheidet sie sich von der bi-optionalen Situation nur darin, dass Ihnen mehrere Optionen zur Verfügung stehen. Sie werden allerdings bei Klarheit über Ihre Prioritäten auch in dieser Situation normalerweise sehr schnell zu einer Entscheidung kommen können, es sei denn, dass die Optionen nahe beieinander liegen oder dass die verschiedenen Optionen ganz unterschiedliche Prioritäten herausfordern.

Beispiel:
Nehmen wir an, Sie würden bei der Urlaubsplanung zwischen drei Domizilen wählen müssen: eines in Norwegen direkt am Meer, eines in Mallorca in der vierten Reihe vom Strand und eines im Landesinneren, dafür aber in Jamaika. Wenn nun Ihre Prioritäten lauten »direkt am Strand, in warmer Umgebung und mit karibischem Flair«, dann haben Sie ein Problem. Optimal wäre natürlich »in Jamaika direkt am Strand«. Das gibt es aber nicht oder ist zu teuer. Diese Situation kann Ihr Verstand nicht lösen, hier muss Ihr Bauchgefühl in Aktion treten. Oder aber Sie verzichten dieses Jahr auf einen Urlaub und leisten sich nächstes Jahr tatsächlich in Jamaika ein Haus direkt am Strand.

Entscheidungen und die relevanten Informationen sind nicht vorhanden

Oft müssen wir entscheiden, obwohl uns relevante Informationen (insbesondere hinsichtlich künftiger Entwicklungen) fehlen, wir sind am »Ende der Informationen«. Bei (bi-optionalen oder multi-optionalen) Entscheidungen, bei denen nicht alle relevanten Informationen vorhanden sind, müssen wir auf die Grundsätze der Risikosteuerung zurückkommen. Bei multi-optionalen Entscheidungen ist es im Einzelfall möglich, die Zahl

der möglichen Optionen anhand Ihrer Prioritäten noch weiter zu reduzieren und somit die weniger akzeptablen Optionen auszuscheiden. Für
alle Entscheidungen in Unsicherheit gilt: Wenn ein hoher Schaden droht
und eine hohe Eintrittswahrscheinlichkeit besteht, sollte man im Regelfall das Risiko meiden. Darüber hinaus hilft uns auch hier wieder unser
Bauchgefühl.

Beispiel:
Ich hatte als Anwalt für meine Publikationen immer wissenschaftliche
Mitarbeiter (Studenten, Referendare) im Team, die mich bei der Recherche und Redaktion von Texten unterstützten. Einmal musste ich eine
Neuauflage meines Kartellrechtsbuchs (wegen einer Gesetzesnovelle
unter großem Zeitdruck) erstellen. Zu diesem Zeitpunkt hatte mich gerade meine bisherige Mitarbeiterin verlassen, um sich auf ihr Examen
vorzubereiten. Ich fragte sie, ob sie mir eine Nachfolgerin empfehlen
könne, um meine Suche zu beschleunigen. Sie benannte mir drei Studen-
tinnen, die ich jeweils zu einem Vorstellungsgespräch bat. Die Erste war
im siebten Semester und hatte beschränkte Kenntnisse im Kartellrecht,
die Zweite war im fünften Semester, hatte also weniger allgemeine juristische Erfahrung als die Erste und wenig Kenntnisse im Kartellrecht, und
die Dritte war im dritten Semester, hatte also noch weniger allgemeine
juristische Erfahrung und gar keine Kenntnisse im Kartellrecht. Welche
der drei Damen hätten Sie genommen?

Ich habe mich für die dritte Bewerberin entschieden: Sie hatte zwar keine
Kenntnisse, aber ein Leuchten in ihren Augen, was mich sofort spüren
ließ, dass sie das nötige Commitment hatte, die Sache durchzuziehen.
Ganz ehrlich – sehr rational war das nicht. Aber das Ergebnis hat meine
Intuition bestätigt, wir waren ein sehr erfolgreiches Team.

Weitere Grundsätze für die Entscheidung

Jede Entscheidungssituation ist anders. Ein Patentrezept für »gute« Ent-
scheidungsergebnisse gibt es nicht. Dennoch gibt es für den Entscheidungsprozess einige bewährte Grundsätze:

- Bei komplexeren Entscheidungen ist es hilfreich, die gesammelten Informationen und daraus abgeleiteten verschiedenen Optionen mit ihren Vor- und Nachteilen schriftlich zu erfassen, um damit – auch optisch – eine bessere Übersicht zu erlangen. Gerade emotional beladene Aspekte (z. B. auch Angst, Risiken, Verluste) lassen sich dadurch auch rationalisieren, indem ihre nebulöse, unfassbare Emotionalität reduziert oder sogar beseitigt wird. Damit lassen sich auch diffuse Ängste (z. B. bei einer Kündigung des Arbeitsplatzes, anstehende Scheidung, Krankheit) sehr viel besser fixieren und in ihrem tatsächlichen Inhalt erfassen. Wir können dann sehr viel besser (an-)erkennen, was Sache ist – und dafür eine Lösung finden.

- Es ist hilfreich, sich bei weitreichenden Entscheidungen Zeit zu nehmen, um Argumente und Perspektiven zu sammeln und abzuwägen. Nicht umsonst sagt der Volksmund, »*das müsse man erst einmal überschlafen*«. Das »Überschlafen« hat den Vorteil, auch die uns inzwischen bekannte Kraft und Klarheit des Unterbewusstseins einzubeziehen. Sicher haben Sie selbst schon die Erfahrung gemacht, dass am nächsten Morgen manche Sache (ob bedrückend oder chancenreich) etwas anders aussieht und man so ein etwas ausgewogeneres Verhältnis zu den Pro- und Contra-Seiten einer Entscheidungssituation bekommt. Also, Aufschreiben und Überschlafen, beides schafft mehr Bewusstheit und damit die Grundlage für bewusste Entscheidungen.

  Von meinem Vater habe ich gelernt: Wenn man genötigt wird, ein Angebot sofort anzunehmen, ist es meist kein gutes Angebot. Ein gutes Angebot ist auch morgen noch ein gutes Angebot. Selbst wenn ein Überschlafen nicht möglich ist, weil es in einer ad-hoc-Situation einer Reaktion bedarf, ist eine gute Hilfe, vor jeder Reaktion auf eine Provokation immer mindestens bewusste zwei Atemzüge abzuwarten und erst dann »zuzuschlagen«.

- Man sollte es mit dem »Überschlafen« allerdings nicht übertreiben, sonst wird daraus leicht ein »Verschlafen«. Eine Entscheidung wird bei Entscheidungsreife durch Hinausschieben (Prokrastination) nicht besser. Ab einem bestimmten Punkt erhalten wir keine besseren Informationen, keine weiteren Perspektiven, keine besseren Bewertungen, keine bessere Intuition – und beginnen uns im Kreis zu drehen.

Unser Entscheidungsprozess wird redundant. Irgendwann ist der Punkt des »maximalen Grübelns« (Rolf Dobelli) erreicht. Dann heißt es, zu entscheiden und zu handeln. Wenn Zaudern nicht Teil unserer Strategie ist, dann ist Zaudern keine gute Methode, um unsere Entscheidungen zu verbessern. Im Geschäftsleben, in vielen Sportarten und auf der Jagd gibt es meist einen Zeitpunkt, an dem eine Entscheidung erforderlich ist. Verpasst man dieses »Momentum«, ist die Chance vorbei: Der Geschäftspartner hat sich anderweitig engagiert, die Torchance im Fußball ist verpasst und das Reh ist davongelaufen.

- Entscheiden heißt auch, scheitern zu können bzw. dies zumindest in Kauf zu nehmen: Scheitern ist Teil des Lebens und auch ein Teil unserer Entscheidungen. Machen Sie sich gedanklich frei davon, immer »richtige« Entscheidungen treffen zu müssen. Und Scheitern ist keine Schande – entscheidend ist, aus dem Scheitern etwas zu lernen. Wer das mögliche Scheitern nicht antizipieren und akzeptieren kann, ist nicht in der Lage, starke Entscheidungen zu treffen, denn er wird immer zögerlich und schwach sein.

- Entscheidungen wollen bewusst und entschlossen getroffen werden. Egal, ob wir eine harte Entscheidung treffen oder einen Kompromiss finden müssen, unsere Entscheidung sollte Kraft und Entschlossenheit besitzen. Schon Jesus sagte: »*Eure Rede aber sei: Ja, ja; nein, nein. Was darüber ist, das ist vom Übel.*«[116]

Oft haben Menschen für ihre Entscheidungen lange Begründungen, warum sie dafür oder dagegen sind – oder warum sie sich nicht entscheiden können. Ein »Ja« mit einer langen Begründung ist lange nicht so stark wie ein »Ja« ohne Begründung! Eindeutige Entscheidungen können schwierig sein, weil es nur einen »Gewinner« und einen oder mehrere »Verlierer« gibt. Die Härte schafft allerdings auch Klarheit, Entschlossenheit und damit Energie.

Viele Menschen haben jedoch grundsätzliche Schwierigkeiten, entschlossen »Ja« zu sagen (Commitment) – und oft noch mehr Schwierigkeiten, eindeutig »Nein« zu sagen (Abgrenzung). Der Preis, den sie bezahlen, ist nicht nur eine kommunikative Vernebelung ihrer Position (Verlust von Klarheit sich selbst, aber auch anderen gegenüber), sondern auch ein immenser Verlust an Energie und Zielstrebigkeit. Sie schaffen damit leider auch die Basis für viele Misserfolge.

Treffen wir »lauwarme« Entscheidungen oder lassen uns eine »Hintertür offen«, werden wir zu Opportunisten, die keine kraftvollen Entscheidungen treffen können. Die »lauwarme« Temperatur raubt der Entscheidung ihre Kraft! Sind wir also zur Entscheidung entschlossen, dann müssen wir entscheiden und »springen«. Es gibt dann kein Zurück. Dieser Sprung erinnert an den Film *Alexis Sorbas*. Sorbas bringt dem verstandesgesteuerten Schriftsteller am Ende das Tanzen bei. Das Tanzen, welches für ihn ein Lebenselixier ist. Es geht hin und her und dann folgt ein Sprung auf einem Bein nach vorne. Dies ist für mich eine schöne Metapher für das Treffen einer Entscheidung. Erst gehen wir hin und her und suchen unsere Intuition. Und wenn wir sie gefunden haben, springen wir mit voller Kraft auf einem Bein nach vorn – die Entscheidung ist getroffen. Sie ist unumstößlich. Vielleicht sollten wir bei Entscheidungen einfach etwas mehr tanzen?

- Viele Opfer erbracht zu haben, sollte kein Gewicht bei der Entscheidung haben. Dieser Aspekt ist eine schlechte Basis für eine Entscheidung. »Eine Sache durchzuziehen«, ist grundsätzlich nichts Schlechtes und manchmal muss man einfach auch über Hindernisse steigen, um zum Ziel zu gelangen. Aber man sollte stets im Auge behalten, welchen Preis man im Endeffekt zu zahlen hat. Dies gilt z. B. in der Wirtschaft bei sog. »sunk cost« (oder auch »versunkene Kosten« oder »irreversible Kosten«). Das sind Kosten, die bereits irreversibel entstanden sind, aber nicht mehr durch künftige Einnahmen amortisiert werden können. Sunk cost werden oft zum Anlass genommen, eigentlich nicht mehr profitable Aktivitäten weiter fortzusetzen. Das Hauptargument für diese Fortsetzung ist dann oft der Umstand, dass bereits große Investitionen in diese Aktivitäten getätigt wurden. Das ist aus reiner wirtschaftlicher Perspektive völlig unsinnig, weil man damit weitere (vermeidbare) Verluste erleidet. Daher stammt auch die Redensart, »*man sollte schlechtem Geld kein gutes hinterherwerfen*«. Auch außerhalb der Wirtschaft ist das »Sunk-Cost-Argument« bekannt.

Beispiel:
Wer ein Kinoticket gelöst hat und nach zehn Minuten feststellt, dass ihm der Film nicht gefällt, wird wegen der sunk cost des Tickets möglicherweise die ganzen zwei Stunden des Films absitzen, statt ihn nach zehn Minuten zu verlassen – eine schlechte Entscheidung: Das Geld ist ohnehin weg und nun werden auch noch zwei Stunden Lebenszeit vergeudet!

Also, wer sunk cost produziert hat, muss nach Erkenntnis der Endgültigkeit des Fehlgriffs eine Neubewertung der Situation vornehmen. Es ist eine neue Situation eingetreten, die eine Entscheidung zur Verbesserung der Zukunft und nicht zur Bewältigung der Vergangenheit (»Trauerarbeit« über vergangene sunk cost) erfordert.

Die Zeit nach der Entscheidung

Alea iact est – Der Würfel ist gefallen

Eine Entscheidung ohne Konsequenz und Handeln ist sinnlos. Nach der Entscheidung gilt es, diese in die Praxis umzusetzen. Die Umsetzung hat *drei* Vorteile. *Erstens* kommt unsere Entscheidung nun in die Materialisierung, sie wird real, sie wird ihre Spuren in der realen Welt hinterlassen. *Zweitens* haben wir nun einen klaren Kompass für die weitere Orientierung, um unser Ziel zu erreichen. Und *drittens* können wir die durch den Entscheidungsprozess aufgebaute Energie nunmehr durch Aktion »entladen«. Ohne diese Entladung werden wir uns langfristig immer als Versager fühlen – ob wir uns das zugestehen oder nicht.

Der Fehler der »Rückschau«

Manche Menschen machen den Fehler, nach der Entscheidung wieder zurückzuschauen. Entweder öffnen sie die innere Diskussion erneut, ob die Entscheidung wirklich richtig war. Oder sie fangen an, sich die Richtigkeit anhand neuer Fakten und Meinungen bestätigen zu lassen.

Beispiel:
Jemand hat sich einen schönen Anzug gekauft und verlässt glücklich das Geschäft. Dann kommen ihm jedoch Skrupel und er fängt an, bei anderen Geschäften oder im Internet nachzuprüfen, wie dort der Preis für diesen Anzug gewesen wäre. Dies ist ein glatter Verstoß gegen unsere bereits definierte Regel, am Anfang des Entscheidungsprozesses alle relevanten Informationen zu sammeln und dann anhand unserer Prioritäten sukzessiv die Datenbasis zu verengen, um zu einer guten Entscheidung zu kommen.

Wer nun nach getroffener Entscheidung anfängt, neue Daten zu sammeln, öffnet den Trichter erneut. Mit fatalen Folgen: Findet er keinen günstigeren Anzug, dann muss er sich zwar nicht ärgern, zu viel Geld ausgegeben zu haben, aber er verschwendet unnötige Zeit, raubt sich Energie (und bis zu einem gewissen Grad auch die Freude an seinem neuen Anzug) – und er schaut nicht mehr konzentriert in die Zukunft, weil man nicht gleichzeitig nach hinten und nach vorn schauen kann. Noch schlimmer ist es, wenn er den gleichen Anzug zu einem günstigeren Preis findet. Er hat nicht nur die gerade beschriebenen Nachteile, sondern ärgert sich zusätzlich über das verschwendete Geld und beraubt sich der Freude an seinem neuen Anzug vollends, und zwar langfristig: Jedes Mal, wenn er den Anzug anzieht, muss er an diesen Makel denken. Der Anzug trägt quasi ein Kainsmal.

Wir lernen: Wenn die Entscheidung getroffen ist, schauen wir nicht zurück! Don't look back![117] Nach einem Einkauf vergleichen wir die Preise nicht mehr. Vor einer Entscheidung zahlreiche Vergleiche im Rahmen der Informationsbeschaffung anzustellen, ist intelligent, danach ist es dumm. Nicht umsonst sagt der Volksmund: *»Man soll vor der Hochzeit die Augen weit aufmachen und nach der Hochzeit die Augen schließen.«* Wer zurückschaut und ruft: *»Hätte, hätte, Fahrradkette«*, hat »technisch schlecht« entschieden und macht sich vorsätzlich unglücklich.

Der Fehler der »Rationalisierung«

Ein weiterer Fehler ergibt sich, wenn man nachträglich versucht, eine getroffene Entscheidung zu rationalisieren. Wir haben oft einen Rechtfertigungszwang, offenbar trauen wir unseren Gefühlen und unserer Intuition nicht – wir wollen eine »Genehmigung« des Verstands. Warum sagen wir nicht: »Ich tue das, weil ich das will«? Punkt. Keine Begründung.

Der nachträgliche Versuch einer Rechtfertigung hingegen ...
- vergeudet Zeit und Energie, denn wir können die Vergangenheit nicht ändern,
- verhindert den Abschluss der alten Entscheidung und versperrt dadurch den Weg für neue Entscheidungen (denn wir können nicht an zwei Dinge gleichzeitig denken) und
- macht uns dauerhaft unglücklich, weil wir zulassen, dass unser Meckeraffe unsere Gefühle entwertet, was an unserem Selbstbild nagt.

Der Fehler der »Entwertung von Alternativen«

Eine besondere Form der Rechtfertigung besteht darin, nach einer getroffenen Entscheidung zu versuchen, die vor der Entscheidung existierenden Alternativen abzuwerten. Auch das ist fatal.

Beispiel:
Stellen Sie sich vor, Sie haben zwei neue Jobangebote, und zwar eines für Hamburg und das zweite für Nürnberg. Sie haben sich nach reiflicher Überlegung für Nürnberg entschieden. Wenn Sie nun anfangen, das Angebot in Hamburg nachträglich schlecht zu machen (»Da ist das Wetter immer so schlecht«, »Da hat man es so weit bis zum Skifahren«, »Die Leute essen nur Fisch« etc.), dann entwerten Sie nicht nur Hamburg, sondern auch Ihre getroffene Entscheidung für Nürnberg.

Vielen ist das nicht bewusst. Psychologisch ist aber die Abwertung einer anderen Person oder Sache immer der Ausdruck eines eigenen (vielleicht nicht bewusst wahrgenommenen) Minderwertigkeitsgefühls. Warum?

Weil sie etwas anderes schlecht reden müssen, um sich selbst besser zu fühlen. Unbewusst leben sie damit ihr eigenes Gefühl von Minderwertigkeit. Eine starke Entscheidung für Nürnberg hätte aber kein Problem damit, auch Hamburg als gute und attraktive Alternative zu akzeptieren. Im Gegenteil, diese »Aufwertung« von Hamburg würde die eigene Entscheidung für Nürnberg noch weiter aufwerten: »Hamburg ist toll, aber ich habe mich für Nürnberg entschieden – also muss Nürnberg ja noch toller sein!« Das wäre doch eine wirklich starke Entscheidung! Nur am Rande: Man begegnet sich im Leben ja bekanntlich immer zweimal – vielleicht bringt Sie Ihr Leben in ein paar Jahren doch noch einmal nach Hamburg – dann müssen Sie argumentativ erst einmal die angerichteten Scherben von früher aufkehren.

Eine neue Entscheidung ist möglich

Die vorstehenden Äußerungen bedeuten keineswegs, dass nach Umsetzung einer Entscheidung keine Möglichkeit besteht, erneut Bilanz zu ziehen und ggf. eine neue Entscheidung zu treffen. Es ist aber dann eben eine neue, in die Zukunft gerichtete Entscheidung und keine (gar nicht mögliche) in die Vergangenheit gerichtete, nachträgliche Revision einer alten Entscheidung. Eine vergangene, also historische Entscheidung kann immer überdacht und mit einer neuen Entscheidung korrigiert werden. Das kann vielfach sehr sinnvoll sein, z. B. weil es neue (bessere) Informationen gibt, weil sich eine Änderung der Lage ergeben hat, weil man seinen Geschmack geändert hat oder weil man einfach in der ursprünglichen Entscheidung einen technischen Fehler erkannt hat. Wichtig ist nur, dass wir dann immer eine neue zukunftsgerichtete Entscheidung treffen.

Beispiel:
Wenn wir im Straßenverkehr in einer fremden Stadt falsch abgebogen sind, dann ist diese Entscheidung endgültig: Wir sind falsch abgebogen! Wir können diese Entscheidung nicht rückgängig machen, sondern nur durch eine neue Entscheidung korrigieren. Und wir sollten diese Korrek-

tur vornehmen, ohne uns noch lange mit der alten »Fehlentscheidung«
zu befassen oder uns gar dafür Vorwürfe zu machen.

Erneut Bilanz zu ziehen, kann auch bedeuten, ein Scheitern anzuerkennen – und wieder aufzustehen. Damit bleiben wir aber nicht bei der alten Entscheidung hängen, sondern können aus veränderten Umständen
und gemachten Fehlern lernen. Wir versuchen also nicht, die alte Entscheidung zu bedauern, zu rechtfertigen oder ungeschehen zu machen,
sondern treffen eine neue, bessere Entscheidung auf der Grundlage der
zwischenzeitlich gemachten Erfahrungen.

Wir sollten allerdings vor einer neuen Entscheidung erst einmal genau die Erfahrungen, Ergebnisse und Konsequenzen der alten Entscheidung wahrnehmen, analysieren und bewerten. Sonst haben wir den Er-
fahrungsgewinn der alten Entscheidung nicht voll ausgeschöpft, mit der
Konsequenz, dass wir diese nicht gemachte Erfahrung später in unserem
Leben nachholen müssen. Das ist dann ein bisschen wie Sitzenbleiben in
der Schule des Lebens!

LITERATUR:

- Dobelli, R., *Die Kunst des guten Lebens*, Piper, 2019.
- Moestl, B., *Das Shaolin Prinzip – Tue nur, was du selbst entschieden hast*, Knaur, 2012.
- Gigerenzer, G., *Bauchentscheidungen*, 6. Aufl., Bertelsmann, 2007.
- Gigerenzer, G., *Risiko: Wie man die richtigen Entscheidungen trifft*, 2. Aufl., Pantheon, 2020.
- Kahneman, D., *Thinking, Fast and Slow*, Penguin, 2012.
- Meissner, Ph., *Entscheiden ist einfach: Wenn man weiß, wie es geht*, Campus, 2019.
- von Nitzsch, R./Methling, F., *Reflektiert Entscheiden: Kompetent mit Kopf und Bauch*, Frankfurter Allgemeine Buch, 2021.
- Sprenger, R.K., *Die Entscheidung liegt bei Dir!*, Campus, 1997.

Kapitel 9
Pareto 80/20

»Mit 20 % Aufwand erreichen wir 80 % unseres Erfolges.« (Vilfredo Pareto)

Pareto – ein Lebensprinzip

Vilfredo Pareto war ein italienischer Soziologe, der im Jahr 1906 die Verteilung des Besitzes in Italien untersuchte. Bei dieser Untersuchung fand er heraus, dass etwa 80 Prozent des Besitzes auf etwa 20 Prozent der Bevölkerung verteilt war, ein Zustand, den wir auch heute noch kennen: Im Jahr 1989 wurde festgestellt, dass 20 Prozent der Bevölkerung 82,7 Prozent des Weltvermögens besitzen, was sich bis heute fortsetzt und zum Teil noch extremer geworden ist. Pareto forschte weiter und stellte schnell fest, dass diese Regel auf viele weitere Bereiche anwendbar ist, woraus sich das Pareto-Prinzip ableitete:[118]

- 80 Prozent der Ergebnisse werden mit 20 Prozent des Gesamtaufwandes erreicht, während die 20 Prozent der Ergebnisse 80 Prozent des Gesamtaufwandes erfordern.
- 20 Prozent unserer Kleidung tragen wir 80 Prozent der Zeit.
- 80 Prozent unserer Telefonzeit gehen an 20 Prozent der Menschen innerhalb unseres weiteren Bekanntenkreises.
- 20 Prozent jener Webseiten, die wir nutzen, machen 80 Prozent unseres Datenvolumens aus.
- In den meisten Unternehmen wird 80 Prozent des Gewinns mit 20 Prozent der verkauften Waren oder erbrachten Dienstleistungen gemacht.
- 80 Prozent der Krankheitstage in der Firma werden durch nur 20 Prozent der Mitarbeiter verursacht.

- Auf 20 Prozent der Straßen einer Stadt findet 80 Prozent des Verkehrs statt.
- 80 Prozent der Anwender einer Software benutzen nur 20 Prozent der Funktionen.
- Und leider schöpfen auch nur 20 Prozent der Menschen ihr volles Potenzial aus.

Das Pareto-Prinzip besagt also, dass sich 80 Prozent unserer Resultate mit einem Mitteleinsatz von 20 Prozent erzielen lassen.[119] Wenn Sie ein Bild brauchen, um Pareto zu verstehen: Stellen Sie sich vor, Sie haben zu Hause einen Wasserrohrbruch. Die normale Reaktion der meisten Menschen wäre: Sie drehen den Hauptwasserhahn ab und rufen die Feuerwehr oder das THW an. Zwei Maßnahmen, die in zwei Minuten erledigt sind. Das ist deutlich effektiver, als mit 100 Rollen Klopapier in den Keller zu rasen und zu versuchen, den Boden zu trocknen. Im Zusammenhang mit dem Erfolg kommen wir damit weg von statistischen Betrachtungen zum handlungsorientierten Kern des Pareto-Prinzips: Prioritäten zu setzen und die relevanten Dinge zu tun.

Beispiel:
In einer Anwaltskanzlei hatte man zu einer bestimmten Zeit intensiv über die Ausrichtung und Werte der Kanzlei diskutiert. Das Management hatte am Schluss ca. 30 Werte (darunter Qualität, Vertrauen, Loyalität, Verschwiegenheit, Zuverlässigkeit, Nähe zum Klienten, Schnelligkeit in der Bearbeitung etc.) identifiziert, welche künftig die Wertebasis der Kanzlei darstellen sollten. Alle Partner unterschrieben diese Werte auf einer großen Tafel. Dadurch sollte die Ausrichtung der Kanzlei gestärkt werden. Keiner der Partner konnte (oder wollte) sich allerdings alle 30 Werte auswendig merken. Jeder hatte ein paar im Kopf, allerdings jeder ein paar andere. Sie können sich ausmalen, wie stark der positive Effekt auf das Tagesgeschäft der Kanzlei war: Null!

Nach Pareto hätte man sich wahrscheinlich die Frage gestellt: Welche drei oder vier Werte sind für unser Geschäft fundamental wichtig und tragen zu 80 Prozent zum Geschäftserfolg bei? Hätten alle Partner (und auch alle anderen angestellten Anwälte und Mitarbeiter einschließlich der Sekretariate und der freien wissenschaftlichen Mitarbeiter) diese drei oder vier Werte verinnerlicht und bei jedem Mandantenkontakt auch tatsächlich gelebt, hätte man voraussichtlich einen ganz anderen positiven Effekt erzielt.

Das 80-20-Prinzip harmoniert im Übrigen bestens mit der Yerkes-Dodson-Kurve. 1908 wurde sie von den beiden Psychologen Robert Yerkes und John D. Dodson entdeckt. Die Yerkes-Dodson-Kurve sieht aus wie ein umgedrehtes U. Sie stellt den Zusammenhang von Einsatz und Produktivität dar. Aus dem umgekehrten U ergibt sich, dass sich die Produktivität mit wachsendem Einsatz zwar verbessert (was auch anzunehmen war), allerdings nur bis zum Leistungsoptimum (Yerkes-Dodson-Scheitelpunkt). Ist dieses Optimum erreicht, folgt eine Senkung der Produktivität (z. B. aufgrund von Erschöpfung und Stress). Dies bedeutet, dass ab dem Scheitelpunkt die Produktivität sogar sinkt. Es lässt sich daraus leicht erklären, warum manche Examenskandidaten zwar überdurchschnittlich viel lernen, dennoch aber nur ein mittelmäßiges Examen schreiben oder sogar durchfallen.

Das Pareto-Prinzip ist ein Bruder der Effektivität. Zudem steht es ebenfalls dem »Flaschenhalseffekt« (oder »Engpasseffekt«) nahe. Dieser Effekt in Wirtschaft und Logistik beschreibt das Phänomen, dass Schwächen bzw. Blockaden an entscheidenden Stellen einer Leistungskette den gesamten Prozess blockieren. Wird diese Schwäche (Flaschenhals = 20 Prozent) beseitigt, erzeugt die gesamte Leistungskette einen deutlich höheren Output als zuvor.[120]

Eng verwandt mit dem Pareto-Effekt ist auch die A-B-C-Analyse im Kundenmanagement. Demnach sorgen häufig wenige Schlüsselkunden für den Großteil des Umsatzes. Genau dafür dient die Analyse: Wer sind die Kernkunden, mit denen man intensiv zusammenarbeitet oder zusammenarbeiten will (= A-Kunden)? Welche Bestandskunden sind einfach zu bedienen und machen wenig Ärger (= B-Kunden)? Und wer sind die Kunden mit geringem Einzelumsatz, hohem Betreuungsbedarf, lästigen Anfragen, unkooperativem Verhalten und schlechter Zahlungsmoral (= C-Kunden)? Pareto würde hier raten, mehr Zeit und Energie bei A-Kunden zu investieren und den Aufwand für C-Kunden zu reduzieren oder sogar die Zusammenarbeit mit bestimmten C-Kunden ganz zu beenden. Wenn wir also mit 20 Prozent unserer Kunden 80 Prozent unseres Umsatzes erzielen, könnten wir mit einer stärkeren Fokussierung auf diese 20 Prozent unseren Umsatz deutlich steigern.

Beim Pareto-Prinzip geht es jedoch nicht nur um ein effektives Projekt- und Zeitmanagement. Vielmehr findet sich das Pareto-Prinzip in fast unheimlicher Weise in unserem ganzen Leben wieder: Das Pareto-Prinzip geht weit über rein wirtschaftliche Aspekte hinaus und kann meines Ermessens auch dazu beitragen, viele unserer persönlichen wie auch globalen Probleme (Klimawandel, Energieknappheit) zu bewältigen.

Pareto als Anti-Perfektionismus-Mittel

Erfolg hat mit dem Erreichen von Zielen zu tun. Dabei stellt sich allerdings auch die Frage nach dem Grad von Zielerreichung. Wir müssen uns nun mit dem Begriff der »Perfektion« befassen. Vielleicht kennen Sie den sehr erfolgreichen Song *Perfect* der britischen Gruppe *Fairground Attraction* mit dem Refrain:

> *»It's got to be perfect, it's got to be worth it, yeah*
> *Too many people take second best*
> *Well, I won't take anything less*
> *It's got to be, yeah, perfect.«*

Auch wenn der Refrain des Songs im Kontext mit früheren, halbherzigen Liebesbeziehungen steht, drückt er doch sehr eindringlich diesen allgemeinen Menschheitstraum nach Perfektion aus. Doch was ist Perfektion? Die ehrliche Antwort lautet: Wir wissen es nicht. Wir müssen vermuten, dass es jenseits der Metaphysik und religiöser Begriffe eine Perfektion (etwa im Sinne von Vollkommenheit) nie geben wird; wir können sie anstreben, werden sie aber nie erreichen.

Es gibt kein perfektes Auto, keinen perfekten Job, kein perfektes Haus, keinen perfekten Freund, keine perfekte Beziehung. Und selbst, wenn es heute etwas »objektiv« Perfektes gäbe, wäre es morgen schon wieder (technisch) überholt. Zudem ist Perfektion subjektiv. Es liegt an den persönlichen Ansprüchen des Einzelnen, was für ihn perfekt ist. Verschiedene Personen empfinden nicht immer das Gleiche als perfekt – machen Sie doch einmal mit drei Freunden eine Weinprobe: Vier Menschen – sechs Meinungen! Es ist nicht einmal sicher, dass ein und dieselbe Person bestimmte Produkte, Darbietungen, Kunstwerke, Bilder, Bücher etc., die sie früher einmal als perfekt eingestuft hatte, zu einem späteren Zeitpunkt noch immer als perfekt empfinden wird. Manche Maler haben in späteren Phasen ihres Schaffens sogar schon mal ihre Frühwerke zerstört. Perfektion scheint eine besonders beliebte Haltung in Deutschland zu sein.

Beispiel:
Kennen Sie den Unterschied zwischen einem deutschen und einem amerikanischen (bzw. asiatischen) Erfinder? Der deutsche Erfinder experimentiert an zehn Prototypen herum, bis er nach fünf Jahren ein ausgereiftes, »perfektes« Produkt entwickelt hat. Anders die Konkurrenz aus den USA oder Asien: Sie entwickelt einen ersten Prototyp, startet dann sofort eine Werbekampagne, die vollmundig ihre geniale Erfindung anpreist. Während der Kampagne entwickelt sie einen zweiten Prototyp, der alles andere als perfekt ist. Diesen verkauft sie bereits nach sechs Monaten nach Forschungsbeginn an eine kleine Zahl von Kunden. Dann verbessert sie ihre Prototypen immer weiter. Wenn der deutsche Erfinder nach fünf Jahren dann ein perfektes Produkt entwickelt hat, muss er zu seinem Bedauern feststellen, dass er auf dem Markt keine Chancen mehr hat, weil die Konkurrenz bereits den Markt dominiert und viele der Kunden fest an sich gebunden hat. Das eigentlich bessere deutsche Produkt kommt nicht mehr auf den Markt.

Spielt hier vielleicht der deutsche Hang zum Perfektionismus eine Rolle? Natürlich ist mein Beispiel pauschal oder holzschnittartig und ich tue damit vielen deutschen Unternehmen und Unternehmern sicher unrecht, wofür ich hier auch um Nachsicht bitte. Mir geht es hier nicht darum, die deutsche Wirtschaft schlechtzureden, sondern zu untersuchen, ob das Pareto-Prinzip uns individuell und kollektiv in Zukunft eventuell helfen könnte, noch besser zu werden und unsere Produkte wie auch uns selbst besser zu vermarkten. Denn viele deutsche Technologien, die in Deutschland erfunden wurden, sind von ausländischen Firmen erfolgreich hergestellt (bzw. kopiert) und vermarktet worden, z. B. das Fax, das Hybrid-Auto, der MP3-Player und auch der Computer.[121] Es sind deutsche Erfindungen, mit denen erst im Ausland richtig Geld verdient wurde, weil man dort mit dem Marketing etwas schneller und mit der Produktperfektion etwas langsamer war.

Das Streben nach absoluter Perfektion ist ein Kampf gegen Windmühlen und macht uns unglücklich. Das Streben nach einem perfekten Ergebnis ist meistens reine Zeit- und Energieverschwendung. Häufig reichen gute – manchmal sogar mittelmäßige – Ergebnisse aus. Wer ständig nach Perfektionismus strebt, ist alles andere als produktiv. Es wird immer andere Menschen geben, für die irgendetwas nicht perfekt ist. Und wenn es einmal nicht so sein sollte, wenn alle zufrieden und glücklich sind, dann wird der Perfektionist selbst noch ein Haar in der Suppe finden. Perfektionisten sind daher tendenziell (mit sich) unzufrieden, ständig unter Druck und von Selbstzweifeln geplagt: Es gibt ja immer noch etwas zu tun, und zwar jetzt! Perfektionisten fühlen sich »nie gut genug«. Oder wie Maria Shriver sagt: »*Perfectionism doesn't make you feel perfect; it makes you feel inadequate.*« Der Antrieb für den Perfektionismus reicht häufig weit zurück in die frühe Kindheit eines Menschen. Der Perfektionist ist im Kern ein getriebener und meist unzufriedener Mensch, der eigentlich an der Welt verzweifelt. Er geht an seiner eigenen Unsicherheit sowie seinem Bestreben, es allen recht machen zu wollen, zugrunde und ist häufig der Meinung, dass ihn erst ein perfektes Arbeitsergebnis liebenswert macht.

Pareto zwingt uns zu einer bewussten Auseinandersetzung mit dem Einsatz unserer Ressourcen und damit mit dem Begriff der »Perfektion« als Ziel und »Perfektionismus« als Arbeitsmethode. Gerade die Perfektionisten haben oft die eigentliche Aufgabe relativ schnell abgeschlossen, verbringen dann aber nochmals doppelte und dreifache Zeit für den letzten Feinschliff – und wenn es schlimm kommt, werden sie sogar nie fertig. Das ist besonders dann ärgerlich, wenn niemand außer dem Perfektionisten selbst diesen Grad an Perfektion überhaupt wahrnimmt und wertschätzt. Wenn es keine Perfektion gibt, ist es wenig sinnvoll, eine absolute Perfektion anzustreben.

Pareto ermutigt uns, von der Idee der Perfektion Abschied zu nehmen. Es wird in unserem Leben keinen Augenblick geben, in dem alles perfekt ist. Wenn wir auf diesen Moment warten, werden wir ihn leider verpassen – es wird der Moment unseres Todes sein, denn dann wird alles in Balance sein und jegliche Spannung von uns fallen. Dann ist alles egal – und damit perfekt. Während dieses Wartens werden wir von einer Depression in die nächste fallen – und all die wunderbaren Menschen, Momente und Dinge in unserem Leben nicht wahrnehmen und uns emotional zu eigen machen können.

Zur Vermeidung von Missverständnissen sollten wir auch bei Pareto ein paar Punkte klarstellen: Natürlich haben Menschen immer danach gestrebt, gute Ergebnisse zu erzielen und nach Höherem sowie Weiterentwicklung zu streben. Natürlich wollen die meisten Schüler eine möglichst gute Klassenarbeit schreiben, die Studenten ein gutes Examen und die meisten Menschen geben sich in ihrem Beruf viel Mühe, bei ihrer Arbeit gute Ergebnisse zu erzielen. Das ist gut so, anders würde unsere Welt nicht funktionieren und wir würden irgendwann nicht mehr überleben. Es ist aber ein gewaltiger mentaler Unterschied, ob ich einen gesunden Leistungswillen habe oder ein perfektes Ergebnis anstrebe. Wir haben es hier mit einer sprachlichen Irritation zu tun. Wir sollten Perfektion einerseits und Präzision, Genauigkeit, Zuverlässigkeit, Qualität andererseits auseinanderhalten.

Beispiel:

Von Ihrem Zahnarzt erwarten Sie eine präzise Arbeit beim Bohren und der Anbringung einer Füllung. Sie wollen, dass er nicht dreimal daneben bohrt, sondern dass der »erste Schuss sitzt«. Wenn Sie in ein Flugzeug steigen, erwarten Sie, dass das Wartungspersonal die Maschine auf Herz und Nieren getestet hat und der Pilot exakt weiß, wie er die Maschine zu fliegen hat und was er in einer Krisensituation (z. B. im Fall, dass ein Triebwerk ausfällt) zu tun hat.

Das hat jedoch nichts mit Perfektion als Ergebnis, sondern mit Präzision, Genauigkeit, Zuverlässigkeit und Qualität eines Prozesses zu tun. Das schließt nicht aus, dass es vorkommen kann, dass ein Zahnarzt einen Fehler macht oder dass ein Flugzeug abstürzt. Wenn wir immer eine hundertprozentige Perfektion im Ergebnis verlangen würden, würde kein Zahnarzt mehr arbeiten und kein Flugzeug mehr starten. Was Sie jedoch verlangen können, sind die genannten Eigenschaften: Präzision, Genauigkeit, Zuverlässigkeit und Qualität. Und diese Eigenschaften können zum Teil eine hundertprozentige Aufmerksamkeit und Sorgfalt erfordern. Dennoch sind in unserem Alltag vielfach auch »gut« oder »befriedigend« eine ausreichende Qualität, um unser Leben in Gang zu halten – nicht immer geht es um abstürzende Flugzeuge und millimetergenau gesetzte Bohrungen eines Zahnarztes. Eine hundertprozentige Perfektion wäre etwa so, wie wenn Sie nach jeder Fahrt mit Ihrem Pkw alle Bremsbeläge, das Getriebe und den Motor austauschen würden. Alle Maschinenteile haben eine bestimmte durch die Erfahrung gewonnene durchschnittliche Laufzeit. Daran orientieren wir uns und geben deshalb unseren Wagen in bestimmten Intervallen zum Kundendienst. In 99,9 Prozent der Fälle ist das ausreichend, aber es ist nicht Perfektion. Pareto ist also nicht Nachlässigkeit, sondern das Nutzen von Effektivitätshebeln und Risikosteuerung zugleich!

Pareto sollte auch nicht so missverstanden werden, dass alle Aufgaben nur noch mit 20 Prozent Einsatz betrieben werden sollten. Wenn Sie Ihre Reifen wechseln lassen, erwarten Sie vom Monteur, dass er die Schrauben an den Felgen mit den neuen Reifen zu 100 Prozent fest anzieht (das ist die erwähnte Präzision), und zwar selbst dann, wenn Ihre Werkstatt mit dem Wechseln von Reifen nur ein Prozent ihres Umsatzes erzielt. Pareto würde also hier nicht bedeuten, die Schrauben nicht ordentlich anzuziehen, sondern sollte für den Werkstattinhaber die Frage aufwerfen, ob er überhaupt noch Reifen wechselt und seine Energie und Zeit nicht besser auf profitablere Service-Arbeiten beschränkt, insbesondere dann, wenn seine Leute mit dem Reifenwechseln 35 Prozent ihrer Zeit verbringen.

Noch eine Klarstellung: Es gibt eine Reihe von Aufgaben, die nicht direkt zum eigentlichen Ziel beitragen, aber dennoch erledigt werden müssen. Sie generieren direkt keine Gewinne, sind aber langfristig überlebensnotwendig. Dazu gehören in einem Unternehmen beispielsweise das Beantworten und Bearbeiten von E-Mails, Personalverwaltung, Instandsetzungsarbeiten im Lager, Buchhaltung, Erstellung von Angeboten, Abgabe der Steuererklärungen, Materialbeschaffung etc. Die Instandsetzungsarbeiten tragen zwar kurzfristig wenig zum Unternehmenserfolg bei, doch ein Verzicht darauf hätte mittelfristig schwerwiegende negative Folgen für das Unternehmen. Die »unwichtigen« Dinge würden bei konstanter Vernachlässigung mit der Zeit zu »sehr wichtigen« Problemen werden.

Auch zwei- und drittrangige Themen müssen daher beachtet werden, nur darf der Fokus auf diese Bereiche und die darin investierte Energie nicht aus den Proportionen laufen. Manche Kritiker sehen durch diesen Aspekt das Pareto-Prinzip grundsätzlich infrage gestellt. Ich meine, es kommt hier nur auf die richtige Interpretation an: Wenn bei einem Auto der Motor, die Bremsen und das Lenkrad funktionieren, kann ich meist schon fahren, aber auf Dauer muss ich Benzin im Tank haben, Motoröl und Kühlwasser nachfüllen sowie ab und zu den Reifendruck messen und ggf. korrigieren. Wenn ich diese Wartungsarbeiten dauerhaft vernachlässige, werde ich eines Tages auf der Landstraße stehenbleiben. Auch hier gilt: Die Balance muss stimmen.

Noch ein kleiner Tipp für die Perfektionisten unter uns: If it works, don't fix it! Manchmal funktionieren Dinge einfach, obwohl sie fast schon kaputt sind oder nach den (technischen oder regulatorischen) Vorgaben eigentlich gar nicht funktionieren dürften. Wenn es sich nicht um sensible Teile an einem Flugzeug oder an einem Atomkraftwerk handelt, können wir sie vielfach im Leben auch einfach einmal »laufen« lassen. Das Pareto-Prinzip hat mit Aufmerksamkeit, aber auch mit Gelassenheit zu tun. Und mit Fertigwerden!

Und vergessen Sie dabei auch einen bedeutenden Punkt nicht: Nur wenn die Menschen und die Dinge dieser Welt nicht perfekt sind, ist Raum für Humor, Ironie, Lachen und Spaß im Leben. Charlie Chaplin, Dick & Doof, Mr. Bean und alle Zirkusclowns auf dieser Welt könnten in einer perfekten Welt nicht existieren. Wenn die ganze Welt perfekt wäre, hätten wir nichts mehr zu lachen. Humor ist die Versöhnung mit der mangelnden Perfektion dieser Welt.

Pareto als Basis unseres Erfolgs

Viele Menschen glauben, dass sie immer bessere Ergebnisse erzielen, wenn sie nur stärker, härter, schneller arbeiten. Also einfach schneller im Hamsterrad laufen. Und die Perfektionisten glauben zudem, dass alles, was sie machen, auch noch perfekt sein muss. Kommt Ihnen das bekannt vor? Kein Grund sich zu grämen, diese Phase durchlaufen viele Menschen in ihrem Leben, wir sollten nur irgendwann aus dem Hamsterrad aussteigen. Denn durch den überhöhten Selbstanspruch erreichen wir nur mehr Druck, Stress und weniger Zeit. Man strampelt immer mehr und erreicht immer weniger. Und irgendwann kommt der Burn-Out! Wie hilft uns Pareto?

- Das Pareto-Prinzip macht uns immer wieder die Frage bewusst: Wie erreichen wir mit weniger Aufwand mehr Ertrag? Pareto ist keine Arbeitsweise, sondern eine Denkweise. Aber eine Denkweise, die unsere Arbeitsweise erheblich beeinflussen kann.
- Pareto ist eine Aufforderung zu einem permanenten Entscheidungsprozess: Für das Ziel relevant – oder nicht relevant? Wir sollten also öfter darüber nachdenken, wie wir unsere Kräfte sinnvoll einsetzen, um erfolgreich zu sein. Wir sollten die 20 Prozent unserer Tätigkeiten bzw. Tätigkeitsfelder identifizieren, mit denen wir am meisten Erfolg haben. Das ist der Unterschied zwischen »die Dinge richtig tun« (Effizienz) und »die richtigen Dinge tun« (Effektivität). Effektivität ist die Basis für Effizienz, nicht umgekehrt. Ein Unterschied, der in der Praxis – selbst im Management von Unternehmen – häufig übersehen wird.
- Das Pareto-Prinzip besagt im logischen Umkehrschluss, dass wir oft in einem Ozean an zu vielen Aufgaben, Entscheidungen und Optionen erst gar nicht dazu kommen, uns um die wesentlichen 20 Prozent

zu kümmern. Konsequenterweise müssen wir die 80 Prozent unserer Tätigkeiten auf ein angemessenes Minimum reduzieren.

<u>Beispiel</u>:
Wer eine Gartenparty veranstalten möchte, sollte nicht 80 Prozent seiner Energie auf das akkurate Schneiden des Rasens verwenden, weil er sonst erhebliche Defizite bei der Auswahl und Einladung der Gäste, bei den Getränken, bei der Verpflegung, bei der Musik und bei den sonstigen Partyknüllern etc. erleidet. Wenn er ein »Rasenfreak« ist, dann muss er die Rasenbearbeitung delegieren – oder bleiben lassen.

- Wenn Ihnen diese Fokussierung auf die wesentlichen 20 Prozent schwerfällt, fragen Sie sich: Wenn ich für meine Aufgaben an einem bestimmten Tag nur drei Stunden Zeit hätte, welche würde ich erledigen? Wenn man manchmal nicht weiß, was einem wichtig ist, hilft es vielleicht, zu wissen, was nicht wichtig ist. Dann fangen Sie mit einer solchen »Negativ-Liste« an und lassen diese »Negativpositionen« bewusst weg. Wenn Sie Ihre »Negativ-Liste« einmal genau betrachten, werden Sie sich bei einigen Positionen vielleicht fragen: »Warum um Himmels willen habe ich diese Dinge überhaupt zuvor gemacht?«
- Bei der Reduzierung der unwesentlichen 80 Prozent müssen wir jedoch bewusst vorgehen und uns fragen: Sind diese Aufgaben eigentlich komplett unwichtig? Manchmal nicht, manchmal schon: Korrespondenz, Besprechungen, bürokratische Business-Pläne, Werbung, Buchhaltung, Compliance, Personalangelegenheiten, Aktenablage, Steuererklärung, Arztbesuch, regelmäßiger TÜV beim Auto etc. Fragen Sie sich: Führt die dauerhafte Vernachlässigung zu immer größer werdenden Problemen oder nicht? Wenn keine Verschlimmerung droht, können Sie manche Dinge liegen lassen oder ganz auf sie verzichten.
- Pareto macht uns immer wieder klar, dass Anfangen das A und O aller Dinge ist. Erste, vorläufige und vielleicht bescheidene Ergebnisse sind immer besser als gar keine Ergebnisse. Die Amerikaner haben dafür den schönen Ausdruck »rough and dirty«. Gerade bei der Anfertigung

von anwaltlichen Schriftsätzen können Sie gar nicht anders arbeiten. Am Anfang haben Sie nie alle Informationen und Argumente parat, und wenn, dann sind sie ungeordnet und widersprechen sich häufig. Aber mit einem Entwurf »rough and dirty« haben Sie auf jeden Fall mehr als das berühmte »weiße Blatt«, welches bekannterweise ja viele Schriftsteller am Anfang eines Romans in die Schockstarre verbannt.

Natürlich haben wir mit dem ersten Entwurf »rough and dirty« noch nicht die 20 Prozent erwischt, die einen Ertrag von 80 Prozent abwerfen. Aber wir haben uns auf den Weg gemacht, sammeln Erfahrungen und erhalten ggf. Feedback. Für Erfahrungen und Feedback braucht man etwas Konkretes. Nur dies kann kritisch geprüft und diskutiert werden. Nur auf diese Weise sehen wir, ob die eingeschlagene Richtung stimmt oder nicht. Daher sollte man mit dem Bestreben arbeiten, eine Idee möglichst schnell zu testen. Denn nur frühzeitiges Feedback bringt uns weiter. Nur dieses Feedback zeigt uns sehr schnell und sehr deutlich, ob wir an den 20 Prozent oder den 80 Prozent des Pareto-Prinzips arbeiten. Der zweite Entwurf wird schon besser und der dritte wahrscheinlich ganz passabel.

Wer diese zeitnahe, kontinuierliche Überprüfung unterlässt, steht im schlimmsten Fall am langen Ende seiner Bemühungen mit einem völlig unbrauchbaren Ergebnis da und kann ganz von vorn anfangen. Hier begegnen wir dem bekannten Phänomen, zwischen Erforschung von Neuem (»Exploration«) und Ausbeutung des Vorhandenen (»Exploitation«) die richtige Mischung zu finden.[122]

- Das Pareto-Prinzip hilft uns ferner, unsere Deadlines einzuhalten. In vielen Situationen – privat wie beruflich – sind wir häufig mit der Einhaltung von Deadlines konfrontiert. Für viele Menschen ist das unangenehm, weil es sie unter Druck setzt und Stress verursacht. Das hat psychologisch oft mit zwei Aspekten zu tun: Zum einen mit der Angst, dass man die Deadline nicht einhalten kann, und zum anderen mit der Ohnmacht, dass man nicht weiß, wo man anfangen und wo aufhören soll. Diese Gefühle können uns in eine Art Schockstarre bringen – und damit ganz sicher dazu, die Deadlines nicht einzuhalten. Wie kommen wir da heraus? Pareto hat die Antwort!

Kapitel 9: Pareto 80/20

Beispiel:
In meiner Anwaltspraxis war ich mit dieser Situation häufig konfrontiert. Ich erinnere mich an einen Tag während meiner Berliner Zeit, an dem gegen 14 Uhr ein wirkliches Chaos durch mehrere parallel laufende Fälle mit engen Deadlines entstanden war. Dazu zahlreiche Telefonate, Besprechungen, verunsicherte Kollegen und ein überfordertes Sekretariat. Mir drehten sich Kopf und Magen.

Ich musste eine Entscheidung fällen. Ich sagte meinem Sekretariat, ich würde mich eine Viertelstunde in meinem Zimmer einschließen und in dieser Zeit keine Telefonate annehmen. Dann ging ich in mein Zimmer, schloss mich ein und setzte mich auf meinen Stuhl. Und machte 15 Minuten lang – gar nichts! Nein, das stimmt nicht ganz. Ich versetzte mich in einen quasi-meditativen Zustand und machte mir quasi autosuggestiv klar, wie souverän ich meine Agenda im Griff haben muss, wenn ich mir es leisten kann, eine Viertelstunde einfach gar nichts zu machen, obwohl im Büro die Hölle los ist. Ich wusste, dass ich diesen Tag nur gut überstehen würde, wenn ich mich kompromisslos auf die allerwichtigsten Sachen konzentrieren würde.

Nach Ablauf der Viertelstunde war ich ein neuer Mensch, sehr entspannt und tatendurstig. Ich verließ mein Zimmer und machte mit meinen Kollegen und dem Sekretariat einen »Schlachtplan«, indem wir alle anliegenden Dinge der Dringlichkeit bzw. Wichtigkeit nach ordneten. Daraus entstand eine Agenda, in der wir von eins bis zehn festhielten, was zuerst, was als Nächstes usw. und was als Letztes zu tun war, und zwar mit einer klaren Aufgabenverteilung. Das schaffte bei uns allen eine ungeheure Ruhe und wir gingen jeder an seine Arbeit. Um 20 Uhr hatten wir den Tag wieder im Griff. Wir hatten zwar nicht alles erledigt, aber hatten genau die Dinge abgeschlossen, durch die wir keine relevante Deadline verpassen würden.

Was hat das mit Pareto zu tun? Ganz einfach: Wir orientierten uns bei der Erstellung des »Schlachtplans« daran, mit welchen Maßnahmen wir die größten »Schäden« (insbesondere durch Überschreiten einer Deadline) vermeiden konnten. Dadurch bekamen unsere Aktivitäten eine klare Ausrichtung und einen enormen Effektivitätshebel.

Wenn Sie in einer Stunde einen »Schaden« von einer Million Euro verhindern können, ist das besser, als in vier Stunden einen »Schaden« von 20.000 Euro zu vermeiden.

- Das Pareto-Prinzip hilft uns auch, uns selbst zu spezialisieren und nur das zu tun, worin wir richtig gut sind. Den Rest müssen wir an Leute delegieren, welche die übertragenen Aufgaben einfach professioneller, besser, schneller und kostengünstiger erledigen können. Einer meiner Grundsätze als Anwalt war, dass ich zumindest versuchte, alles zu delegieren, was andere (spezialisierte Partner, Associates, Referendare, Sekretariat) mindestens genauso gut wie ich (oft sogar besser) und kostengünstiger erledigen konnten. Damit konnte ich mich auf das konzentrieren, was ich am besten konnte.

- Wir sollten viel öfter in unserem Leben bewusst eine Pause einlegen und über unsere aktuelle Situation nachdenken: Was mache ich gerade und wie hoch ist der Wirkungsgrad für mein Ziel? Was ist effektiv und was ist Aktionismus?

- Das Pareto-Prinzip hilft uns zu guter Letzt, Lebensprinzipien wie »Simplify your life!« oder »KISS«[123] zu leben und uns von allem zu trennen, was wir nicht brauchen. Und unsere zu treffenden Entscheidungen auf ein Minimum zu reduzieren. Wir müssen nicht in ein tibetanisches Kloster einziehen, um zu erkennen, dass ein einfaches und unkompliziertes Leben zu einem glücklicheren Leben führt. Die Lösung für viele Probleme in unserem Leben ist nicht kompliziert oder komplex, sondern einfach und damit genial. Von Antoine Saint-Exupéry gibt es die wunderbare Definition von Perfektion: »*Es scheint, dass Perfektion erreicht wird, nicht wenn nichts mehr hinzuzufügen ist, sondern wenn nichts mehr wegzunehmen ist.*« Auch wenn uns das praktisch nicht immer weiterhilft, so öffnet es doch unseren Blick für die Schlichtheit, die in der Perfektion liegt. Es ist eine Ermunterung, die Formel »Weniger ist mehr« öfter zu beherzigen. Wenn wir immer wieder etwas Ballast abwerfen, sprengen wir so das Hamsterrad – und schaffen Raum für Neues.

Sie werden jetzt vielleicht sagen, diese Überlegungen zur Arbeitsweise seien trivial. Zugegeben, in gewisser Weise ist das so. Aber Hand aufs

Herz: Wie oft werden diese Regeln in Wirtschaft und Politik wirklich beachtet? Wie oft wird Energie sinnlos »verballert«? Wie oft ertrinken wir in nicht mehr bewältigbarer Bürokratie? Und wie oft beachten Sie selbst diese trivialen Regeln tatsächlich in Ihrem eigenen privaten oder beruflichen Leben? Wie oft denken Sie im Alltag tatsächlich an Pareto? Und wie oft denken Sie: »Das mache ich dann später!« oder »Das mache ich dann einmal, wenn ...«? Machen Sie jetzt gleich eine Liste von Sätzen, die mit diesen beiden Eingangsformeln beginnen. Und dann fragen Sie sich, ob Ihnen Pareto nicht doch vielleicht weiterhelfen könnte!

Zu guter Letzt: Wenn Sie wieder einmal vergessen haben, wie Pareto funktioniert, dann gehen Sie in eine große Buchhandlung! Betrachten Sie eine Viertelstunde lang so viele Bücher wie möglich! Und dann machen Sie sich bewusst, dass Ihr Leben zu kurz ist, um alle Bücher (und das sind nur diejenigen in dieser Buchhandlung!) zu lesen. Gehen Sie durch diese Depression hindurch und gelangen auf der anderen Seite des Tunnels mit der Erkenntnis heraus: Es reicht vollkommen, wenn Sie die gerade für Ihre momentane Lebenslage interessanten Bücher heraussuchen. Nun fehlt nur noch die entscheidende Analogie: So funktioniert Ihr Leben auch im Allgemeinen!

LITERARTUR:

- Canizzaro, L., *Pareto-Prinzip*, Eigenverlag, 2020.
- Ferriss, T., *Die 4-Stunden-Woche*, 12. Aufl., Ullstein Taschenbuch, 2015.
- Klasing, I., *Der 2-Stunden-Chef. Mehr Zeit und Erfolg mit dem Autonomie-Prinzip*, Campus, 2019.
- Koch, R., *Das 80/20-Prinzip: Mehr Erfolg mit weniger Aufwand*, 4. Aufl., Campus, 2015.
- Prick, A., *Das Pareto-Prinzip*, Eigenverlag, 2019.

Kapitel 10
Balance

»Fürchte dich nicht vor der Verwirrung außer dir, aber vor der Verwirrung in dir; strebe nach Einheit, aber suche sie nicht in der Einförmigkeit; strebe nach Ruhe, aber durch das Gleichgewicht, nicht durch den Stillstand deiner Tätigkeit.«
(Friedrich Schiller)

Ohne Balance geht gar nichts

Balance kennen wir vom Phänomen der »Homöostase« aus vielen Bereichen der Physik, Chemie, Biologie, Wirtschaftswissenschaften, Medizin etc. Die Homöostase beschreibt einen Gleichgewichtszustand eines offenen dynamischen Systems, der durch einen Prozess der Selbstregulierung aufrechterhalten bleibt. Das System strebt permanent einen Gleichgewichtszustand an. So funktioniert die ganze Natur. Einzig der Mensch ist wegen seines Verstandes und seines Egos in der Lage, dieses Phänomen des permanenten Gleichgewichts zu stören – oder bewusst dazu beizutragen, dass es sich einstellt.

Kennen Sie den Film *Koyaanisqatsi* aus dem Jahr 1982? Wahrscheinlich nicht. »Koyaanisqatsi« ist ein Wort der nur mündlich existierenden Sprache des nordamerikanischen Stamms der Hopi, das mit »Leben im Ungleichgewicht« oder im Englischen mit »life out of balance« übersetzt werden kann. Dies ist ein Film der besonderen Art[124] und er ist aktueller denn je. Er befasst sich mit dem Eingriff des Menschen in die Natur und zieht eine zivilisationskritische Bilanz der menschlichen Lebensweise.[125] Es gibt keine handelnden Einzelpersonen und keine Dialoge, eine zusammenhängende Geschichte fehlt. Der Film reiht ausschließlich Zeitlupe- und Zeitraffer-Bildfolgen vom Leben in Städten und Naturlandschaften sowie Akte menschlicher Zerstörung (z. B. Sprengungen) aneinander. Auch Menschen in der Masse werden sichtbar. Sie führen ein hektisches Leben (Börse, Fabriken, Straßenverkehr) und im Zeitraffer sieht man die »Uhrwerkartigkeit« des Lebens. Der Film zeigt mit seinen bizarren Aufnahmen, begleitet von einer eindringlichen Musik, und seinem tragischen Ende (Explosion einer gerade aufsteigenden Rakete), wie weit entfernt unsere Zivilisation von der Natur – und der Natur des Menschen – ist.

Das Fehlen dieser Balance macht nicht nur unserer Umwelt zu schaffen, sondern auch jedem einzelnen Menschen. Denn auch jeder Mensch als Lebewesen braucht Balance. Wer keine Balance in seinem Leben hat, kann kein erfolgreiches und zufriedenstellendes Leben führen. Stephen Covey wies darauf hin, dass wir uns selbst in der Balance unserer physischen, mentalen, spirituellen und sozialen Dimension für ein gelingendes Leben befinden müssen.[126] Dieses Kapitel möchte etwas näher untersuchen, was das im Einzelnen bedeuten kann.

Bei der Balance geht es darum, im inneren Gleichgewicht im weiteren Sinne zu bleiben. Wer nicht im Gleichgewicht ist, hat oder macht von dem einen zu viel oder von dem anderen zu wenig. Ein solcher Mensch arbeitet zu viel oder schläft zu wenig, er riskiert zu viel oder bewegt sich zu wenig – oder umgekehrt. Es gibt viele Ebenen unseres Lebens, die zwischen zwei Polen nach Balance streben, wie z. B.:

- Familie – Job
- Gemeinschaft – Individualität
- Freiheit – Beschränkung
- Materielle Welt – Spirituelle Welt
- Muse – Arbeit
- Genuss – Entsagung
- Ruhe – Handeln
- Gefühl – Verstand
- Glauben – Wissen
- Lachen – Weinen
- Sicherheit – Risiko

Diese Beispiele führen uns die grundsätzliche Dualität unseres Lebens vor Augen: Hell-Dunkel, Warm-Kalt, Tag-Nacht, Yin-Yang, Auf-Ab, Einatmen-Ausatmen etc. sind jeweils zwei Seiten einer Medaille.

Entscheidend ist daher nicht, diese Dualität zu leugnen oder zu verdrängen (was gar nicht funktionieren würde), sondern ein angemessenes Gleichgewicht zwischen den Polen zu finden. Und seien Sie sich dabei bewusst, dass ein Teil einer Balance auch darin besteht bzw. bestehen muss, nicht alles zu planen. Viele Menschen machen den Fehler, auch noch ihre letzten Freiräume durchzuplanen. Das endet dann bei überforderten Eltern in der »quality time« für ihre Kinder, in der alles perfekt sein muss, um die Defizite unter der Woche zu kompensieren. Planlosigkeit kann ein Teil ihrer Balance sein.[127]

Ein sehr schönes Beispiel für Balance ist auch unser Streben nach Breite und Tiefe. Wir werden in Band 2 im Kapitel *Potenzialentwicklung* noch sehen, dass wir unsere Stärken stärken und uns spezialisieren sollten. Dabei geht es um die »Tiefe«. Dennoch besteht das Leben auch aus der »Breite«, sonst werden wir zum »Fachidioten«. Auch für den besten Spezialisten ist eine breit angelegte Allgemeinbildung nicht von Nachteil.

Manche Fußballprofis spielen zum Ausgleich Tennis, manche Tennisspieler gehen in der Regenerationsphase zum Golf. Aber eben nur zum Ausgleich, sie sind dort nicht spitze. Wir genießen eine Symphonie von Mozart und eine Oper von Verdi, ohne Musikwissenschaftler zu sein. Im Restaurant genießen wir Speisen, die wir nie in der Lage wären, selbst zuzubereiten. Und wir benutzen unsere PCs und Fernsehgeräte, ohne einen blassen Schimmer davon zu haben, wie sie im Detail hinter dem Bildschirm funktionieren. Um das Leben in seiner Fülle wahrzunehmen und zu genießen, müssen wir auch in die Breite gehen. Um Spitzenleistungen zu erbringen, müssen wir in die Tiefe gehen. Wo ist Ihre Balance zwischen Breite und Tiefe? Wo brauchen Sie mehr Tiefe, wo mehr Breite?

Wer einmal ein Gleichgewicht gefunden hat, muss dieses nicht immer beibehalten. Das Gleichgewicht kann sich (und wird sich meist mit zunehmendem Alter) während der Dauer unseres Lebens verschieben. Vielleicht ändert sich unser Schlafbedürfnis, unser Bestreben, auf laute Partys oder Konzerte zu gehen, oder unsere Vorliebe für eine bestimmte Musikrichtung. Auch eine berufliche Tätigkeit muss uns nicht lebenslang erfüllen. Manchmal wollen wir Bekanntes vertiefen, manchmal wollen wir Neues kennenlernen. Bei Beziehungen spricht man heute bereits (halb im Ernst und halb im Scherz) von »Lebensabschnittspartnern«. Oder andersherum: Eine lang andauernde Beziehung sollte sich ebenfalls immer wieder ausbalancieren, was durchaus zur Stabilität und Lebendigkeit der Beziehung beitragen kann.

Die statische und dynamische Komponente der Balance

Neben der klassischen Balance zwischen zwei Polen (links und rechts, kalt und warm) gibt es auch noch eine *statische* und eine *dynamische* Komponente der Balance. Die *statische* strebt danach, uns Stabilität und Halt zu geben, wenn wir aus dem Gleichgewicht geraten, wenn wir von der linken oder rechten Seite oder von vorn oder hinten gestoßen oder gezogen werden. Diese Komponente baut ein Gegengewicht zu jedem uns bedrängenden, destabilisierenden Impuls auf. Sie sorgt dafür, dass wir auf der Bahn bleiben und nicht aus der Kurve fallen.

Die *dynamische* Komponente strebt hingegen danach, uns in Bewegung zu bringen und vorwärtszubringen. Sie strebt nach Veränderung. Sie holt uns aus der Komfortzone und bringt Schwung in unser Leben.

Die statische Komponente der Balance stabilisiert uns, die dynamische Komponente der Balance bewegt uns. Die statische Komponente sichert unseren Platz, auf den wir gehören, unsere »innere Heimat«: Sie macht uns zum »Fels in der Brandung«. Die dynamische Komponente bewegt uns zu unseren Zielen, also dem Platz, wo wir hinwollen, unsere Bestimmung: Die dynamische Komponente macht uns zum »Geparden in der Steppe«. Die Kombination aus beidem nennen wir gelingendes Leben – und dieses beruht auf Balance. Wir »balancieren« ein Leben lang. Es entsteht Lebendigkeit in einer Balance im immerwährenden Konflikt zwischen Bewahrung und Veränderung, zwischen Tradition und Fortschritt sowie zwischen Stillstand und Bewegung. Die statische Balance gilt immer nur für einen bestimmten Zeitpunkt bis zur nächsten Veränderung, die ihrerseits wieder zur neuen Stabilität wird. Durch diese Abwechslungsmechanik entsteht ein übergeordnetes Gleichgewicht zwischen bewahrender Stabilität einerseits und verändernder Dynamik andererseits.[128]

Beispiel:

In der bildenden Kunst kennen wir bei menschlichen Skulpturen den Unterschied zwischen »Standbein« und »Spielbein«.[129] Diese Unterscheidung ist uns bereits aus dem natürlichen Bewegungsablauf des Menschen im Gehen bekannt. Das Standbein bleibt mit dem Boden verbunden, während das Spielbein den Boden verlässt, um mit leichter Beugung den nächsten Schritt zu machen. Das Standbein ist Stabilität, also das bewahrende Element, das Spielbein ist Bewegung, also das dynamische Element. Nur ihr Zusammenspiel bringt uns voran: Das Spielbein wird zum Standbein und das Standbein zum Spielbein. Dieser Wechsel der Funktionalität der beiden Beine erlaubt Bewegung. Wer zwei Standbeine hätte, könnte sich nicht fortbewegen, wer zwei Spielbeine hätte, würde mangels ausreichenden Halts unweigerlich die Kontrolle über seinen Gang verlieren und hinstürzen.

Die Existenz von Standbein sowie Spielbein und ihr andauernder Wechsel ist damit das Geheimnis der Bewegung. Da für den Erfolg immer Bewegung erforderlich ist, sind die statische und die dynamische Komponente in ihrer Kombination eines der Geheimnisse des Erfolgs.

Beispiel:
Ein Artist balanciert auf dem Drahtseil. Er symbolisiert, wie sowohl die statische als auch die dynamische Komponente der Balance in unserem Leben ineinandergreifen: Beim Balancieren muss man sicher stehen, um nicht seitlich nach links oder rechts umzukippen. Das ist die statische Komponente der Balance. Fällt er nicht herunter, gibt es schon den ersten Applaus. Für den wahren Erfolg muss er sich jedoch auch nach vorn bewegen, um die andere Seite des Seils zu erreichen. Das ist die dynamische Komponente der Balance. Der Artist benötigt also Standbein, um nicht vom Seil zu fallen, und Spielbein, um zur anderen Seite zu gelangen.

Wenden wir »Standbein/Spielbein« konkret auf dieses Buch an: Unsere intrinsischen Werte sind unser Standbein, unsere Ziele und Strategien sind unsere Spielbeine. Dieses Zwillingspaar erkennen wir in unzähligen anderen Zwillingspaaren unseres Lebens:

- Stabilität – Veränderung
- Gelassenheit – Mut
- Routine – Spontaneität
- Komfortzone – Abenteuer
- Vergangenheit – Zukunft
- Entspannung – Anspannung
- Loslassen – Anpacken
- Erkennen – Umsetzen
- Verteidigung – Angriff[130]

Wir könnten diese Liste unendlich fortsetzen. Fragen Sie sich in Ihrem Leben einfach, welches Ihre wichtigen Pole von Standbein und Spielbein sind. Wo ist Ihr Spielbein vielleicht ins Stocken geraten und Sie kommen nicht mehr weiter? Ist Ihr Problem »zu viel Standbein« oder »zu viel Spielbein«?

Manchmal müssen wir uns Zeit nehmen, um unsere Einsatzfähigkeit oder Schlagkraft zu erhöhen. Der Bauer muss aussäen und ernten, weil nur ernten nicht funktioniert, der Sportler muss trainieren und an Turnieren teilnehmen, weil er ohne Training keine Chance beim Turnier hat (ohne Turnier aber nie zur »Ernte« kommt). Und das Unternehmen muss forschen und neue Produkte entwickeln, weil es mit der bloßen Fortsetzung des Verkaufs seiner bisherig bewährten Produkte langfristig aus dem Markt ausscheidet (aber mit bloßer Forschung ohne Verkauf ebenfalls scheitern wird). Nichts anderes ist Balance von Standbein und Spielbein!

Das Maß der Balance

Die Balance zu finden, ist bei einer Waage ganz einfach: Links und rechts muss das gleiche Gewicht aufliegen. Bei uns Menschen ist das leider nicht so einfach. Abstrakt gesprochen ist Balance meist verbunden mit dem Grundsatz der Verhältnismäßigkeit. Dieser ist sehr alt, er hat z. B. in Philosophie, Rechtswesen, Kunst und Architektur immer schon eine große Rolle gespielt. Seit Aristoteles ist die Verhältnismäßigkeit von zentraler Bedeutung für das Verständnis von Gerechtigkeit und Gleichheit.

Hier stellen sich Fragen wie:

- Ist eine Maßnahme geeignet, erforderlich und angemessen?
- Steht sie in einem ausgewogenen Verhältnis zum angestrebten Zweck?
- Wie können widerstreitende Interessen oder Werte ausreichend berücksichtigt werden?

Der Grundsatz der Verhältnismäßigkeit ist allumfassend und bezieht sich daher auf alle unsere Lebensbereiche und damit auch auf die Aspekte der statischen und der dynamischen Balance. Die alten Griechen und Römer definierten den Begriff für die Verhältnismäßigkeit sehr schön: »*Ne quid nimis*« – »*Nichts im Übermaß*«. Es gilt also, das rechte Maß zu finden und das Übermaß zu meiden.

Auch der deutsche Astronom und Mathematiker Carl Friedrich Gauß wusste: »*Ein eigentümlicher Zauber umgibt das Erkennen von Maß und Harmonie.*« Hier ist jedoch Vorsicht geboten: Maß und Harmonie müssen nicht heißen, dass wir stets die Mitte anstreben sollen, und schon gar nicht, dass wir stets nur mittelmäßige Kraft einsetzen. Wir müssen hier zwischen Ebenmaß und Mittelmaß unterscheiden. Ebenmaß ist die Ausgeglichenheit, die Harmonie. Das Mittelmaß bzw. die Mittelmäßigkeit ist ein Qualitätsurteil und heißt »nicht besonders gut«. Ein Boxer, der nicht im rechten Augenblick blitzschnell und hart austeilen kann, ist eben nur Mittelmaß.

Beim Fußball geht es zuweilen sehr hart zu, weil manchmal Zehntelsekunden über »Tor« oder »Nicht-Tor« entscheiden. Beim Elfmeter ist der beste Schuss nicht der weiche Schuss in die Mitte, sondern hart genau ins linke oder rechte obere Eck. Wenn es Streit gibt, müssen wir ggf. auch einmal laut werden. Wenn es bei einer Party hoch her geht, kann es sein, dass wir deutlich »über die Stränge schlagen« und am nächsten Tag einen üblen Kater haben. Das ist völlig in Ordnung, ein Problem erhält unsere Balance eben dann, wenn wir jeden Tag mit einem Kater beginnen. Beim Ebenmaß geht es also um die Gesamtbilanz unseres Seins und Handelns.

Beispiel:
Ein Marathonläufer muss am Anfang mit seinen Kräften haushalten, sonst hält er nicht bis zum Ziel durch (statische Balance). Aber in den letzten Kilometern muss er alles geben, um eine Chance auf den Sieg zu haben (dynamische Balance). Auch ein Shaolin-Mönch hat Zeiten, in denen er lange bewegungslos meditiert, und dann Zeiten, in denen er mit seinem Schwert auf Leben und Tod kämpft. Dennoch ist er in der Balance.

Ein maßvolles Verhalten ist also kein mittelmäßiges Verhalten. Der *maßvolle* Mensch balanciert die Pole aus; der *mittelmäßige* gibt sich keine Mühe, hat nicht genügend geübt oder ist einfach unbegabt. Der Mittelmäßige kann − im Gegensatz zum Maßvollen − auch nur einen »mäßigen Erfolg« erzielen. Und noch ein Memento zu Maß und Erfolg: Wer sich überschätzt, wird abstürzen − und wer sich unterschätzt, entwickelt sein Potenzial nicht vollständig.

Work-Life-Balance

Viele denken daher heute beim Wort »Balance« an die sog. Work-Life-Balance. Das Wort »Work-Life-Balance« ist in aller Munde und wir sollten es einmal kritisch untersuchen:
Ich persönlich habe ein sehr gespaltenes Verhältnis zur Work-Life-Balance. Einerseits frage ich mich, welchen Sinn hat es, wenn wir uns zu Tode arbeiten und das Leben an uns freudlos vorbeizieht: Leben wir,

Kapitel 10: Balance

um zu arbeiten, oder arbeiten wir, um zu leben? Ich glaube wirklich, dass es wichtig ist, uns mit dieser Frage zu befassen, weil ich Balance für ein hohes Gut für den Menschen halte.

Andererseits halte ich es für höchst problematisch, mit einem Gegensatz zwischen »Work« und »Life« zu leben. Ist die Arbeit nicht auch Teil unseres Lebens? Soll uns das Wort »Work-Life-Balance« etwa sagen, dass unsere Arbeit eigentlich ziemlich mies ist und dass wir diese miese Arbeit durch unsere Freizeit »wiedergutmachen« müssen? Wenn unsere Arbeit oft mehr als die Hälfte unseres Wachbewusstseins einnimmt, wäre das eine ziemlich miserable Bilanz. Müssten wir dann nicht an einen (wie auch immer gearteten) Wechsel denken? Zugestanden, manchmal haben wir (kurzfristig) keine Wahl – wir haben einen »miesen« Job! Aber wie sieht es langfristig aus? Und müssen wir unseren »miesen« Job auch noch mental abwerten?

Das Wort »Work-Life-Balance« suggeriert zudem, wir hätten nur »Work« und »Life« auszubalancieren, wobei meist mit »Life« entweder »Freizeit/Spaß« und/oder »Familie« gemeint sind. Dies führt vielfach zu einer Perspektivverengung, weil es in unserem Leben sehr viel mehr auszubalancieren gibt als diese zwei Aspekte, nämlich unsere persönlichen, physischen, mentalen, emotionalen, spirituellen und sozialen Dimensionen. Wer also »Work-Life-Balance« zu eng definiert, lebt an seinem Leben zum großen Teil vorbei. Aus diesem Grund ist es auch so wichtig, dass wir uns über unsere »Lebensmotive« bzw. »Motivatoren« (siehe Kapitel *Potenzialentwicklung* in Band 2) im Leben klar sind. Denn diese tragen uns durch alle Ebenen unseres Lebens und treiben uns positiv an.

Anja Förster und Peter Kreuz haben ein Buch mit dem Titel *Hört auf zu arbeiten!* geschrieben. Förster und Kreuz meinen damit, dass wir …

- unsere Arbeit wieder als Teil unserer Identität verstehen,
- wieder lieben, was wir tun,
- wieder aus Überzeugung arbeiten und
- wieder tun, was wirklich zählt.

Dann würden wir ...

- Arbeit wieder anders definieren,
- Work-Life-Balance eventuell aus einer ganz neuen Perspektive sehen und
- die althergebrachte Denkweise »Erst die Arbeit, dann das Vergnügen« neu bewerten.

Work-Life-Balance ist sehr individuell zu bestimmen: Während manche einen gemütlichen 4-Stunden-Tag bevorzugen, gibt es andere, die engagiert 12 oder 14 Stunden pro Tag engagiert arbeiten – und dabei dennoch in Balance sind. Und zwar, weil sie anerkennen, dass Erfolg einfach in vielen Fällen auch einen Preis hat. Vier Stunden am Tag zu arbeiten, ist völlig in Ordnung. Was allerdings nicht angeht, ist, dass Sie nur vier Stunden arbeiten und den Erfolg eines 14 Stunden-Tages haben möchten. Hier muss sich jeder entscheiden!

Der Begriff »Work-Life-Balance« kann zu einem Missverständnis führen: Manche Menschen verstehen darunter, ihre Arbeit eher »locker« und »freizeitmäßig« zu erledigen, d. h., ihr Arbeitsergebnis leidet unter der Work-Life-Balance. In diesem Fall verliert das System eher die Balance und wir haben wenig Erfolg.

Vorsicht ist geboten vor der »Work-Life-Balance-Falle«: Das geschieht, wenn Menschen aus Gründen der Work-Life-Balance ihre Arbeitszeit auf 50 Prozent einer vollen Stelle reduzieren, aber dann doch 85 Prozent arbeiten (müssen). Seien Sie also wachsam, wenn Sie sich auf einen solchen »Deal« einlassen!

Balance finden

Mit der Balance ist es wie mit der Gesundheit: Ihre Anwesenheit bemerken wir selten, erst ihre Abwesenheit macht uns ihren Verlust bewusst. Und schlimmer noch: Viele Menschen gelangen selbst dann nicht zum Thema *Balance*, wenn sie diese verloren haben. Sie sind getrieben, unausgeglichen, rastlos, erschöpft, verbraucht, freudlos, gereizt, ängstlich, manisch, depressiv, aggressiv, antriebslos, kraftlos oder hyperaktiv – aber sie kommen nicht auf den Gedanken, dass etwas mit ihrer Balance nicht stimmt. Sie fangen an, den Burn-Out als Normalzustand zu akzeptieren. Zurück zur Balance können wir jedoch nur finden, wenn wir uns erst einmal eingestehen, uns in der Situation von »Koyaanisqatsi« (»Leben im Ungleichgewicht«) zu befinden.

Wie gelangen wir nun zu unserer Balance? Für unsere eigene Balance gibt es kein allgemein normiertes Maß (wie etwa in der Architektur[131]), es gibt keinen allgemeinen »Balance-Index«. Wir müssen daher fragen, was unseren Verhältnissen entspricht. Die Antwort auf die Frage nach dem rechten Maß kann also immer nur individuell gegeben werden. Es lohnt sich, hier etwas zu verweilen.

Was für den einen eine Balance darstellt, ist für den anderen der blanke Horror (z. B. Bungeespringen). Wichtig ist, dass wir uns die verschiedenen Ebene unseres Lebens anschauen und prüfen, ob diese Ebenen – quasi wie bei einer Waage – im Gleichgewicht sind. Betrachten Sie Ihr Leben wie ein Mobile.[132] Es ist in wunderbarer Balance und strahlt eine faszinierende Ruhe und Kraft aus. Jedes Mobile hat seine eigene Balance. Und wenn es einmal durch einen Luftzug oder einen Stoß in Bewegung gerät, braucht es eine Weile, um wieder zur Ruhe zu kommen. Auch wir Menschen sind wie ein Mobile – jeder anders, aber jeder strebt nach seiner Balance. Jeder ist ein Unikat, weshalb es keine allgemeinen Rezepte dafür gibt, die eigene Balance zu finden. Was tut mir gut? Was nicht? Was ist zu viel oder zu wenig? Was ist zu stark oder zu schwach? Wo kommen meine Gefühle, mein Körper oder meine Beziehungen zu kurz? Diese Fragen sind von Bedeutung für Ihre Balance. Interessanterweise streben östliche Heilkünste, wie z. B. die traditionelle Chinesische Medizin und Ayurveda, immer einen körperlichen Ausgleich von zu viel und zu wenig an.

In vielen Fällen hilft uns unsere Intuition. Sie ist oft unser verlässlichster Gradmesser. Auch hier erkennen wir, warum unsere (intrinsischen) Werte, unsere Träume und Sehnsüchte so wichtig in unserem Leben sind. Genauso wie Ihr Gefühl in den allermeisten Fällen die Entscheidung schon getroffen hat, bevor der Verstand überhaupt aufgewacht ist, wird Ihnen auch Ihr Gefühl und Ihre Intuition sehr deutlich zeigen, ob Sie in

Balance sind oder nicht. Sehr schön wird dieses Phänomen in Goethes Faust beschrieben: »*Wenn ihr's nicht fühlt, ihr werdet's nicht erjagen*«. Wenn Sie bei einem Bettler auf der Straße vorbeigehen, wie entscheiden Sie dann, ob und, wenn ja, wie viel Sie ihm geben? Das machen Sie intuitiv, es sei denn, dass Sie aus Prinzip immer oder nie etwas geben. Wenn Sie sich nicht wohl fühlen, ist auch etwas nicht in Ordnung. Immer. Möglicherweise gibt es nicht sofort eine Lösung – aber Ihr Unwohlsein ist ein Alarmzeichen.

Was in diesen hektischen Zeiten, die ja mit der weiteren Digitalisierung noch hektischer und nicht etwa kontemplativer werden, sicherlich zur Verbesserung unsere Balance beiträgt, sind Übungen wie Meditation, Tai Chi, Qi Gong, Yoga etc. Hier kommen Körper, Geist und Seele wieder zusammen. Diese Übungen schaffen neue Räume, inneren Ausgleich und gleichzeitig Distanz zu allem, was uns sonst während des Tages beschäftigt. Das ist wichtig für unsere Balance, weil wir uns über unser Körpergefühl wieder unserem Gefühl für Balance nähern. Letztlich ist aber jede meditative oder körperliche Betätigung hilfreich. Und natürlich alle Tätigkeiten, die unsere linke Gehirnhälfte etwas ruhigstellen und unserer rechten Gehirnhälfte wieder mehr Raum gewähren, wie alle musischen Aktivitäten wie Musizieren, Singen, Malen, Tanzen, Theater usw.

Ab und zu sollten Sie einfach in einer stillen Stunde etwas reflektieren: Wo stehe ich, wie geht es mir, was fehlt mir, wonach sehne ich mich, was brauche ich oder was brauche ich gerade nicht mehr? Wirklich entlastend ist es, nichts Wesentliches langfristig aufzuschieben, das belastet die Seele und das mentale Gleichgewicht. Gelegentlich sollte man einen physischen, aber auch einen seelischen Hausputz machen, die wichtigen Dinge erledigen und die unwichtigen endgültig entsorgen. Lernen Sie auch, die kleinen Dinge im Leben und andere Menschen wertzuschätzen. Oftmals erkennt man ihren Wert erst dann, wenn man sie nicht mehr hat: Dann ist es oft zu spät. Viel öfter sollten wir auch dankbar und glücklich sein, wenn wir in Balance sind, auch wenn unser finales Ziel noch fern ist. Und vielleicht ist ja der Zustand von Balance allein schon ein Element von Lebensglück?

Das Prinzip der Balance gilt allumfassend, also nicht nur individuell, sondern auch kollektiv. Es gilt für uns alle als menschliche Gemeinschaft, auch für den Ausgleich zwischen oben und unten, Jung und Alt, arm und reich, sauber und schmutzig, gesund und krank, satt und hungrig. Vielleicht sollten Sie sich doch einmal den Film *Koyaanisqatsi* anschauen. Mich hat er nachhaltig beeindruckt, auch weil er anklagt, ohne Worte zu benutzen – aber auch ohne fertige Lösungen anzubieten. Aber er verführt zum Nachdenken – und das hat noch niemandem geschadet.

LITERATUR:

- Chopra, D., *Das Buch der Geheimnisse*, 13. Aufl., Goldmann, 2008.
- Covey, S., *The Seven Habits of Highly Effective People*, Simon & Schuster, 1992 (Reprinted 1994).
- Dyer, W.W., *Ändere deine Gedanken - und dein Leben ändert sich*, Goldmann, 2008.
- Förster, A./Kreuz, P., *Hört auf zu arbeiten! Eine Anstiftung, das zu tun, was wirklich zählt*, Pantheon, 2013.
- Hendricks, G., *The Big Leap, Conquer Your Hidden Fear and Take Life to the Next Level*, HarperCollins, 2009 (Kindle Version).
- McNeff, D. J., *The Work-Life Balance Myth*, McGraw Hill, 2021.

Dank

An zahlreichen Stellen in dieser Buchreihe vertrete ich die These, dass Erfolg nur gemeinsam möglich ist. Aus diesem Grund ist es nur folgerichtig, dass ich nun am Schluss allen denen Menschen ganz herzlich danke, welche mir bei der Entstehung dieses Buches in ganz vielfältiger und unterschiedlicher Form zur Seite gestanden sind.

In erster Linie möchte ich mich bei meinem »privaten Lektorat« bedanken. Während der Entstehung des Manuskripts habe ich zahlreichen Personen aus meinem privaten und beruflichen Lebensumfeld ein paar Kapitel des Manuskripts zum Gegenlesen gegeben. Dabei habe ich nicht nur Anmerkungen zu den unvermeidlichen Schreibfehlern, orthographischen Pannen oder sprachlichen Unschönheiten erhalten, sondern auch in vielfältiger Weise ein inhaltliches Feedback zur Stimmigkeit und (ansatzweisen) Widerspruchsfreiheit meiner Ausführungen. Ohne dieses Feedback würde das Buch heute nicht so aussehen, wie es nun geworden ist. Dieses »Privatlektorat« setzte sich zusammen aus meiner Ehefrau Uta, meinen beiden Töchter Claudia und Alexandra sowie (in alphabetischer Reihenfolge): Dr. Karin Amberg, Hans-Alfred Breuninger, Maximilian Brunner, Robin Dietrich, Niko Ihle, Ferdinand Mast, Julia Mast, Hanns-Robert Mayer, Emely Nann, Dr. Michael Oltmanns, Margit Putze, Ursula Roetzer, Katharina Siebauer, Prof. Dr. Georg Stadtmann und Lauren Helen Thoma.

Mein ganz besonderer Dank gilt meinem Freund Jens Zinke, der alle 42 Kapitel gegengelesen und kritisch kommentiert hat. Zudem hat er mich bei zahlreichen Gestaltungs- und Vermarktungsfragen als Coach sowie Sparringspartner unterstützt.

Für einen Autoren, der ein Erstlingswerk veröffentlichen möchte, ist es nicht immer ganz einfach, einen passenden Verlag zu finden. Mein besonderer Dank gilt daher Herrn Markus Miksch, der das Potenzial meines Buchs sofort erkannt hat und mir in vielen Fragen der Vermarktung dieser Buchreihe mit Rat und Tat zur Seite gestanden ist. Allen weiteren Mitarbeitern des Mentoren-Media-Verlags, welche an der Erstellung meiner Buchreihe direkt oder indirekt beteiligt waren, möchte ich an dieser Stelle ebenso meinen herzlichen Dank ausdrücken. Ganz besonders möchte ich dabei meine engagierten Lektorinnen Frau Sarah Küper und Frau Deniz S. Özdemir hervorheben, welche für sprachliche Korrektheit, inhaltliche Prägnanz und gelingende Eleganz gesorgt haben.

Nicht zuletzt sage ich danke an alle Menschen, die mir in zahllosen Gesprächen und Diskussionen über meine Buchidee viele inspirierende und kritische Anregungen (zur Ergänzung und zum Nachdenken) gegeben haben. Ihr Interesse und ihre Anteilnahme an meinem Projekt »Erfolg« haben mich tief beeindruckt. Es ist zudem faszinierend zu erkennen, dass ein solches Thema nie zu Ende gehen wird, weil man ohnehin nie alle Perspektiven erfassen kann. Und weil sich unsere Welt mit zunehmender Beschleunigung weiterentwickelt. Allerdings hoffe ich, dass meine 42 Kategorien diesem rasanten Wandlungsprozess noch eine Weile entzogen bleiben – einfach, weil sie auf der »Metaebene« liegen und damit Orientierung und Gelassenheit vermitteln sollen. Denn ein Haus ist nur stabil, wenn es ein festes Fundament besitzt.

So verbleiben am Schluss für mich Gefühle von Dankbarkeit, Demut und Zuversicht. Und natürlich die Hoffnung, dass möglichst viele Menschen einen Gewinn aus dieser Buchreihe ziehen und nie aufgeben werden, an ihrem persönlichen Lebenserfolg zum Wohle aller zu arbeiten.

Endnotenverzeichnis

1   Inschrift auf dem ehemaligen Apollontempel Delphi.

2   Immanuel Kant.

3   Konfuzius.

4   Im nächsten Kapitel werden wir allerdings sehen, dass Glück nicht immer Erfolg voraussetzt und wir daher Glück auch ohne Einsatz erleben können.

5   Wir lassen hier das Thema beiseite, inwiefern auch Tiere oder andere Lebewesen ein Bewusstsein haben (was ich durchaus für möglich halte, wenn auch nicht das genuin menschlich reflexive Bewusstsein).

6   Hier ergibt sich eine überraschende Gemeinsamkeit zwischen Natur und Robotern: Wenn eine Maschine einen Menschen in einem Spiel schlägt, so wie das Computerprogramm *AlphaGo* von *Google* den Weltmeister Ke Jie, dann ist das eine Leistung, aber ein Erfolg ist es nur für den Programmierer der Software. *AlphaGo* spult einfach seinen Algorithmus ab – sonst nichts. Computer haben eben kein Bewusstsein.

7   Jedenfalls erscheint uns das so nach traditioneller Meinung; die Quantenphysik hat hierzu neue Erkenntnisse, die wir an dieser Stelle jedoch nicht vertiefen können.

8   Die Kraft des Unterbewusstseins werden wir im Kapitel 4 *Macht der Gedanken* näher untersuchen.

9 Heute kommt zusätzlich noch also neue Dimension die Epigenetik ins Spiel. Wir sind nicht so sehr determiniert, wie wir lange geglaubt haben.

10 Madonna ist nach Meinung mancher Kritiker vielleicht nicht die beste Sängerin der Welt – aber sie ist ein Weltstar, weil sie »ihr Ding« (= ihr Potenzial) umgesetzt hat.

11 Wir haben bereits gesehen, dass wir einen erweiterten Begriff von Leistung verwenden und unter diesem Begriff auch jede Form von Arbeit und Einsatz (z. B. Geben, Hingabe, Engagement) einschließen müssen.

12 Wir werden im Kapitel 4 *Macht der Gedanken* sehen, dass trotz der fehlenden direkten wachbewussten Beeinflussbarkeit des Zufalls unser Unterbewusstsein durchaus Ereignisverläufe beeinflussen kann, die uns als »zufällig« erscheinen: Ist es Ihnen auch schon passiert, dass Sie an einen Freund dachten – und wenige Sekunden später rief genau dieser Freund an?

13 Wer sich mit Spiritualität näher befassen möchte, dem empfehle ich das Werk *Das Buch der Geheimnisse* von Deepak Chopra.

14 Wenn Sie spirituell offen sind, werden Sie erkennen, dass die Stufen 1 und 10 mehr oder weniger deckungsgleich sind: Am Ende trifft sich alles in einem »Reich, das nicht von dieser Welt ist«.

15 Ken Robinson/Lou Aronica, *The Element*, S. 159.

16 Zitiert nach dem Artikel von Hans Hielscher vom 18.07.2018, https://www.spiegel.de/geschichte/nelson-mandela-und-sein-kampf-gegen-die-apartheid-a-1218047.html (besucht am 16.05.2023).

17 Interessanterweise versinkt in dieser Karl-May-Geschichte der Schatz am Ende im Schlamm (ebenso wie dies bei den meisten Schatzsucher-Geschichten passiert).

18 Vgl. hierzu z. B. Ken Robinson/Lou Aronica, *Finding Your Element*, S. 111 ff. Wer hier spirituell weitergehen möchte, möge sich z. B. bei Maharishi Mahesh Yogi, dem Begründer der Transzendentalen Meditation, orientieren. Er spricht von einem »ewigen Glückseligkeitsbewusstsein« (»sat chi ananda«), welches der Mensch bereits in sich trägt und nur finden muss, vgl. auch Deepak Chopra, *Die Rückkehr des Rishi*, S. 207 ff.

19 Matthäus 6, 34

20 Was wir jetzt hier einfach einmal unterstellen, auch wenn Quantenphysik und moderne Kosmologie hier einige Fragezeichen aufwerfen.

21 Eckart Tolle, *The Power of Now*, S. 84 f.

22 Eckart Tolle, *The Power of Now*, S. 86.

23 Die Spitze gegen die »Engländer« bezieht sich auf den angelsächsischen Utilitarismus im Sinne von Jeremy Bentham oder John Stuart Mill, die ihre Moralphilosophie auf dem Grundsatz »The greatest happiness of the greatest number« aufbauten.

24 Einige (eher esoterische) Anregungen auf Basis der Quantenphysik finden sich z. B. bei Deepak Chopra, *Das Buch der Geheimnisse*, S. 329 ff.

25 Aus den Berichten des Psychologen Viktor Frankl wissen wir, dass viele KZ-Insassen deshalb überlebten, weil sie sich trotz ihrer furchtbaren Situation noch ein Stück Entscheidungsfreiheit be-

wahrt hatten und weil sie noch einen Sinn in ihrem Leben sahen, einen Sinn, den sie ihrem Leben selbst gegeben hatten.

26 Vgl. hierzu (insbesondere von Nietzsche, Kierkegaard und Hesse inspiriert) Oishi/Westgate, https://www.erinwestgate.com/uploads/7/6/4/1/7641726/oishi.westgate.psychrev.2021.pdf (besucht am 25.04.2023).

27 Vgl. z. B. Christof Koch, *Bewusstsein – Bekenntnisse eines Hirnforscher*, S. 37 ff., 55 ff. Vgl. ferner den Überblick über die verschiedenen (auch historischen) Ansätze Christof Koch, *Bewusstsein – Ein neurobiologisches Rätsel*, S. 4 ff.

28 Christof Koch, *Bewusstsein – Bekenntnisse eines Hirnforscher*, S. 58 ff.

29 Wenn wir die Videos ansehen, in denen die Löwin die kleine Antilope nicht reißt, der Gorilla das in den Käfig gefallene Kind nicht tötet, der Hai sich vom Taucher kraulen lässt oder der Wal beim Taucher um Hilfe für sein Kalb bittet, kommen wir allerdings manchmal ins Grübeln, ob es sich hier um eine Art von Bewusstsein mit Handlungsoptionen oder »nur« um den Ausdruck einer besonderen Intuition handelt.

30 Thomas Görnitz/Brigitte Görnitz, *Von der Quantenphysik zum Bewusstsein*, S. 93 ff., 749 ff. Allerdings wird das Bewusstsein von den modernen Neurowissenschaften zunehmend weniger lokalisiert und auch dem Körper eine funktionelle Beziehung zum Bewusstsein zugeordnet.

31 Deepak Chopra stellt in seinem *Das Buch der Geheimnisse*, S. 217 ff., sehr anschaulich die verschiedenen möglichen Dimensionen unsers Bewusstseins dar.

32 In unserer ersten Fahrstunde waren wir völlig überfordert, jeder Wechsel des Ganges war ein mentaler Kraftakt – heute können wir

während des Fahrens, an das wir gar nicht mehr denken, nebenher Gespräche führen, telefonieren und die Landschaft betrachten. Das Fahren ist zum unbewussten Vorgang geworden, der uns aber nicht aus der Tiefe unserer Seele heraus steuert, sondern der jederzeit wieder ins Bewusstsein geholt werden kann. In diesem Sinne spielt das Unbewusste in diesem Buch keine besondere Rolle.

33   Die Potenz und der Umfang unseres Unterbewusstseins hat bereits dazu geführt, dass in der Neurowissenschaft vereinzelt Überlegungen angestellt werden, ob die Speicherung tatsächlich räumlich in unserem Gehirn stattfindet oder ob es nicht eine Form von ausgelagertem Informationsfeld (quasi eine natürliche »Cloud«) gibt, auf die das Unterbewusstsein zugreifen kann. Wir werden darauf im weiteren Verlauf des Buches im Zusammenhang mit dem »morphischen Feld« zurückkommen.

34   So wird auch der Albert Einstein zugeschriebene (und inhaltlich umstrittene) Satz zu verstehen sein: »Der Mensch nutzt nur 10 Prozent seines Gehirns«.

35   Vgl. hierzu z. B. Joseph Murphy, *The Power of Your Subconscious Mind*, S. 1 ff.

36   Quelle: Archiv zur Geschichte der Max-Planck-Gesellschaft, Abt. Va, Rep. 11 Planck, Nr. 1797.

37   Elon Musk hat sich mit seiner Firma TESLA vor diesem Mann, der für Experten als der Erfinder des elektrischen Zeitalters gilt, verbeugt.

38   Lesenswert zur Bedeutung der Resonanz in unserer an Resonanzmangel leidenden Welt ist das Buch von Hartmut Rosa, *Resonanz*.

39   Vgl. https://de.wikipedia.org/wiki/Morphisches_Feld (besucht am 27.04.2023).

40 Vgl. https://de.wikipedia.org/wiki/Kollektives_Unbewusstes (besucht am 27.04.2023).

41 Weitere beeindruckende Beispiele finden sich bei Deepak Chopra, *Das Buch der Geheimnisse*, S. 29 ff.

42 Vgl. hierzu z. B. Deepak Chopra, *Die heilende Kraft in mir*, S. 172 ff., 191 ff.

43 Lesenswert hierzu auch Rasmus Ankersen, *Goldmineneffekt*, z. B. S. 17 f. und durchgehend im ganzen Buch.

44 Diese genetische Festlegung ist nach neueren Erkenntnissen nicht mehr so fix, wir früher angenommen wurde. Dies gilt insbesondere nach den Erkenntnissen der Epigenetik, wonach auch während des Lebens eines Menschen bestimmte (Stress-)Faktoren zu einer veränderten Aktivierung bzw. Deaktivierung von Genen führen können.

45 Umstritten ist nach wie vor, in welchem Verhältnis beide Quellen (Genetik vs. Umwelteinflüsse) zueinanderstehen. Auf jeden Fall sind beide Quellen dafür verantwortlich, dass nie alle Menschen auf der Welt die gleichen Chancen im Leben haben werden. Umso mehr sollte dies ein Ansporn sein, dass jeder Mensch sein eigenes individuelles Potenzial vollständig ausschöpfen kann.

46 Der Urheber dieses Spruchs ist nicht ganz geklärt (China, Talmud etc.?). Er wird auch dem Schriftsteller Charles Reade zugeschrieben.

47 Zahlreiche kinesiologische Test haben die Macht von Gedanken und Worten auf unsere körperliche Konstitution bewiesen. Wir werden sehen, dass diese Macht noch viel weitergeht.

48 https://westallen.typepad.com/brains_on_purpose/files/mind_
    over_matter_shackell_07.pdf (besucht am 16.05.2023).

49 Beeindruckend für mich ist nach wie vor die Beschreibung der
    quantenmechanischen Verbindung von Gedanken und Materie von
    Deepak Chopra, *Die heilende Kraft in mir*, insbesondere S. 109 ff. und
    131 ff. Chopra ist davon überzeugt, dass Bewusstsein einen Ein-
    fluss auf den Körper nehmen und damit ihn auch heilen kann. Den
    großen Einfluss der Meditation auf die Gesundheit stellt Deepak
    Chopra sehr anschaulich in seinem Buch *Die Rückkehr des Rishi* dar.

50 Vgl. https://de.wikipedia.org/wiki/Morphisches_Feld und Kapitel
    3 *Bewusstsein* (besucht am 02.05.2023).

51 Vgl. z. B. Joseph Murphy, *The Power of Your Subconscious Mind*, S. 16
    ff.

52 Vgl. hierzu aus psychologischer Sicht Joseph Murphy, *The Power of
    Your Subconscious Mind*, S. 203 ff.

53 So wie das gleichnamige Buch von Rhonda Byrne, *The Secret. Das
    Geheimnis*. Vgl. ferner das Buch von Esther und Jerry Hicks, *Law of
    Attraction*.

54 Prominente wie Oprah Winfrey, Kanye West oder Lady Gaga sind
    Verfechter des Gesetzes der Anziehung.

55 Wenn wir davon ausgehen, dass Materie energetisch gebundene In-
    formation ist, dann ist es konzeptionell nachvollziehbar, dass sich
    unser visualisierter Wunsch (= Information) materialisiert, wenn er
    die nötige Energie (= emotionale, seelische Schwingungsverstär-
    kung) erhält. Der Glaube würde damit zu einer Art emotionaler
    »Turbolader« unserer Gedanken werden. Interessanterweise gibt
    es den biblischen Spruch, dass der Glaube Berge versetzen kann

(vgl. 1 Kor 13, 2). Das mag spekulativ klingen, ist aber konzeptionell nicht völlig irrational.

56 S. Paul Watzlawick, *Anleitung zum Unglücklichsein*, S. 31, 33 ff.

57 Vgl. Renate Dehner/Ulrich Dehner, *Introvision*, S. 79 ff., 81.ff., 88 ff., 135 ff.

58 Vgl. https://foerster-kreuz.com/selbstsabotage (besucht am 02.05.2023).

59 In unserem deutschen Kollektivbewusstsein ist immer noch der verschossene Elfmeter von Uli Hoeneß beim Finale der Fußball EM 1976 in Belgrad in Erinnerung. Beim Elfmeterschießen beim Stand von 3:4 schoss Hoeneß den Ball über das Tor. Die EM war nach dem nächsten Treffer der Tschechen verloren. Wir wissen nicht, was bei Uli Hoeneß innerlich abgelaufen ist. Aber vielleicht ahnen Sie schon, wer da wieder die Finger im Spiel hatte.

60 Aus diesem Grunde können alle autosuggestiven Ansätze nur dann erfolgreich sein, wenn die unterbewussten »Saboteure« beseitigt sind. Denn das Unterbewusstsein wird, solange es nicht ins Wachbewusstsein geholt worden ist, immer gegen das Wachbewusstsein gewinnen.

61 Sehr interessant hierzu z. B. das Buch von Gay Hendricks, *The Big Leap*.

62 Der Bereich der therapeutischen Psychologie im weiteren Sinne ist heute vielfach noch stigmatisiert. Das ist bedauerlich, da nicht selten gerade diejenigen, die sich selbst für mental besonders stark halten, einen ganz ordentlichen »Schlag abbekommen« haben.

63 Zur Vertiefung vgl. z. B. Thomas Fuchs, *Verteidigung des Menschen – Grundfragen einer verkörperten Anthropologie*.

64 Manche Hardliner des neurowissenschaftlichen Determinismus gehen sogar so weit, dass unser ganzes Verhalten durch unsere Körperchemie bzw. unbewusste Gehirnprozesse determiniert sei, der Mensch also nur ein komplizierter biochemischer Cocktail sei und mithin über keine echte Willensfreiheit verfüge. Es stellt sich dann jedoch die Frage, warum wir überhaupt noch einen Finger krumm machen sollten, wenn ohnehin alles determiniert ist.

65 Genauso wie es in Ordnung ist, Bedürfnisse zu haben. Wie man diese geltend macht und ob und ggf. wie man sie erfüllen kann, ist eine andere Frage.

66 Zur Vermeidung von Missverständnissen: Natürlich kann man sehr bewusst einen Schritt nach dem anderen gehen. Aber man kann die dazu erforderliche Aktivität der beteiligten Muskeln nicht bewusst steuern. Wir wissen selbst meist gar nicht, welche Muskeln an unseren Bewegungen beteiligt sind.

67 Vgl. Bernhard Moestl, *Das Shaolin Prinzip*, S. 123 ff.

68 Vgl. Jürgen Fuchs, *Willkommen in der Gehirn-WG*, S. 41 ff.

69 Vgl. Jürgen Fuchs, *Willkommen in der Gehirn-WG*, S. 95 ff, 98.

70 Vgl. z. B. Gerd Gigerenzer, *Bauchentscheidungen*, sowie Bernhard Moestl, *Das Shaolin-Prinzip*, S. 115 ff.

71 Am »Ende der Informationen« sind wir, wenn wir alle uns zugänglichen relevanten Informationen gesammelt haben oder zu einem Entscheidungszeitpunkt nicht die Zeit haben, alle relevanten Informationen zu beschaffen. Am Ende der Informationen haben wir also beileibe *nicht alle* existierenden relevanten Informationen, sondern lediglich die uns in der jeweiligen Situation zugänglichen.

72 Die Entscheidung habe ich lange vor dem Zeitpunkt getroffen, als eine visuelle Anzeige, ein Geräusch oder eine Vibration den ankommenden Aufzug ankündigte.

73 Vgl. hierzu die lesenswerten Bücher von Gerd Gigerenzer, *Bauchentscheidungen*, und Daniel Kahnemann, *Thinking, Fast and Slow*.

74 Vgl. auch Bernhard Moestl, *Das Shaolin-Prinzip*, S. 123 ff., 131 ff.

75 Diese »Ja/Nein«-Qualität der Intuition lässt Zweifel aufkommen, ob es sich bei der Intuition wirklich um ein Gefühl im engeren Sinne handelt, weil Gefühle ja durchaus widersprüchlich und gemischt sein können. Vielleicht ist die Intuition eher zwischen Gefühl und Unterbewusstsein anzusiedeln? Eine Frage, über die man lange philosophieren könnte, die wir hier jedoch nicht vertiefen wollen.

76 Vgl. z. B. Bradley Nelson, *The Emotion Code*.

77 Ich werde extrinsische wie intrinsische Werte grundsätzlich als »Werte« bezeichnen, es sei denn, ich spreche ausdrücklich von extrinsischen oder intrinsischen Werten.

78 In vielen Fällen ist es von außen gar nicht so einfach, die extrinsische und intrinsische Qualität eines Werts auseinanderzuhalten. Wer z. B. nach Anerkennung, Reputation oder Ehre strebt, kann dies sowohl auf extrinsischer wie auf intrinsischer Grundlage tun.

79 In extremer Rationalität hat Kant seinen kategorischen Imperativ postuliert: »Handle nur nach derjenigen Maxime, durch die du zugleich wollen kannst, dass sie ein allgemeines Gesetz werde.« Für Kant sind moralische Gesetze Ausfluss der objektiven (praktischen) Vernunft und nicht empirisch ableitbar.

80 Die sieben Todsünden sind durch das Buch von Thomas Middelhoff (*Schuldig: vom Scheitern und Wiederaufstehen*) wieder in das Ram-

penlicht getreten. Ich finde es sehr interessant, dass die katholische Kirche die Todsünden als Laster beschreibt. Es wäre auch denkbar gewesen (ähnlich wie bei den preußischen Tugenden), die Tugenden bzw. Werte positiv zu beschreiben. Dann wäre z. B. aus »Faulheit« die Tugend »Fleiß, Mut, Mitgefühl« und aus »Völlerei« die Tugend »Mäßigung, Ausgeglichenheit, Gemeinschaftsgefühl« geworden. Allerdings hätte sich ein Verstoß dagegen wohl wesentlich schlechter von der Kirche sanktionieren lassen können.

81 Zur Vermeidung von Missverständnissen: Es geht nicht um Verurteilung, sondern um moderne Beispiele. Ich selbst bin vor Jahren auch mit meinen Eltern und meiner Familie auf einem Kreuzfahrtschiff unterwegs gewesen.

82 https://ethica-rationalis.org/die-7-digitalen-todsuenden (besucht am 25.05.2023).

83 Vgl. Ken Robinson/Lou Aronica, *The Element: How Finding Your Passion Changes Everything*.

84 Matthäus 16, 26.

85 Wem Griechenland zu weit weg ist, der möge sich an Goethe wenden: In seinem Drama *Faust I* sagt Gott im *Prolog im Himmel*: »*Ein guter Mensch, in seinem dunklen Drange, ist sich des rechten Weges wohl bewusst.*« War Goethe vielleicht der erste Motivationsforscher der Neuzeit und Entdecker des menschlichen Erfolgsgeheimnisses?

86 Aus diesem Grund sind Werte und Prinzipien für Unternehmen meist viel wichtiger als Benchmarking, vgl. https://foerster-kreuz.com/prinzipien-versus-best-practice (besucht am 05.05.2023).

87 Verstehen heißt hier keineswegs, alles gutzuheißen oder einverstanden zu sein. Aber Verstehen ist immer besser als Ignorieren.

88 Einen vergleichbaren Ansatz findet sich bei der sagenhaften »Akasha-Chronik«. Man mag das als esoterisch ansehen, diese Vorstellung lässt sich aber mit der Quantenphysik durchaus nachvollziehen. Auch die moderne Blockchain nähert sich dieser Idee.

89 Dies gilt auch, wenn die Relativitätstheorie und die Quantenphysik unsere traditionellen Vorstellungen von Zeit und Raum (wie wir es von Newton und Kant her kannten) völlig über den Haufen geworfen haben. Von der speziellen Relativitätstheorie haben wir z. B. gelernt, dass es keine fixe Zeit gibt, sondern Zeit relativ ist. Oder die Quantenphysik lehrt uns, dass sich Elementarteilchen in Abhängigkeit von äußerer Beobachtung als Welle oder Teilchen darstellen. Auch wenn die objektive Wirklichkeit im Moment der Gegenwart noch solchen Unschärfen unterliegt, wird sie sich im Rückblick immer auf eine bestimmte objektive Wirklichkeit reduzieren lassen. Es sei denn, wir könnten nachträglich die Vergangenheit ändern – aber das ist eine andere Thematik.

90 Hier berühren sich die moderne Physik und die klassischen Philosophen wie Platon und Kant.

91 Was in diesem Zusammenhang nicht interessiert, ist die Wahrheit hinsichtlich logischer Aussagen, wie z. B. 1 + 1 = 2. Dies ist für Mathematiker wichtig, betrifft aber nur eine Wahrheit innerhalb eines *menschlich* definierten theoretischen Systems. Die mathematische Gleichung kann nur innerhalb dieses Systems überprüft werden. Sie sagt aber über die Wirklichkeit als solche nichts aus, selbst wenn uns die Mathematik hilft, Vorgänge in der Wirklichkeit besser zu verstehen. Mathematik *ist* aber nicht diese Wirklichkeit.

92 Ehrlichkeit wird an diesem Punkt eine zentrale Größe! Der Freeclimber Alex Honnold, der 2017 erstmals die quasi senkrecht abfallende Bergwand des El Capitan im Yosemite Park in vier Stunden ohne Sicherung bestiegen hat, sagt: »*Selbstbewusstsein ist wichtig, aber*

noch wichtiger ist, dass dieses Selbstbewusstsein begründet ist. [...] Selbstbe-wusstsein hilft nicht, wenn du nicht gut genug bist.«

93 Diese nüchterne »Bilanzierung« entfällt dann, wenn der Betroffene in einer akuten Notlage mit dem Mut des Verzweifelten handelt und alles (dann meist instinktiv) riskiert, um zum Ziel zu kommen (z. B. Mutter rennt in ein brennendes Haus, um ihr Kind zu retten, obwohl die Chancen auf einen Erfolg fast gleich null sind und zudem eine große Gefahr besteht, dass sie selbst uns Leben kommt).

94 Laotse sagt daher: »*Wahre Worte sind nicht immer schön; aber schöne Wor-te sind auch nicht immer wahr.*«

95 Bei vielen politischen Skandalen mussten Politiker vielfach nicht wegen der ursprünglich gegen sie erhobenen Vorwürfe, sondern wegen ihrer missglückten Vertuschungsaktionen abtreten (z. B. Richard Nixon, Hans Filbinger, Christian Wulff). Bill Clinton hatte nochmals Glück gehabt …

96 Vgl. Jordan B. Peterson, *12 Rules for Life: An Antidote to Chaos*, S. 203 ff. mit zahlreichen weiteren Beispielen von Vorteilen, wenn man die Wahrheit sagt.

97 Vgl. vertiefend Jordan B. Peterson, *12 Rules for Life: An Antidote to Chaos*, S. 209 ff.

98 Jordan B. Peterson, *12 Rules for Life: An Antidote to Chaos*, S. 212.

99 Drastischer formuliert das Nietzsche, wenn er sagt: »*Wer nicht lü-gen kann, weiß nicht, was Wahrheit ist*«. Ausgehend vom Grundsatz der Polarität sieht er Wahrheit nur als möglich, wenn man auch die Lüge als Gegenpol akzeptiert.

100 Wenn Sie den Spannungsbogen zwischen »immer die Wahrheit sa-gen« (Hardline) und »Lügen können helfen« (Softline) näher ana-

lysieren wollen, können Sie z. B. die Bücher von Brad Blanton, *Radical Honesty. How to Transform Your Life by Telling the Truth*, Jordan B. Peterson, *12 Rules for Life: An Antidote to Chaos, Rule 8*, (beide »Hardliner«) und Arnold Stephen Jacobs, *Mensch bist du dick geworden! Wie ich einmal immer die Wahrheit sagte und andere Selbstversuche* (»Softliner«) studieren.

101 Wenn unsere Ängste tiefer sitzen, werden wir im Zweifel mit anderen Verfahren (z. B. Psychotherapie) arbeiten müssen.

102 Vergessen wir nicht, dass spirituell über Gut und Böse ohnehin der ewige Frieden der gegenwärtigen Zeitlosigkeit liegt und uns die Fährnisse des Lebens nicht allzu sehr schockieren sollten, vgl. Eckart Tolle, *Power of Now*, 177 ff.

103 Im Kapitel 2 *Glück* haben wir bereits von den Berichten des Psychologen Viktor Frankl gelernt, dass viele KZ-Insassen deshalb überlebten, weil sie sich trotz ihrer furchtbaren Situation noch ein Stück Entscheidungsfreiheit bewahrt hatten und deshalb noch einen Sinn in ihrem Leben sahen.

104 Selbst wenn uns die Gleise unserer Straßenbahn einmal in eine bestimmte Richtung zwingen, haben wir immer noch die Wahl, welche innere Einstellung wir dazu haben (z. B., wenn wir in einem Gefängnis eingesperrt sind).

105 Immerhin muss das Leben nicht immer nur schwarz/weiß sein. Sie können oft Einiges kombinieren: Das Leben einer engagierten Architektin mit einem ganz passablen Golf-Handicap. Oder das Leben eines Managers mit einer ehrenamtlichen Tätigkeit beim Deutschen Alpenverein.

106 Iyengar, Sheena & Lepper, Mark (2000). *When choice is demotivating: Can one desire too much of a good thing?* Journal of Personality and Social Psychology, 79, 995–1006. Die Ergebnisse der Studie sind im

Internet unter https://faculty.washington.edu/jdb/345/345%20 Articles/Iyengar%20%26%20Lepper%20(2000).pdf (besucht am 17.05.2023).

107 Es mag hilfreich sein, nicht nur eine gute Freundin oder den Bruder zu fragen. Menschen, die uns nahestehen, sind nicht immer die besten Ratgeber. Vorzuziehen sind unbefangene Menschen ohne eigene Interessen.

108 Daher entwickelte die Kirche auch den Advocatus Diaboli. Im ursprünglichen engeren Sinne war dies ein Kirchenanwalt, dessen Aufgabe darin bestand, in einem Heiligsprechungsprozess die Argumente und Belege die Heiligsprechung anzuzweifeln und mit eigenen Argumenten anzugreifen. Eindrucksvoll zu diesem Punkt der Vertiefung einer Diskussion ist immer noch der Film *Die zwölf Geschworenen* mit Henry Fonda aus dem Jahr 1957.

109 Vgl. hierzu mit weiteren Details z. B. https://www.manager-magazin.de/unternehmen/karriere/jochen-mai-so-koennen-sie-gute-entscheidungen-treffen-a-1120117.html; https://www.academia.edu/38581528/meine_Folien_zu_Entscheidungstechniken; https://gentlemans-attitude.de/lifestyle-erfolg/entscheidungen-treffen (alle besucht am 12.05.2023).

110 Vgl. hierzu näher https://projekte-leicht-gemacht.de/blog/pm-methoden-erklaert/pro-contra-liste-benjamin-franklin; https://www.impulse.de/management/personalfuehrung/benjamin-franklin-methode/7371097.html (besucht am 12.05.2023).

111 Vgl. https://www.manager-magazin.de/unternehmen/karriere/jochen-mai-so-koennen-sie-gute-entscheidungen-treffen-a-1120117-3.html (besucht am 12.05.2023).

112 Dieses Beispiel stammt paradoxerweise ebenfalls aus der persönlichen Umgebung von Benjamin Franklin: https://www.natuer-

lich-lebendig.de/2017/03/14/wie-benjamin-franklin-seinem-neffen-half-sich-zwischen-zwei-frauen-zu-entscheiden (besucht am 12.05.2023).

113 Eine Herzensentscheidung lässt sich eben nicht berechnen. Psychologisch war die Franklin-Liste für den Neffen offenbar doch hilfreich. Die Erkenntnis aus der Liste, durch deren Ergebnis die andere Frau zu verlieren, hatte ggf. einen maßgeblichen Einfluss auf die Entscheidung des Neffen. Denn oft ist es im Leben so, dass wir uns erst durch den bevorstehenden Verlust einer Person oder einer Sache bewusst werden, wie sehr wir diesen Menschen oder eine Sache lieben. Interessanterweise bestätigt diese Geschichte auch die Tatsache, dass unsere »Bauchentscheidungen« besser werden, wenn wir zuvor in ausreichendem Umfang Informationen eingeholt haben.

114 Von »Objektivität« möchte ich hier nur in Anführungszeichen sprechen, denn oft ist schon bei der Ermittlung von »Fakten« aus erkenntnistheoretischer Sicht vielfach eine »Objektivität« nicht gewährleistet – oder wie Winston Churchill angeblich gesagt haben soll: *»Traue keiner Statistik, die du nicht selbst gefälscht hast«.*

115 Denken Sie z. B. auch an die absurde Situation in dem Batman-Film *Dark Knight*: Der Joker hat zwei Personenfähren mit Hunderten von Menschen an Bord mit Sprengstoff verkabelt und stellt die Passagiere jeder Fähre vor folgende Wahl: Jede Fähre hat einen Mechanismus, um mit einem Knopfdruck die andere Fähre in die Luft zu sprengen. Der Joker setzt eine Frist von einer halben Stunde zur Entscheidung. Wenn keine der beiden Fähren innerhalb der gesetzten Frist in die Luft gesprengt werde, so droht der Joker, beide Fähren selbst in die Luft zu sprengen. Wie würden Sie entscheiden? Technisch gesehen handelt es sich um eine »einfache« bi-optionale Entscheidung, bei der alle Informationen vorhanden sind – und dennoch moralisch um die wahrscheinlich schwerste Entscheidung, welche diese Menschen in ihrem Leben je treffen mussten. PS: Im

Film hat Batman natürlich beide Fähren gerettet, interessanterweise waren aber auf keiner Fähre die Menschen bereit, die jeweils andere Fähre zu sprengen.

116 Matthäus 5, 37.

117 Auch die Bibel kennt das »Don't look back«, nachzulesen in der Geschichte von Lots Weib (1. Mose, 19, 1-24). Lot, seine Frau und seine Töchter erhalten vor der Vernichtung von Sodom und Gomorrha durch zwei Engel die Chance, vor der Vernichtung zu fliehen, allerdings mit der Auflage, nicht zurückzuschauen. Als Lots Frau während der Flucht entgegen dem Verbot der Engel zurückblickt, erstarrt sie zu einer Salzsäule. Der Befehl des Herrn war klar: Flieht und schaut nicht zurück! Es ging darum, der getroffenen Entscheidung, zu fliehen, zu vertrauen und alle Energie nach vorn zu bringen, damit die Flucht gelingt. Wer zurückblickt, schwächt nicht nur die Kraft seiner Entscheidung, sondern gefährdet auch deren Umsetzung.

118 Das Pareto-Prinzip wird in der Literatur und im Internet oft unter der Überschrift *Zeitmanagement* abgehandelt. Diesem habe ich ein eigenes Kapitel im Band 3 gewidmet.

119 Natürlich ist Pareto nie eine exakte 80/20-Verteilung, manchmal ist es 75/25, manchmal 85/15 und manchmal 60/40. Denkbar sind natürlich auch beliebige andere Verteilungen, bei denen beispielsweise 50 Prozent der Bemühungen zu 90 Prozent der Wirkung führen. Bitte verwechseln Sie die Pareto-Regel nicht mit der »90-90-Regel« aus der Softwareentwicklung. Sie hat einen ironischen Einschlag und lautet: »*Die ersten 90 Prozent des Codes benötigen die ersten 90 Prozent der Entwicklungsdauer. Die verbleibenden 10 Prozent des Codes benötigen die anderen 90 Prozent der Entwicklungsdauer.*«

120 Sehr schön sieht man diesen Effekt, wenn sich drei Autobahnspuren wegen einer Baustelle auf eine Spur verengen. Es kommt zu

einem langen Rückstau. Wird die Verengung aufgehoben, fließt der Verkehr wieder.

121 Der Deutsche Konrad Zuse hat den ersten funktionstüchtigen, vollautomatischen, programmgesteuerten und frei programmierbaren, in binärer Gleitkommaberechnung arbeitenden Rechner und somit den ersten funktionsfähigen Computer der Welt erfunden. Eigentlich müssten *Apple*, *Microsoft*, *Google* etc. heute deutsche Unternehmen sein!

122 Vgl. z. B. https://foerster-kreuz.com/exploitation-versus-exploration (besucht am 12.05.2023).

123 Das Akronym »KISS« steht für: »*Keep it simple, stupid!*«, oder auch: »*Keep it short and simple!*«.

124 Der Filmwissenschaftler James Monaco erklärte *Koyaanisqatsi* zu einem der fünf wichtigsten Filme der Gegenwart (seit 1980).

125 https://de.wikipedia.org/wiki/Koyaanisqatsi (besucht am 12.05.2023).

126 Vgl. Stephen Covey, *The Seven Habits of Highly Effective People*, S. 287 ff, 301 ff. Ähnlich ist der Ansatz im Buch von David J. McNeff, *The Work-Life Balance Myth*.

127 Jede Entspannung ist in gewisser Hinsicht ein Leben ohne Plan. Und ist Entspannung nicht das wahre Leben?

128 Die Abwechslung von statischer und dynamischer Balance mutet fast an die Hegelsche Dialektik an: These – Antithese – Synthese. Mit dieser Formel versucht die Dialektik die Schaffung des Neuen aus dem Alten zu erklären. Aus der Auseinandersetzung der Position A mit der Position B wird am Ende auf höherer Ebene die Position C entstehen, welche sich dann wieder im Gegensatz zur Position D sieht und es anschließend zu einer Aufhebung dieses

Widerspruchs auf der noch höheren Ebene E kommt usw. Vielleicht denken Sie beim nächsten Spaziergang einmal an Hegel.

129 Das Konzept von Standbein/Spielbein (»Kontrapost«) wurde erstmals von klassisch-griechischen Bildhauern eingeführt und ermöglichte gegenüber den eher statisch wirkenden Skulpturen früherer Epochen zugleich Schwere und Leichtigkeit sowie Ruhe und Dynamik des menschlichen Körpers auszudrücken.

130 Vergleichen Sie Ihr Leben mit einem Schachspiel: Der Schachspieler ist immer beides, im Angriff und in der Verteidigung. Wenn beides nicht im Gleichgewicht ist, werden Sie das Spiel verlieren. Ist Ihr Angriff zu stark (und damit die Verteidigung zu schwach), wird Sie der Gegner wegen Ihrer schwachen Verteidigung besiegen. Ist umgekehrt die Verteidigung zu stark (und damit der Angriff zu schwach), werden Sie nie gewinnen können, weil Sie mit einer starken Verteidigung maximal ein Remis erzielen können. Und wenn Sie Schach als Beispiel nicht mögen, nehmen Sie Fußball, Marathon-Laufen, Tennis, Radfahren etc. Dort ist es genauso.

131 So erhalten z. B. viele klassische griechische Tempel ihre Balance durch die Säulenzahl von 6 x 13.

132 Ein Mobile ['mo:bilə] ist ein frei hängendes, ausbalanciertes, leichtes Gebilde, das schon von schwachem Luftzug bewegt wird, vgl. hierzu https://de.wikipedia.org/wiki/Mobile_(Kunst); (besucht am 12.05.2023). Wir können auch das Universum als eine Art von Mobile betrachten!

Abschließender Hinweis:
Für manche Zitate gibt es keine Belegstellen. Diese Zitate sind durchgehend dem Internet entnommen und können problemlos durch eine Internetrecherche aufgefunden werden. Dort fehlen jedoch vielfach konkrete Belege. Zuweilen sind es auch Zitate, welche bestimmten Personen nur zugeschrieben werden, ohne tatsächlich schriftlich belegbar zu sein.

Für dieses Buch spielt das jedoch keine Rolle, da mit diesen Zitaten keine wissenschaftliche Diskussion geführt werden soll, sondern die Zitate aus sich heraus zum weiteren Nachdenken anregen sollen.

Gesamtgliederung der Buchreihe

Statt eines Vorworts: Warum dieses Buch?

Was erwartet Sie in diesem Buch – und wie nutzen Sie es am besten?

I. Die Basis
1. Was ist Erfolg?
2. Was ist Glück?
3. Bewusstsein
4. Macht der Gedanken
5. Macht der Gefühle
6. Werte
7. Wahrheit und Mut
8. Entscheiden
9. Pareto 80/20
10. Balance

II. Die Erkenntnis
11. Individualität
12. Neugier
13. Kreativität
14. Potenzialentwicklung
15. Visionen und Ziele
16. Strategie
17. Planung versus Flexibilität
18. Risiko-Steuerung
19. Selbstverantwortung

III. Das Handeln

20. Die Kraft der Tat
21. Motivation
22. Mentale Stärke
23. Commitment
24. Disziplin
25. Widerstandskraft
26. Aufmerksamkeit und Achtsamkeit
27. Zeitmanagement
28. Stressbewältigung
29. Fitness
30. Humor
31. Regeln, Rituale, Mottos

IV. Die Kooperation

32. Kommunikation
33. Selbstvermarktung
34. Empathie
35. Approaching
36. Authentizität und Rollen
37. Vertrauen
38. Charisma
39. Verhandeln
40. Networking
41. Teamwork
42. Führung

Epilog

Die Abenteuerreise zum Erfolg geht weiter!

In Band 2 werden die individuellen Kategorien der Erkenntnis analysiert, denn nur individuelle Erkenntnis gibt Orientierung für den persönlichen Erfolg.

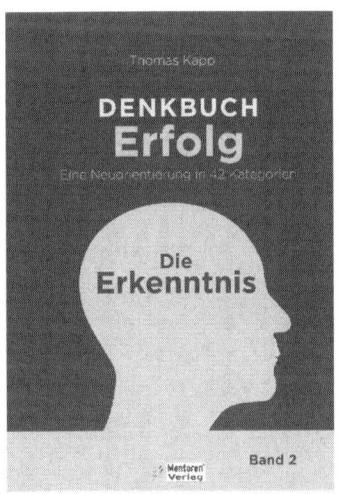

Dr. Thomas Kapp
DENKBUCH Erfolg
Eine Neuorientierung in 42 Kategorien
Band 2: Die Erkenntnis
Mentoren-Verlag
ISBN: 978-3-98641-095-7
€ 24,99 [DE]
ET: Q1-2024

In Band 3 werden die individuellen Kategorien des Handelns beleuchtet, denn ohne Handeln materialisieren sich unsere Erkenntnisse nicht.

Dr. Thomas Kapp
DENKBUCH Erfolg
Eine Neuorientierung in 42 Kategorien
Band 3: Das Handeln
Mentoren-Verlag
ISBN: 978-3-98641-097-1
€ 24,99 [DE]
ET: Q3-2024

In Band 4 wird die Buchreihe mit den kollektiven Kategorien des Handelns abgeschlossen, denn Erfolg können wir nur gemeinsam haben.

Dr. Thomas Kapp
DENKBUCH Erfolg
Eine Neuorientierung in 42 Kategorien
Band 4: Die Kooperation
Mentoren-Verlag
ISBN: 978-3-98641-099-5
€ 24,99 [DE]
ET: Q1-2025